PEDRO
神之右手
佩卓・馬丁尼茲自傳

在我的家鄉，多明尼加共和國的馬諾瓜亞沃，打從我有印象起，從來沒見過誰家有相機。
據信這張照片的拍攝日期是一九七六年，我是右邊的那個男孩，當時約五歲，中間是我的表兄弟安吉爾，左邊是我的弟弟赫蘇斯，我的姑姑站在對街，她母親家的門廊上，那間房子在一九七九年時被大衛颶風給摧毀了。
（佩卓位於多明尼加共和國的家；佩卓．馬丁尼茲個人收藏）

這張全家福是大約一九九〇年時照的，我站著雙手環著我的父親保利諾。照片裡的人還有（後排從左算起）我的哥哥尼爾森與雷蒙、我姊姊盧絲—瑪利亞與安德莉亞，我身後站的是名人堂球員埃迪．莫瑞，站在我左邊的，則是我最小的弟弟赫蘇斯。我的母親莉奧波狄娜站在照片前排最左邊，旁邊站著我表弟奇丘，前面是我兩個外甥：荷黑．米格爾．阿布瑞尤以及荷黑．安東尼奧。
（佩卓．馬丁尼茲全家福；佩卓．馬丁尼茲個人收藏）

假使不是埃萊奧多洛・阿里亞斯對我有信心，當時道奇隊是絕對不會簽下我這個瘦弱、投球軟趴趴，卻想盡辦法要在多明尼加共和國的道奇隊訓練中心吸引大家目光的的青少年。
（佩卓與埃萊奧多洛・阿里亞斯；佩卓・馬丁尼茲個人收藏）

被道奇隊簽下來時我才十七歲，當時我還無法精準的控好內角球也沒有那個意願，因此球季還沒有出現明顯的進步。這是我在一九八八年時跟佩拉吉歐・馬丁尼茲（圖左），我們沒有親戚關係。
（舊時道奇隊照片；佩卓・馬丁尼茲個人收藏）

在棕櫚營時，要比道奇隊其他新秀表現更加突出，對我來說一直是一項挑戰。我是後排從左邊數起第六個人，我的白襯衫上有一條黑色橫條紋。
（道奇隊小聯盟；佩卓・馬丁尼茲個人收藏）

一九九一年夏天，我才十九歲，不過已經匆忙地經歷過道奇隊整個小聯盟系統，從一A、二A（照片裡的我正待在聖安東尼奧傳會隊）升到三A。我以為自己應該也會繼續升到大聯盟，不過道奇隊一直到一九九二年球季尾聲才第一次將我徵召上去。
（在聖安東尼奧傳會隊時的英姿；佩卓．馬丁尼茲個人收藏）

我在大都會隊時表現不盡理想，不只是因為我的傷勢，還有我父親當時正在與腦癌對抗的緣故。他在二〇〇八年時輸給了死神，差不多在那段時間，我對比賽的熱情也慢慢消逝。
（佩卓與父親；佩卓．馬丁尼茲個人收藏）

我和卡洛萊娜於二○○六年成婚。我們是在我還待在紅襪隊時開始交往的，而她當時在波士頓念大學。
（佩卓與卡洛萊娜的結婚照；佩卓・馬丁尼茲個人收藏）

照料我的花朵是我放鬆以及離開家裡前往球場前打發時間的最好方法，特別是在我要先發出場比賽的日子。照片裡的我位於我在紐約威徹斯特市的家。
（佩卓照料花園照；佩卓・馬丁尼茲個人收藏）

在博覽會隊時，人生是甜蜜的。
（博覽會隊時期的球員卡，嘴上還含著棒棒糖；美國帕尼尼球員卡公司提供）

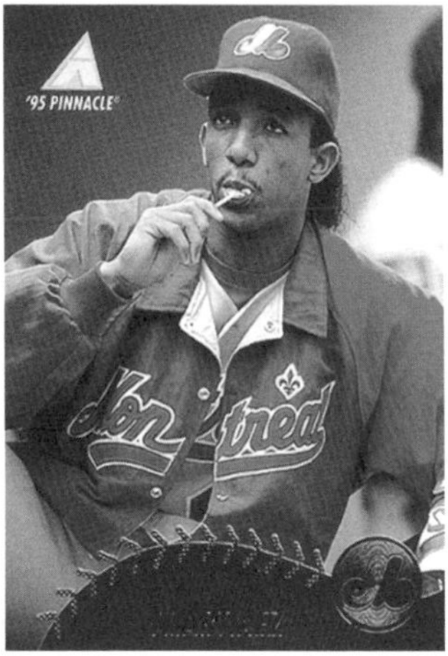

我的「笨蛋」隊友曾經把我的小小朋友尼爾森·德·拉·羅莎像個足球般拋來拋去，但他們從未傷到我們球隊二○○四年時的幸運符。
（佩卓與尼爾森·德·拉·羅莎；歐洲新聞圖片社／Al Bello提供）

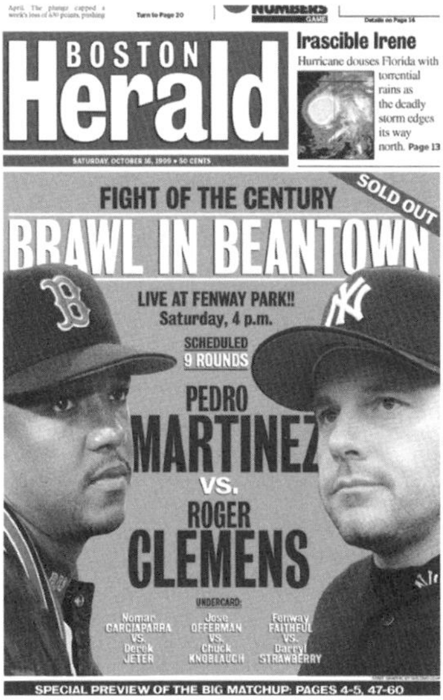

Turn to Page 20

NUMBERS GAME

Details on Page 14

BOSTON Herald

SATURDAY, OCTOBER 16, 1999 • 50 CENTS

Irascible Irene

Hurricane douses Florida with torrential rains as the deadly storm edges its way north. Page 13

FIGHT OF THE CENTURY

SOLD OUT

BRAWL IN BEANTOWN

LIVE AT FENWAY PARK!!
Saturday, 4 p.m.

SCHEDULED
9 ROUNDS

PEDRO
MARTINEZ
VS.
ROGER
CLEMENS

UNDERCARD:

Nomar Garciaparra vs. Derek Jeter

Jose Offerman vs. Chuck Knoblauch

Fenway Faithful vs. Darryl Strawberry

SPECIAL PREVIEW OF THE BIG MATCHUP: PAGES 4-5, 47-60

當我待在紅襪隊時，任何一次對上洋基隊的比賽，都會變成一場大事。而且一遇到馬丁尼茲與克萊門斯的對戰組合時，這場比賽就會被炒作成重量級拳擊賽——儘管我們從未同時站在比賽場上。
（波士頓先驅報封面；波士頓先驅報提供）

目錄

前言／13

第一部
1971-1989
第一章　不只是一場比賽／22
第二章　獅子心／34

第二部
1990-1993
第三章　道奇鎮藍調／48
第四章　我甜蜜的家鄉蒙大拿／64
第五章　叢林之王／81
第六章　「雷蒙的小老弟」／87
第七章　走下巴士／99
第八章　易碎品：小心輕放／112

第三部
1993-1997
第九章　Je Ne Parle Pas Francais（我不會說法文）／122

第十章　遙遠的北方邊陲／130
第十一章　砰先生（Senor Plunk）／136
第十二章　達成目標／157
第十三章　丹，你做了一筆壞交易／172

第四部
1998-2001

第十四章　哎呀，我確實喜歡這股「腐水」／186
第十五章　亡命任務／202
第十六章　佩卓來也／216
第十七章　藝術與技藝／227
第十八章　閃亮巨星／236
第十九章　結束的開始／250

第五部
2002-2004

第二十章　醜陋的一章／266
第二十一章　寶刀未老／273

第二十二章　脾氣不好罷了，就這樣。／282
第二十三章　抱怨遊戲／297
第二十四章　若你偷偷溜進我家，我會斃了你／316
第二十五章　誰是你老爸？／326
第二十六章　世界第一等／339

第六部
2004之後

第二十七章　拿起電腦，然後塞進……／354
第二十八章　老狗的新把戲／370
第二十九章　消逝於黑暗之中／384
第三十章　最後一投／391
終曲／399
致謝／409
佩卓．馬丁尼茲　生涯數據／413

我要將此書獻給幾年前過世的父親，以及尚在人世的母親。還有雷蒙，他在我的人生中一直扮演著父親的角色。感謝你為我和我的兄弟姊妹們所做的一切，以及你無私的奉獻、努力、毫無保留的愛與支持。因為有你，我才能在每道阻礙與逆境中屹立不搖。

——佩卓・馬丁尼茲

前言

每個人都在笑。

我沒想要逗人開心。

現在沒有這種心情。

二〇〇四年美國聯盟冠軍系列賽第二戰失利後一個小時，我走進了洋基球場用來作為季後賽記者招待會用的那間狹窄、到處堆滿雜物、天花板很低，完全不合時宜的媒體用餐室。我才剛沖完澡，簡單往後梳理的捲捲頭還是濕的，把我的襯衫都打溼了。我慢慢的坐在只放著一支麥克風的桌子後方的椅子上，後面掛著一個紅白藍相間的美國聯盟冠軍系列賽橫幅標誌。

我回答了幾個關於我先發時的問題。

我耐心的等待著**那個**問題。

這個系列賽我們已是二比〇落後，洋基隊與他們的球迷鬥志昂揚。他們對我們窮追猛打。無疑的，那是因為幾個星期前在芬威球場，我在那次先發嚐到了跟這次類似的落敗時所惹的禍。

當時我脫口說出了：「洋基隊是我老爸。」

我不應該做這種蠢事的。

鯊魚般嗜血的媒體便如同看到眼前冒出一個誘人的餌食般，在季後賽前的幾個星期不斷引述我這句話大作文章，這一次，甚至是在敵方的地盤上。我走出客隊休息室開始熱身的那個瞬間，「誰是你老爸？」的嘲諷便不斷的從上層看臺傳下來。直到我下場，那些嘲弄聲都還不休止。真是嘈雜——令人難忘的嘈雜。

此刻我得忍著撐過接受賽後訪問的義務。那些報紙與廣播記者、攝影師，與電視新聞的攝影師呈新月形圍繞著我，有位記者用我最不喜歡的方式，問了那個問題：聊聊……

「聊聊球迷是怎麼樣影響你的，那句維持整場的『誰是你老爸？』嘲諷，整場喊著你的名字之類的——跟我們聊聊這個，拜託？」

我投出變速球來回應。

「你知道嗎，那些話真的、真的讓我覺得很舒服。」我說，這句話讓整個房間爆出了一陣又一陣的笑聲。

於是我很快的對周圍的人擺出了嚴肅的表情。對我而言，這些笑聲使我感到緊張。以及愚昧。

一種令人熟悉的愚昧。

「我不知道大夥為何要笑，因為我甚至還沒回答問題呢，」我說，我先停了一拍，直到我的斥責讓那些偷笑的人噤聲。「我真真切切的理解到自己是個重要人物，因為我吸引了六萬人的注意，還加上你們，加上整個世界的人都在注意著一個人，若你們倒退回十五年前，我只是一個坐在芒果樹下，身上連坐巴士回家的五十分錢都掏不出來的小夥子。到了今日，我成了整個紐約市的焦點。感謝上帝帶給我這份榮耀。」

「我不喜歡自吹自擂，也不喜歡說自己的事，但他們的所作所為讓我覺得自己是個重要人物。我曾看過許多球隊到此來訪對抗這支球隊，洋基隊，而或許因為我身為紅襪隊的一員，但我對於他們緊盯著我，也讓我嚴陣以待感到非常感激。」

今日，在我坐落之處，在我那位於拉芬卡（la finca）的小村舍前鋪石子地庭院對面街道，那張白色的柳條製搖椅上，抬頭就能看到前方緩升的丘陵，且看到同樣一棵芒果樹暗綠色樹葉尖端露出的閃亮光芒。

它的枝葉籠罩著那個十五乘二十英呎長方形斑駁的灰白水泥牆，這面牆是這間房子的基礎，裡面便是我和兩名姊妹、三個兄弟與父母生長的小屋。睡覺的地方用一片從天花板垂下的薄布區隔開來，薄布的另一邊是一張沙發與小小的廚房——就這麼大。一個房間，四面牆，一扇門以及用波浪狀鋅板搭建的屋頂。前門外頭是一條坑坑疤疤的泥土街道，跟馬諾瓜亞沃（Manoguayabo）這個小村莊的其他街道一無二致，從這個村莊沿著陡峭的丘陵往西走七英里就是多明尼加共和國首都聖多明哥（Santo Domingo）。

走出小屋外，往右走三步，一棵芒果樹便立在眼前。

一九二九年我父親在馬諾瓜亞沃出生前、一九二三年因貝比．魯斯而在布朗克斯搭建的洋基體育場誕生前，芒果樹就長在這兒了。一九三〇年那惡名昭彰的多明尼加共和國聖塞農（San Zenón）颶風，是其中一個規律的在伊斯帕尼奧拉島（Hispaniola）全區盤旋的颶風，它將小屋子跟小型建築物通通鏟平，讓洪水淹沒村莊與市鎮，將甘蔗田與橘子園弄的一片狼籍，並推倒了芒果樹。

儘管它根深蒂固。

樹木不死，但有好幾年的時間，當它開始彎曲往天空生長前，樹幹的生長方向與地面平行。這個轉折讓樹幹呈彎曲狀，對我這樣的小男孩而言，這是一個完美的板凳，讓我可以帶著一本書坐在上面或是直接躺著，從樹葉間隙看著破碎的藍天與膨脹的浮雲飄來散去。有些日子我會爬更高些，尋找成熟的芒果，或爬到更高處拔根樹枝用來當球棒，甚至是拿來隨意亂揮。

對我而言，跟踏上投手丘的那段路，甚至是在棒球史上最令人膽寒與歷史最悠久的球場上相比，回到家鄉樹旁的這段路更讓我感到舒適與熟悉。

這是一種生存的技能。

從那時起，當我十六歲時，便在道奇隊位於多明尼加的棕櫚營（Campo Las Palmas）訓練基地隨著球隊參與職業級的棒球賽，在我快速經歷了道奇隊的小聯盟體系，接著在洛杉磯、蒙特婁、波士頓、紐約與費城擔任大聯盟球隊的一員時，便是帶著生存本能站上投手丘的。

我擁有成功的本質，這一切都是從獅子般的雄心開始。

投出的每顆球背後，都帶著必勝的決心與意志：不是宰人，就是被宰。

在投出的每顆球與球之間，我的心、我那驛動的心，總在各處不斷與人競爭。

早先，我在小聯盟上場投球，評估對方打者時，我腦海中會直接浮現如同好萊塢電影般令人毛骨悚然的殺人魔行凶時那種血淋淋的場景：我的母親被緊緊綁在椅子上、嘴巴塞了東西、雙眼緊閉，因為太害怕而低下頭，不敢去看綁架她的幫派老大正用刀尖抵著她的喉嚨。

佩卓，輪到你了。

她的生命，掌握在我手上。

若我無法拿下這名打者——下一名，還有再下一名，再來是五天後下一次先發遇到的首位打者——這樣一來綁匪就會撕票，我母親的喉嚨將被割開。

後來，等到我證明了自己在比賽中的表現能夠壓倒任何人後，便將激勵自己的形式做了更精細的微調。懷疑論者總質疑我細瘦的身體為何經受得起不斷先發出場的艱難考驗；教練輕視、嚴厲責難我，不然就是讓我像水蛭般將各種食物塞到身體裡；眼紅的隊友總想跟我做對、打者往往想跟我正面交鋒，這全都因為他們對我投球時為何內心總有股想把球砸到他們頭上的慾望有些誤解，建構棒球觀念基礎的過程，延遲了我達到史上最菁英級投手階層，比肩所有大投手的時間，粗魯無禮的媒體只是不斷探究他們沒挖到我什麼負面消息，並用那些東西來撩撥我——上帝阿！棒球界就是這樣嘈雜、熙熙攘攘的叢林呢。

我擁有太多獵物供我享用了。

最終，我父親在二〇〇八年過世——同年舊洋基球場也舉行了這個場地的最後一場比賽。那些讓我繼續留下來的動力變得徒勞，做了很多努力，但卻沒回報給我同等的效用，特別是在我的身體開始倦怠後，這便是我的職業生涯即將邁入尾聲的早期警訊。

不過，在二〇〇四年十月十三日，大家真以為球場上那些揶揄會使我惱火嗎？

他們不知道站在投手丘上的人是誰。

我把那些噓聲當成鼓勵，並讓我回想起那棵帶給大家歡笑的芒果樹。

有少數人覺得我有點精神錯亂了。

我從來都感受不到有多少人真能意識到我的真誠。波士頓的記者時常告訴我，我的英文說的比羅傑．克萊門斯（Roger Clemens）要好，但我還是覺得自己的英語用字背後隱藏的意涵不夠直率，或者說意義太深重到讓人無法領會。

自從一九九〇年踏上美國的土地後，有太多太多次，我覺得自己像是踏上異地的異鄉人。若旁人對我的英語口音或外國人的身分沒有疑慮的話，接著他們便會開始質疑我的價值或尊嚴，而且是當面提出質疑。

對我而言，腦中閃過我那棵芒果樹是再正常不過。那就是又一次幻想而已，另一種面對質疑或痛恨我的人時用來防禦的武器，並讓我與支持自己的力量相連結：我的家園與家人。

我在投手丘上總是感到極為自適，而且對於如何讓打者受挫也有極大的自信，但這些都無法超越我源自於馬諾瓜亞沃那份深植心中的自適與信心。

那天晚上，有數百萬電視與廣播觀眾看到了洋基體育館中數以千計的球迷對我大喊大叫。那份喧鬧絲毫未能讓我惱火。

相反地，我利用它讓我更強。

我沉浸於這一切能量，就像大樹用樹葉吸收陽光，並用根吸收雨水。我從芒果樹上，到站在舞台中央，讓鎂光燈打在我身上的這段旅程所得到的敬畏，是貨真價實的。

我身上不斷承受著讓不明瞭我從何而來的人深刻了解的責任。我從未敞開心中那扇門，揭露出足以使任何人得到比偷偷窺視還要更多的，關於我過去的故事。

到後來，在我的眼淚、恐懼、戰鬥、金錢、榮譽與獎項背後，我已習慣於在清醒的時刻，留給大家迷亂、困惑與憤怒，同時也帶著些驚奇與恐懼。

那就是我一直不斷寫下的人生故事。

故事從此開始，也將在此結束，就在我的家鄉，拉芬卡。

第一部

1971-1989

第一章 不只是一場比賽

若你在尋找我的蹤影，你有很大的機會能夠在拉芬卡——我的牧場中找到我。儘管我和妻子卡洛萊娜在幾英里外擁有另一間房子，在邁阿密也有個家，是在美國生活時的居所，但我仍舊花很多時間待在拉芬卡。

假使有任何美國人看到這一段，他們絕對會嘲笑我居然用「牧場」來形容拉芬卡。我很清楚從我在小聯盟時坐著道奇隊的小巴越過蒙大拿（Montana）與愛達荷（Idaho）州廣闊的平原、穿越聖安東尼奧（San Antonio）開闊的草原，以及橫越新墨西哥與南加州的台地與山谷，當然也見識到了達拉斯（Dallas）的地景片段，對大部分的人來說，牧場代表著某處寬達上千英畝的空間，上面有水牛徜徉著，以及牛仔邊抽著萬寶路香煙，一邊騎著馬馳向落日的地方。

我的拉芬卡大小大約是一畝半左右，最多就這樣。上面蓋了兩棟小屋，是我和我哥哥雷蒙的屋子。他的小屋就在鐵捲門右方不遠處，門旁有持散彈槍的警衛全天候守護我整個家族的安全。門的左方再越過兩顆椰子樹就是我家，一間擁有一個臥室、一間廁所還有一個小客廳、小廚房和小浴室的房子。客廳的沙發和椅子中間的桌上放著一張我和卡洛萊娜結婚當天拍的照片，以及我們兩人在某次募款餐會與喜劇演員羅賓・威廉斯（Robin Williams）的合照。

出了前門有個門廊，寬度夠讓你放一張椅子，還有一道低矮的欄杆能讓你靠腳。旁邊還有一棵我在數十年前種下的松樹，現在已比其他樹木都要高聳許多了，它的樹枝以及附近其他樹的樹枝上，終年都纏著聖誕節的燈飾。我們不會總是等到聖誕節才把燈打開。

穿過旁邊的小徑，則是一個上有滑水道的小游泳池，泳池左邊那片樹蔭就是我現在坐著的地方。

我身後是我的雞窩，裡面有一大群公雞，牠們可以在拉芬卡自由自在的隨處晃悠，不只是在天剛亮那個小時會不斷鳴叫，其他二十三小時也完全閒不下來。一天之中，有好幾次，有一對鵝會在院子重複好幾次追逐戰，互相呱呱叫個不停。旁邊有我們這隻可愛的不速之客——臘腸犬噗吉熱情觀戰，牠突然在某一天決定成為一隻公雞，並認為跟一隻真正的公雞進行一場堂堂正正的鬥雞比賽，是牠的宿命，這樣的狗我也只認識這一隻了。雞鵝狗圈圈繞著互相追逐，撲啊啪呀抓啊什麼都來，公雞舉起翅膀不斷拍擊、噗吉先是迴避趴著跑掉，又怒吠加上翻筋斗。最終，公雞雄揪揪的慢慢走開，牠的頭搖搖晃晃的，活像是拳擊手米克・傑格，這時噗吉已經累到肚朝天趴在地上，沒幾秒就開始呼呼大睡。

在我後方，是一個有棚子遮掩的露天舞台，晴天時我們在這裡舉辦派對，若有下雨跡象，就興致勃勃的玩著骨牌遊戲。舞台後方是拉芬卡的另一半土地，是一個陡峭的山坡，雞啊、鵝啊、鴨啊大部分時間都在這裡遊盪。一個朋友送我們一隻雌野豬，說要給我們烤肉用的，不過跟牠相處幾天後，我跟牠培養出感情了，下不了手。現在我們把牠用籐繩綁在溪谷下游的一棵樹旁，每隔幾天我們就會看到棕櫚樹的果子掉到地上，牠也樂於將果子通通吃掉。有時候我也會帶隻雄野豬過去找牠，讓牠們培養一下感情。

除了家裡附近這一畝三分地，拉芬卡其他土地並非我們所有，不能隨便種東西，不過這裡是我沒法幫上爸媽忙時，跟朋友廝混的地方。

我會幫忙做雜事，大部分的雜事都是我做的，不過無論我是在做雜事或其他事情時我嘴巴都動個不停——自言自語、跟人聊天，都不會影響到我做事的速度。

我媽說，我是那種「說出來的笑話會讓最沈默寡言的人都忍不著笑出來，而且會讓大家都很開心」的人。

而且我還很會逗媽媽開心。

有時候，我會在公車站牌遇到她，這也是她結束了在料理油工廠一天的工作後搭車回家時下車的站牌，當她獨自一人時，眼中總會透露出些許的憂傷。一個七、八歲的小孩不會有想說出「我要讓媽媽開心點」的自覺，但我知道自己一定可以讓她開心些。我很珍惜這些陪她走回家的日子。我們會手牽著手，一起走過回到馬諾瓜亞沃的這一英里多的路程。我會一直不斷說話，說很多笑話給她聽，她則是傾聽，讓我那如同機關槍的嘴盡情表演。

我媽是在聖多明哥北方約一小時路程的農場長大的，她對任何生長在這片土地上的事物都瞭若指掌。我們在小屋後方闢了一個花園，在那裡種了些用來食用的水果和蔬菜，另外也因為好看而種了些花。我看到她是這麼喜愛她種的植物，連帶的也讓我愛上了它們。

「花朵能教導你一些道理，」她說，「它們教導你如何做人、如何自省其身。人心就像一朵花——是源自人內心的美麗事物，也是吸引其他人的憑依。」

「當我和佩卓發現花兒時，總會流連忘返忘乎其間。」

我是家裡的六個小孩之中倒數第二小的，依序是：盧絲瑪利亞（Luz Maria）、雷蒙、尼爾森（Nelson）、安德莉亞（Anadelia）、我和赫蘇斯（Jesus）。赫蘇斯出生時，盧絲瑪利亞已經九歲了。年紀並沒造成代溝，我們全都相處融洽。我的阿姨安德拉有五個小孩，就住在我家隔壁，她對我們十一個小孩視如己出，就像一個大家庭般照顧。我們的小屋就位在父親生長處幾碼遠的地方，他的家人，連同他上一次婚姻生的小孩，也都住在附近。我從不缺玩伴，他們大部分都是我的家人。

每日的生活就像是前一日的重置，陽光普照的大熱天，不過這裡有梅雨季，有時候還會伴隨著強烈的熱帶風暴，帶來成片的大雨，就像是自動式卸貨卡車把岩石卸在鋅板屋頂上般，那聲音吵的讓我們連講話都有困難。一九七九年，我快八歲時，五級颶風大衛肆虐本地。我記得當時所有我摘不到的椰子通通被暴風掃到地上，所有可供我食用的車前蕉、橘子、芒果與酪梨也都未能倖免。對我來說，這就像是一個地上放滿了各種新鮮水果的歡樂假日，不過這份獎勵並沒有維持多久，而且我年紀還太小，不懂這是多麼大的浩劫。之後六個月，我的家人以及馬諾瓜亞沃的大部分人家，都在拮据的生活中掙扎著。我們得要清除掉地上所有倒塌的樹木，重新種植後院的農作物，並重建受損的房屋。

我的父親曾擔任庭院設計師的工作，有一雙強壯、結實的手臂與非常粗壯的脖子，我的身材就是遺傳自父親。他現在主要是擔任附近學校的警衛。我還小的時候，我母親有另一份工作，幫學校與其他當地的企業清洗衣物。

我不記得我們有窮到三餐不繼的程度，但也沒有富足到每天都有雞肉或是其他新鮮的肉類可吃。當我們還小時，會在附近到處亂跑亂玩。若是肚子餓了，我們就爬上附近的樹，摘些芒果或木瓜，不然就是酪梨當午餐。

這時候家裡還沒有冰箱。我們只能有限度的在廚房儲存罐裝食物和米，因此無論母親今天要煮什麼或需要什麼，每天我們其中一個人得輪流去小鎮購買山藥或絲蘭。我們吃的新鮮水果與蔬菜全都是有機栽種的，再佐以米飯、豆類，不時還可從肉類攝取蛋白質。

屋子裡也沒有衣櫥，我們也不需要。沒上學的時候我不會穿太多，上課時，我需要的也就是一件褲子、制服襯衫還有鞋子。我自己有一雙球鞋，不過後來，在學校要求下，我只得穿著全黑的鞋子上學，那雙是雷蒙傳給尼爾森再傳到我手上的。

我們在哪都打棒球——後院、街上，找到什麼就用什麼來打。無論是掃帚或棍棒、是直是彎、或者從樹上折下的樹枝，都能拿來當球棒使用。球的話，拿我姐姐娃娃的頭最好打，不過姐姐們想必不太認同。但在爭論這個問題時，她們很難爭贏：畢竟總共有四個男生，兩個女生。她們的任務變成了將娃娃藏好些免得被我們發現。

只要我需要誰跟我玩傳接球時，尼爾森隨時都在等待我的呼喚。他和我的表哥羅伯托（Roberto）會跑到山腳下的棒球場玩。這時的目標就變成了從右外野投球，擊中掛在左外野後方的廣告牌。尼爾森和羅伯托年紀都比我大，也比我強壯，能夠擊中目標，不過我投的球就是短了些。我不敢相信自己無法跟他們一樣擊中目標。當尼爾森和羅伯托驅策我在有水的溝渠中做伏地挺身，因為水可以增加些阻力，並總是不斷要我增加時間與次數，以加強我骨瘦如柴的身軀時，我毫不猶豫的就同意他們的鞭策。

我得擊中廣告牌才行。

我們家沒有電視，我們有時得穿過馬諾瓜亞沃，走上半英里才能找到某個人家願意讓我們去看電視。星期天是世界體育（El Mundo de los Deportes）日，專門播放體育競賽。這節目會播放大聯盟的精采好球，有時候甚至會播出整場比賽。無論誰出賽我們的看得津津有味，但我最喜歡看瑞吉・傑克森（Reggie Jackson）出賽的影片。我想跟他一樣囂張、想跟他一樣打出好多好多的全壘打。我也喜歡凱斯・赫南德茲（Keith Hernandez）、唐・馬丁利（Don Mattingly）、提姆・倫恩斯（Tim Raines）以及達瑞爾・史卓貝瑞（Darryl Strawberry）。羅傑・克萊門斯（Roger Clemens）配球很棒，在多明尼加是家諭戶曉的名人，一九八三年被紅襪隊選中，一九八四年正式登上大聯盟。大家都想投得跟羅傑一樣好。此外還有歐瑞爾・郝西瑟（Orel Hershiser）、布瑞特・薩巴海根（Bret Saberhagen）與德懷特・古登（Dwight Gooden）也是很棒的選手。

我的眼光一直停留在他們所有人身上。

雷蒙說他得搧我好幾下屁股才能讓我靜下來乖乖聽話。有人嘲笑我且事情不如我意時，我總會很沮喪。有時候雷蒙或是他的朋友會幫我取很笨而且很難聽的名字，只是為了讓我不爽，看我會多生氣。一開始我的情緒會整個上來，不過我對雷蒙的怒氣總是沒法持續太久。他是我最景仰的人，就我來看，他的任何決定都不會有錯。無疑的他就是馬丁尼茲家的孩子王，不是因為他會霸凌我們，而是他生來就擁有這樣的氣質。然而，他幾乎大了我快五歲，因此我跟尼爾森走得比較近，他是其他四個兄弟中比較安靜且更為內斂的一個，而且甚至比我更敏感，總是深刻的感受萬事萬物。跟我處在一起時，他會敞開心胸跟我分享心事。赫蘇斯是我最小的兄弟，跟其他的么子一樣，他最常做的就是到處跟著我跑。

我九歲時，雙親離異。在那之前，我沒印象還有哪個小孩比我更幸福與圓滿。不管歲數多大，小孩總是無法面對父母離婚的事實。我年紀還太輕，腦子就是無法不去想為何會發生這種事，而且也變得很敏感，日日夜夜都無法將佔據我腦中這些想法除去。

多明尼加的夜晚總是嘈雜，有些人就是不關收音機、還有摩托車飆過的噪音，不然就是一陣又一陣刺耳的暴雨聲。這些聲音都不能叫醒我，但我父母爭吵的聲音則總會將我的美夢撕成兩半。

這時我會躺在床上，心裡糾結著為何會發生這種事。為何兩個人會陷入愛河、共組家庭後，又分道揚鑣，做出分居這種打破我們家人間羈絆的行為呢？我對自己發誓這輩子絕對不要離婚。

這段時間是我們面對家人時，感覺壓力最大的時刻。突然間，我們已非同舟共濟朝向同一個方向前進了。所有兄弟姊妹，大家感受到一種我們似乎得選邊站的氣氛。我爸跟我媽都仍然想採取對這個家最好的作法，但是作為伴侶，他們想不到能繼續在一起的辦法了。這其中也有經濟因素在，部份細節我年紀還太小實在搞不懂。事實上，對這一切沒人有怨懟，不過，也沒有任何事能讓這種被掏空的感覺像鹽酸一般不斷侵蝕著我。後來我媽搬到聖多明哥工作，我的緊繃程度也緩解了些。我父親留在馬諾瓜亞沃，在這裡隔壁就是他的原生家庭，可以幫助他處理掉過去由我媽負責的那些家庭內部細節。

我得留在聖多明哥陪我媽媽，並轉到別的學校。在學校我變得極為安靜，主要是因為我心中存留著太多憤怒。在這座城市我就是無法自在生活。這裡沒那麼多樹木，幾乎沒地方供我閒晃以及打棒球。我想回到馬諾瓜亞沃跟留在那裡的朋友一起玩耍。我變得越來越陰沈，很快就被其他人歸類為從鄉下來的小孩，跟大家是不同國的，成了大家霸凌的對象。我跟同學相比稍矮了些，有天，有些比較高壯的男孩抓著這點開始嘲弄我。他們這樣做真是大錯特錯，可接著我也犯了錯。

我往他身上撲了過去。

我不會主動挑起事端。你想霸凌我？不，你是要跟我打架，那就打吧。（搬到城市後，我上過幾堂拳擊課，這可能是我在這裡做過最有趣的活動了，不過當我的鼻子不斷在流血，而醫生告訴我他們得故意把我鼻子打碎以避免未來繼續流鼻血。我覺得無妨，但我母親可不這麼認為，便把拳擊課停掉了。）我對那個霸凌者身上招呼了好些拳頭。我是真的卯足了勁去打。然而，因為這場架，我被罵了一頓，並被督學帶回家找我媽，並要她隔天到學校開評議會。我跟她說了事情發生經過，但也說了要她不用費心去學校——我不會再回去那裡了。我沒有乖乖回去上課，但沒過多久我就回到馬諾瓜亞沃，我爸爸設法要讓我回去之前的學校上課。

回學校後，我的出席數不太漂亮，主要是因為有幾場我很想參加的棒球賽跟上課時間衝到了。有位老師決定要在一開始就阻止我養成曠課的習慣。那時我剪了個真的很短的頭髮，除了前面留一撮外，其他地方幾乎是全光的。有一天老師就抓著那撮頭髮，一直前後搖我的頭。

「佩卓，你不能再缺席任何一堂課了。從現在開始，絕對不可遲到早退。」

喔，這真令人傷心。但他說的沒錯。於是我放心的回家去，也開始花更多心思在課堂上，並將父母離異時荒廢的功課進度補上。我還是會去打棒球，不過我會等到上完課才去打。

對我而言，上課絕非一件輕鬆事，但我在於我有益的課程上表現不錯。到八年級以前，數學對我來說是輕鬆溜溜，但學到代數時我的進度便開始落後。物理和化學也是越後來越覺得困難。歷史是我最愛的科目。我真的很喜歡學習關於祖國的歷史，以及先人如何移居至此和所有歐洲征服者與本地人之間的衝突與鬥爭。英文課一直到八年級才開始上，但我學得很好。

最後我媽還是回到了馬諾瓜亞沃，搬到我爸爸居住的地方附近。

這個家總算是開始有安定下來的跡象了。我母親與父親也終於可以文明的相處，也不會迴避一起出席家庭節慶聚會。我們兄弟姊妹也能夠更緊密的聚在一起，這時候我們常常都在密謀要怎麼才能讓他們重新結合。

我開始更專注在棒球上。我的技術已經好到可以在大家稱為「軍事邊界」的聯盟中出場比賽，這是多明尼加一個全由軍方贊助的小型聯盟，會在各地打巡迴賽。我被一支要前往波多黎各比賽的球隊選中，不過參加比賽的費用是四百二十披索，當時換算下來是八美金。

「佩卓，你家有六個小孩，而我一個月只賺六百披索。」媽媽這樣跟我說。

我靜靜的聽著。也沒什麼好說的。

我只能留在這裡不去參加比賽。

差不多這時候，我們一家在馬諾瓜亞沃重聚，大夥的目光都放在雷蒙那顯而易見的投球天賦上。他從很小的時候就迅速抽高，十六歲時已長到了六呎。他開始在小鎮各處打球，一直轉換到更好的球隊，直到道奇隊的球探發現並簽下他為止。

他的簽約金是五千美金，當時這是我們全家人這輩子見過最大的一筆錢。我們拿到錢的第一件事，就是買了台冰箱，這讓我們的生活水準立刻跟鄰居拉開了距離。

而這也讓我大開眼界，了解到打棒球除了開心以外還有其他意義在。

從雷蒙五歲起，他就一直告訴媽媽說他會成為一名職業棒球選手，一旦這事成了，他就會用這筆錢讓她和爸爸不用一直卡在那些低薪工作的泥沼之中。

雷蒙買來的冰箱裝滿了我們全家這輩子從來沒看過的東西。這一刻起，我便設下的要跟他一樣厲害的目標。若我能跟雷蒙一樣成為職業棒球選手，就能跟他一樣幫上家裡的忙。

那現在我能怎麼做呢？

我不知道有沒有更好的路，因為我根本沒其他條路可選。我喜歡打棒球，而且這項運動我也很拿手。

因此我跟父母說了跟雷蒙一模一樣的話：「我將成為一名職業棒球選手，一旦這事成了，我就會把錢都寄回來，這樣你們就再也不用工作了。」

雷蒙找了一位經紀人，叫做費南多・庫薩（Fernando Cuza），在雷蒙已經進入道奇隊一段時間後，有一天他停在我家小屋前面。我連經紀人是幹嘛的都沒概念，不過費南多到訪時，我知道他一定是一個重要人士，而且他是來幫雷蒙忙的。

那時我才十二歲，不過費南多記得我那時硬是在他們提到雷蒙跟道奇隊時不斷插話。「嘿，雷蒙，你們在幹嘛啊，在聊些什麼？」我總是不斷閒聊，而且很快的，從我嘴巴說出來的都是關於雷蒙和道奇隊的事。

讓我幫你背球具袋吧。道奇隊的訓練中心長什麼樣？要跟你一起去訓練中心嗎？跟我玩玩傳接球吧——我一直問些諸如此類的問題。費南多看著這個精力充沛，非常敬畏哥哥的小子，他有很大的信心認為這小子之後一定會追隨他哥哥的腳步。

這對我來說甚至談不上是個疑問。

感謝上帝，雷蒙一直對他這討人厭的弟弟抱持著莫大的耐心。

直到我成功進入軍事邊界小聯盟球隊後，雷蒙才成功阻止我要求他的所有事情，只允許我跟他一起坐公車去幾次道奇隊的訓練中心棕櫚營，它位於距離馬諾瓜亞沃坐公車約一到一個半小時車程之地——就是說，得換一班公車才能到。

我不介意自己是不是只能幫他提包包跟坐在旁邊看他投球。身為一個十四、十五歲的少年，一開始我根本沒有任何方法能夠進到訓練中心的大門內，但因為我跟雷蒙一起來，所以得到了進到中心內部深處的機會。

道奇隊是第一個在多明尼加共和國設立訓練中心的球隊，單憑這點，在當時它們便成了大部分小孩最喜歡的球隊。我們大家都知道道奇隊以及傑基・羅賓森（Jackie Robinson）[1]的故事，與整個大聯盟對此事的態度，大家一致贊同道奇隊的舉動。但雷蒙沒把焦點放在這個地方，我也沒有。雷蒙眼中只想著要如何才能進入道奇這支大聯盟球隊。一九八七年時，他在小聯盟1A的球季有了突破性的進展，當時我十五歲。那個夏天過後，雷蒙在自主訓練與比賽投入上展現了完全不同的面貌，表現得越來越好。他從一開始就認真投入，付出所有時間，整天都在跑步或訓練。他對我強調說，若我想要抓住成為棒球選手的一絲絲機會，就得做到他所做的這一切。

訓練、跑步，然後投球，接著繼續訓練、跑步，再多投幾球。

「沒有捷徑，」他對我說。「我能帶你進入訓練中心，但我不能帶你離開這裡更上一層樓。」

「接下來，就是你的事了。」

1 傑基・羅賓森（一九一九—一九七二），大聯盟史上第一名黑人球員。最早黑人球員只能在黑人聯盟打球，當時布魯克林道奇隊獨排眾議登錄羅賓森，造成非常多爭議，也被視為黑人的民權鬥士。

第二章 獅子心

我慢慢走進棕櫚營的球場之中。我覺得自己投得不錯，盡可能用力的投出快速球——啪、啪、啪——我表演了一場精采的秀。我正在所有過去曾是雷蒙的教練以及球探面前投球。他們知道我是誰，但一直以來除非是在那些美好時光之中——就是雷蒙因為沒人能陪他，而叫我陪他練習傳接球的時候，不然他們根本不會看到我投球的樣子。我比雷蒙矮了要半呎，這個忠犬般的十六歲小鬼正嘗試要以完美的投球機制，用全身的力氣投出上飄快速球回傳給雷蒙。我總是希望其他教練能抽空偷看一下我的投球有多快與多強勁。

沒人想過要這樣做，但我知道自己投得夠強了，我的素質夠好。到後來，若雷蒙去訓練，我就盡可能的待在他身旁。他在哪，我就在哪。若他哪天不想要我陪在他旁邊了，那我就得想辦法用別的方法說服他，不然就只會令他望而生厭。

一九八七年十月，我一滿十六歲，雷蒙就幫我安派了試訓。那天還有其他人也在這裡等著測試。我的腦中並不存在著其他十六、十七歲少年都比我高些、強壯些，且技術更好些這樣的想法。以當時道奇隊的實際標準，是不會跟身高不到六呎的投手簽約的，而我至少還差了三吋有餘。只要他們想，一定會注意到我的身高不足，但我沒聽他們提到這件事。若是有人直接指出我跟其他選手的這項不同，我只會假裝好像聽進去了。我不想聽別人說，我跟其他人不同或是有差別待遇，若有其他不屬於試訓的相互關係，我也不覺得這跟我站在這裡有什麼必然的連結。我很清楚來到這裡的意義以及我有什麼料。

我屬於這裡。我在這裡待了超過四年了。無論何時，只要我站在鑽石形的球場之中，就覺得無比自在。在棕櫚營的投手丘上投球我覺得再自然也不過。我不會被周遭環境或對手嚇到。我在十二歲時就已下定決心要成為馬丁尼茲家下一個為道奇隊投球的人，因此，我只將站在這裡參加試訓當成是過個場罷了。

球場旁邊的泥土路，現在成了通往棕櫚營辦公室與球員更衣室的通道。我脫下釘鞋，穿著襪子走到了球員將鞋底的紅土與泥巴刮掉的地方。我開始敲敲手上的釘鞋，把那些大塊泥土敲掉，在那幾下敲擊聲之間，我聽到了自己的名字。

我看看四周。沒人喊我。

我又聽到一次。

「佩卓。」

接著，「小老弟。」

我往通道對面看過去，聲音就來自那裡，我看到了教練辦公室，那裡的窗戶葉扇是開著的。

現在，我清楚知道是誰在談論我了。

令我震驚的是他們說的話。

「雷蒙是個優秀的運動員——但這一個，他沒什麼發展性。」

「他投得不錯，不到很好，也不到差勁。但說真的，他有什麼特出之處嗎？」

「別問我，這跟我無關——我是負責外野手，我怎麼知道投手的事？」

「你也看到了，他投的並沒那麼快。大概就落在八十二英哩那邊。」

「我猜他會變得更壯些，他才十六歲，不過他太瘦了，跟雷蒙一樣，乾巴巴的，不過雷蒙至少也有個身高在。這傢伙甚至離六呎還有一段距離。」

我最好的朋友馬里諾．阿卡拉（Marino Alcala）正好經過。他看到我正激動的看著窗戶。

「佩卓，怎麼啦？」

我輕聲說道，「那些教練，他們正在聊我的事。我原以為他們會簽下我。但現在，我不知道了。」

當那些人不斷質疑我時，我開始覺得腳底下的道路正在崩塌。直到這一刻為止，我從沒聽過任何人告訴我，自己並不擁有成為職業級投手應有的資質。我從沒想過自己會有無法達到目標的可能。

每一次我聽到那些教練找到一個新詞來形容我是個不穩定、擺不上檯面，根本一無是處的選手時，那就像是有把鐮刀砍向我正站在其上的樹枝。我彷彿能聽到自己細瘦雙腿下的樹枝開始崩塌，並讓我往下掉落，直至那個深不見底，再也找不到立足點的黑洞，那是種令人害怕、斷裂的聲音。

隨即，我聽到一個聲音，那高亢的聲音，穿透了其他雜音，止住了我不斷墜落的命運。

「他擁有一顆獅子心。」

是埃萊奧多洛．阿里亞斯（Eleodoro Arias）在說話。

錯不了，就是埃萊奧多洛。

他是雷蒙的投手教練，也是訓練中心的投手總教練。埃萊奧多洛平常總是輕聲細語，極少提高音量說話，不過當他這樣做了，其權威是不可挑戰的。他也是領導整個棕櫚營的人，他是最熟悉雷蒙的人，也比這裡的任何人都清楚我們家所有的事情。

他一直近距離觀察我試訓的狀況，觀察其他人所沒有的特質。

埃萊奧多洛在試訓前後都跟我聊過。他知道我有多少料。他的雙眼鎖定在我身上，而我並沒有對他那深沉雙眼傳來的壓力感到驚訝。他的眼中看不到一絲恐懼。他察覺到我會讓所有人知道，他們看到的我的外表，跟我內在深藏的力量截然不同。

「**看看身體裡的那顆獅子心，**」我對自己說。「**你將會找到自己正在尋找的解答。**」

「我看到佩卓雙眼散發出來的決心，」埃萊奧多洛說。「除此之外，他別無所求。他是矮、又瘦小、投球不亮眼、手臂並沒有多壯。然而，他所擁有的就是那份絕無僅有的決心。這份決心蝕刻在他臉上。那決心並不在他的投球表現上，而是從雙眼散發出來。他知道自己正在追尋的目標為何。」

埃萊奧多洛告訴拉夫．艾維拉（Ralph Avila），他是為道奇隊負責主管這個訓練營的人，「我會負責訓練他，但我需要點時間。他若能待在這裡會很棒。」

他們叫雷蒙告訴我，他們想在我身上賭一把。雷蒙說，請稍後再簽下我。參加試訓時，我還沒畢業，而雷蒙說，「不，等等。讓他完成學業吧，他得先留在學校上課。」因此我沒得選擇，我得聽雷蒙的話。

埃萊奧多洛說，當我站在練習場時，很容易就會被看到：只要找找那最小、最細瘦的人即可。攻守練習時，我是跑最快的，撿球時總是全力奔跑，盡我所能來吸引教練們的目光，好讓我在跟其他比我更高大、強壯，技術更好選手與投手相比時，能顯得突出。我會不斷的提出問題，而當教練告訴我應該怎麼做之後，我也能夠將他們的專業指導轉譯為實際的產出。漸漸的，我有了長足的進步，而我的技巧更是「以相當引人注目的風采釋放了出來。」埃萊奧多洛說道。「這是他最大的武器。他知道自己不會被情緒沖昏頭而製造失誤。」

無論我在練習或比賽中付出多少熱誠與努力，還是無法掩蓋住我狀況最好的快速球跟其他球員相比那八到十二英里的差距。我只是沒有他們的身材跟力量罷了。我的快速球也沒擁有球威，曲球狀況相去不遠。我也不會變速球。

除了決心，我還需要一些東西。

我擁有的，是控球。

大部分的時間，如果我想要，都能投到本壘板最邊角的位置，這代表著我壓制打者的能力等同於能夠投出時速九十至九十二英里快速球的投手。

「他開始享受投球的藝術了，而他的隊友也能意識到，儘管他的身材矮小，但他能夠讓打者出局，」埃萊奧多洛說。「假使佩卓職業生涯一開始就是一名強力投手，或許他無法一直保持這樣優秀的表現。事實上，他得與棕櫚營裡如此多充滿天賦的人競爭，這迫使他發展出專心集中的能力、比賽的智慧，尤其是他那極為優秀的控球能力。」

我得到了一個綽號「El Finito」，約莫可翻譯為「技巧熟練」、「敏銳細微」、「細緻」——對我將球投向本壘板最邊角的位置這樣的能力與慾望算是蠻切合的形容。沒人教過我如何控球。這能力跟著我從馬諾瓜亞沃一起過來的。感謝上天，我擁有這項能力。

當時因為埃萊奧多洛跟雷蒙相處已久，很清楚我們家的狀況，便很好奇並願意看看雷蒙其他兄弟是否也能被他看上。不過，他直接就看上我了。他告訴我，若我現在就進入訓練中心，絕對無法存活。我得先上完課，下午過來這裡，好好的打棒球，傍晚回家，好好睡覺，然後隔天上完課再過來。這趟巴士單程共耗時一到一個半小時——得轉一次車，從蓋德拉線（Guerra）到聖伊斯德羅蓋德拉線（San Isidro Guerra）。每一天埃萊奧多洛都會給我剛剛好坐兩趟公車的零錢，連一披索都不多給。他沒說，而我也很高興他沒告訴我的，就是我成為一個投手的可能性，以他曾送出國的球員來說不算太高。

「我覺得他還過得去，」埃萊奧多洛說，「但他還不是一名職業棒球選手。他得先好好當個學生。」

我一邊當學生一邊去訓練中心的生活持續了好久好久。只要脫下制服，就是在打棒球、做重量訓練和在多明尼加最炎熱的時段進行訓練。這裡有間訓練室，裡面有五磅的砂包、訓練手肘的彈力繩，以及一台埃萊奧多洛設計的小型機器，上面有顆球綁在一條線中間。我得不斷旋轉球，持續不斷，毫無牴觸，只為了感受球在我手指和指尖上旋轉的感覺。我花了很多時間在這裡，建構起我肩膀、手肘、手部、手指的肌肉。有些投手跟我一樣努力鍛鍊，但並非人人如此。且那些人曾想趕上我的訓練量，但大部分的人從未做到。

等到完成學業那年，我終於可以停止不斷來回馬諾瓜亞沃通勤的日子，跟其他人一樣待在訓練中心了。這裡的伙食很好，而且量也很多。裡面其中一個工人每天都會去甘蔗田，採集甘蔗，清洗乾淨後榨汁。那就是我們每天的飲料：甘蔗汁。這裡也到處都有芒果樹。只要到了季節，我們也餓了的時候，就會爬上離我們最近的樹去摘幾顆來吃。

我們很努力練習，但也允許自己稍微放鬆一下。有間娛樂室裡有一張乒乓球桌、三張撞球臺，還有一臺電視。若有棒球比賽，我們會在這裡收看，或是吃完晚餐後，我可能會跟馬里諾一起走到球場後方，躺在外野，在這裡閱讀聖經，不然就是靜靜的躺著打個盹。沒有球賽的時候，這裡十分平靜與安寧。

我記得拉夫·艾維拉曾把大家聚集在重訓室。有人在偷懶放空，把艾維拉氣炸了。不是我，我也不知道是誰壞了規矩。勞爾·孟德西（Raúl Mondesí）總是最可疑的嫌犯。勞爾和他幾個朋友一直都是最難掌控的一群。這次艾維拉逕直走了進來然後開始不斷搥桌子，在我們還在想為何大家全都被叫進來時，便嚴厲譴責我們所有人都是在這裡瞎混。

「我看不到這裡的任何人好到能成為大聯盟球員。一個都沒有。如果在場的任何人覺得他們能進入大聯盟，把手舉起來。來啊——我想看看有誰覺得自己這麼行。」

因此我站了起來，並舉起手。

只有我一人舉手。

「我不知道其他人怎麼想，但我將成為大聯盟球員。」我說。

大家都笑了。

儘管我是認真的。但我也實在太嫩了，沒發現拉夫其實是不希望此時此刻有人站出來的。

艾維拉對我說，「閉嘴，給我坐下！」

＊　＊　＊

我得用二十元賄賂席寶（Cibao），這樣他才不會拿槍射我。

席寶是棕櫚營的警衛，他的警衛亭就位在電動拉門旁，席寶總是配備散彈槍。以及一瓶萊姆酒。黃昏時，當兩座棒球場在甜蜜、清涼的空氣中安靜下來後，這座設施中唯一的動靜分別在兩個球場中發生。其中一座球場坐落在主要道路與警衛亭旁，另一座則在後方正對著甘蔗田。訓練中心就只有一棟建築物，也是球員唯一的去處。裡面有娛樂室、小型重訓室，還有一間教室，裡頭有個玻璃櫃，沿著牆壁擺滿了多明尼加夏季聯盟的獎杯，再過去是訓練中心辦公室、教練休息室以及教練辦公室。

我被簽下後沒多久，跑步便成了一個大問題。我會從這座球場跑到那座球場，從廚房到球場來回跑，沿著外野跑好幾圈。每次有跑步訓練時，我總能保證自己會最先到達終點，雖然這意味著我得來個最後衝刺。我想成為第一。我只有一次沒能獲勝，我記得自己輸給了一個來自聖佩德羅德馬科里斯（San Pedro de Macoris）的小高個——我們叫他「小羚羊」。在他轉換跑道來打棒球前，是一名田徑選手，因此我不會把他比我早跑完這件事看得太重。

教練們，特別是埃萊奧多洛，都覺得我做太多重訓，也跑太多了。到了一天的尾聲，若我得從後面那座球場回去宿舍——還不到四分之一英里的距離，就算這樣的路程，教練也不想要我用跑的。

儘管埃萊奧多洛總是在我耳旁好言以勸，但我從沒聽進去。一天傍晚，他嚇了我一大跳。

「馬丁尼茲！」

我整個人被他的聲音給震攝住了。即使他只是用正常的音量說話，但那個高音就像把銳利的劍將空氣切成片。他的音調嚇到我了。我四處張望，他就站在宿舍的後陽台，有些時候，教練就站在那裡，但你始終沒有發現他的存在。他看到我跑回宿舍了。

「馬丁尼茲，我不是說過不要跑太多步嗎？我有沒有說？再讓我看到你跑一次，我就要罰你錢！」埃萊奧多洛說這些話不是只要嚇嚇我而已，我很清楚。所有教練都一樣，我們也絕不會回嘴或是質疑他們。若我們這樣做，那麻煩就大了，而我心裡總是惦記著被送回老家的威脅。我很確定大家心中也都惦記著這件事。無論如何，我是埃萊奧多洛的特別計畫。他正處心積慮的要讓我增加重量，跑步只會破壞他努力的成果。當他們看到我吃的有多麼少後，便要我吞下各種各樣的綜合維他命。從我還小時就吃的不多，來到棕櫚營時，我是個乾瘦的小子，離開時我還是同樣乾瘦。不過他們試圖要讓我吃多一些，就如同他們試圖要我少跑些一般。

到頭來，沒什麼大變化。

我從沒停止跑步，因為雷蒙這樣教導我：「這是你建構力量的方式，全都是為了讓你的腿跟下盤更穩些。」道奇隊也曾要雷蒙不要跑步，理由跟我的狀況相同，但他從沒聽話過。因此我得等到埃萊奧多洛和其他教練離開，還會等到太陽下山，這是比較棒的跑步時機，比較涼快些。

等到他們離開，我唯一要擔心的就是迷糊的席寶，他會不會驚慌的認為我是得要射殺的入侵者或直立動物。再者，我需要他幫我把風，以防哪個教練偷偷埋伏。

「席寶，這裡是二十披索，我要跑步。如果有任何人來你就大叫。」

他從沒大叫，我也從沒挨過他的子彈。

跑步時，就像在飛翔一樣神遊天外。這讓我能暫時把那些質疑者，覺得我並不屬於棕櫚營那些人的竊竊私語通通拋到一旁。我可以將心中那些質疑者在這一天攻擊我的話全都清空，無論我心中是否存有恐懼，我一定會用自己期望的方式離開此地：前往美國，而非回到馬諾瓜亞沃。

白天，我有足夠的時間增進基礎能力，精進控球能力，使投球機制全在我掌控之中，並用砂包和手腕運動來建構手臂的力量。我的跑步計畫只能在腦中不斷的想像。沿著球場警戒區的泥土地以及棕櫚營邊緣的泥土路慢跑時，我會專心在球鞋踏在砂土地時的韻律上，呼吸也與之搭配，我會這樣一圈一圈不斷的跑著。

一九八八與八九年夏天我在多明尼加夏季聯盟的時光沒什麼值得大書特書的，最終目標是建立確實的投球基礎。投球成績還不錯，但更重要的是，埃萊奧多洛要我把頭挺直，看準正確的進壘位置。

「他每天都在努力學習，努力鍛鍊、也會在試訓時協助其他球員，而且他成了一個開始會從其他夏季聯盟球隊的比賽中找出可供參考之處的人，不過這確實是雷蒙的小老弟會做的事，」埃萊奧多洛說。「既然他的偶像是雷蒙，一定會喜歡這樣做。」

作為一名投手，我仍在與失準的控球對抗著。我的球速攀升到八十五至九十英里，但我的球開始到處亂竄——我的手還沒能準備好控制速度。我人生第一次看了自己投球的錄影，而我學到了「身體開掉」（flying open）是什麼意思，就是你在球出手前上身轉動太快導致控球失準的狀況。

當我身體開掉，或有時候沒開掉時，控球失準總是讓我陷入麻煩之中。有一次我們對上蒙特婁的夏季聯盟球隊，我的表現一無是處。一開始先是連投四顆壞球，接下來又連續保送下兩棒打者。馬上就變成滿壘，無人出局，下一棒敲出了打到外野牆上的二壘安打。壘上跑者全數回本壘得分，我也陷入狂怒。埃萊奧多洛走上前來很快的跟我說：「沒事的、沒事的，繼續投下去就好。」

下一名打者，來自巴尼（Bani）的小鬼上場時，我還在生氣，他戴著一頂兩側都有護耳的頭盔，而我的球數再次落後。下一球，我直接就把球往他頭扔，用時速九十英里的快速球直擊他的頭盔護耳。

砰。

那個小鬼跌到地上，在地上不斷抽搐。大家都衝出休息室，有人拿了根水管過來朝他噴水，希望讓他平靜下來。埃萊奧多洛走上投手丘，嚴肅的跟我說話。

「所以，你是故意砸他的？」

我搖搖頭，眼睛盯著地上。

「看著我。告訴我——你是故意砸他的嗎？」

「不是，我不是故意的。」

「佩卓，你是故意砸他的嗎？」

「不、不，我不是故意的。」

我說的是實話，但我不認為他會相信我。我整個嚇呆了。今天我的投球表現實在太差勁了，我以為他會把我趕下投手丘。然而，他並沒有這樣做。我又續投了一下子，不過我下場後就跑去坐在板凳最末端，為自己的表現感到悲慘與驚慌。埃萊奧多洛跟我說，等我們回訓練中心後，要好好聊一聊。

回去時，我根本不想走下巴士。我是最後一個下車的，當我走過教練辦公室時，把釘鞋、手套跟夾克拎在手上，腳上只穿襪子，踮著腳尖走路。

「嘿！馬丁尼茲，我們來聊聊。」

我能想到的就是，**哇**。我以為自己躲過他的法眼了。

埃萊奧多洛又問我一次，「你是故意砸他的嗎？」

我心想，**喔，老兄啊**。

我能說的就是，「沒有，我不是故意砸他的。」

埃萊奧多洛盯著我的雙眼。我幾乎無法回看他。接著我看到他臉上似乎極快的閃過一絲微笑。

「不管是有意還是無意——不用避免這樣做！你以後最好還是要這樣做。這是你在大聯盟成功站穩腳步唯一的方法。我知道你不是故意的，但有時候你就是得這樣做。」

接著，他告訴我一個故事，是他怎麼樣砸了他哥哥一次，第一次他哥猜到了，再來是第二次。第三次埃萊奧多洛終於砸到他哥哥的肋骨了。

埃萊奧多洛的眼睛緊緊盯著我看。

「絕對不要逃避把球往內角塞。」

第二部

1990-1993

第三章 道奇鎮藍調

相信我，如果你辦了一場派對並邀請我，我絕不會是那個提早十五分鐘敲門到訪的人。我現身時你可能已經在收拾餐盤了，但我終究會露面。這是我們少數幾個多明尼加人共同抱持的時間與守時態度，無論我在美國這個大家都謹守準時到達原則的地方待了多久，這個想法是不會改變的，那不是我的風格。唯一的例外，就是若我要搭飛機的話，是不會錯過班機的。不過，在我人生第一次飛機之旅，一九九〇年三月底，某天早晨要乘坐從聖多明哥前往邁阿密，開啟我在美國這邊的職業生涯時，我趕的匆忙，差點就錯過班機了。

主要問題在於我得找到能幫我打領帶的人。道奇隊有項規定，每個在佛羅里達維羅海灘（Vero Beach）的道奇鎮露臉的道奇隊新人，都得要穿西裝打領帶。我有一套西裝、一件白襯衫、腳踩亮麗皮鞋，還有一條領帶──但我對如何繫領帶全無頭緒。我家人全都早起跟我道別，不過他們也都不知道要怎麼打領帶。太陽還沒上山，可是我得把鄰居叫醒。經過幾次失敗的嘗試後，我終於找到某個會打領帶的人了，但那時我們已經遲到了。

我的異母兄弟拉佛（Rafo）載著我踩下油門，要把平常要開一個小時這段從馬諾瓜亞沃到機場的路程，硬是用一半時間抵達。因為在多明尼加，路上每個駕駛開起車來都是六親不認，若是在尖峰時刻，很顯然我們是不可能準時抵達的，不過現在還很早，路上完全沒人擋拉佛的路，這時紅綠燈也只是參考而已。我們坐在他那輛破車裡，一輛拼裝的福斯金龜車，車體部分是到處拼湊而成，看起來像是雪佛蘭加上豐田，真真切切的劣質品，連消音器都沒有。就連靜止不動時，都可以聽到引擎的每個部件都在嚎叫，以及各處金屬組件的抖動聲。從家裡出發時，我坐在副駕駛座，汗水從我整齊的白襯衫與從忙打上的領帶滲了出來，我們把鄰居拖出來幫我打好領帶時，他們甚至還沒真的醒來，這時拉佛的車也已發出啪拉拉拉的吵鬧引擎聲，火速駛往機場了。

我們沒有晚到太多，到這時我也終於可以讓自己稍微興奮一下了。訓練中心其他五個跟我一起出發的球員都已經到了；我相信他們一定是很準時的一起坐小貨車前來的。我們看到彼此盛裝打扮的模樣都覺得可笑極了，這讓我們可以彼此互相嘲笑一番，對我來說，至少可以轉換一下心情。在我傷心的跟媽媽、爸爸、兄弟姊妹和表兄弟們道別後，便等不及前往那些嶄新且與過去大不相同的地方了。我現在十七歲，而我很早、非常早以前就已預見自己會前往美國發展了。

但我仍然對於自己人生首次飛機之旅感到忐忑不安。

飛機起飛升高進入濃密的雲層後，心中不斷閃過以前看過的電影片段，電影中機師遇到問題，接著飛機在空中失去控制，整架飛機撞上山側，爆出蕈菇般的火球，機上無人生還。

這趟航行，我們擁有一個好機師。

快要降落在邁阿密時，飛機飛過了我們居住處附近的鄰里，街道有如西洋棋盤，完美的直線，井然有序。儘管只是坐在飛機上往下望，我認為邁阿密看起來非常的乾淨。我曾聽雷蒙和其他到過美國的人跟我說過這裡路上完全沒有垃圾，開車時若要丟垃圾，一定會將車停在路邊。那時我無法想像這樣的畫面，不過等到我親自來到此地時，便清楚了解到什麼是「整潔」。

從邁阿密國際機場到維羅海灘的道奇鎮，大約要往北方開兩個半小時的車。道奇隊派了一輛車門上貼有藍色道奇隊標誌的小貨車來接我們。我記得整趟車程我幾乎都把鼻子靠在車窗上。正當我們接近新家時，經過了延伸好幾英里的橘子樹。我對於這裡為何會有如此多的橘子樹，以及樹上的橘子顏色為何會如此鮮亮，看起來如此成熟感到印象深刻。在多明尼加路上也有橘子樹，不過整顆樹表面都覆蓋著灰塵與泥土，而樹上的橘子顏色總是蒼白的橘色，不然就是黃綠相間。在佛羅里達，到處都是池塘與湖泊。我記得自己曾問過我們的司機「四十十」，為何這裡到處都是水，他跟我說是佛羅里達的地下水面太高了——想要找水，只要隨便拿工具往地上一挖就有。

在我們到達道奇鎮前，四十十就開始教導我們一些規矩。不能亂丟垃圾、不能大聲喧嘩、不能穿鬆垮的衣服。路上遇到行人要尊重對方，側身讓道。

我一直不知道四十十的真名為何，但我知道他綽號的由來。在他還是年輕棒球選手時，有一天上英文課，輪到他練習算數。於是他開始數數字：「……四十六、四十七、四十八、四十九、四十十——」

棒球選手絕不會讓這樣令人開心的美好時刻無聲無息的消逝。

我們來到道奇鎮時，延長春訓正要開始，大聯盟球員也差不多要開訓了。有好一陣子，我們得跟那些球員一起在宿舍擠一擠。像雷蒙這種已經登上大聯盟的球員，會擁有自己的房間，我們這幾個新秀只得擠在一起。跟其他人睡在同一個房間對我來說不是新鮮事。我不會太抓狂，不過我也沒其他選擇。

進入道奇鎮，我發現這裡比棕櫚營要大上三倍，而且跟從邁阿密上空看下去一樣乾淨與整齊。一共有六座練習球場以及超過六十個投手丘，可供所有小聯盟與大聯盟球員進行他們的訓練。他們在照顧球場上花了很多心思，經常修整草皮並按時澆水，沒人會隨地亂丟垃圾。而且四十說得沒錯：總是有好多人在道奇鎮走來走去，不然就是開著高爾夫球車跑來跑去，有些是中年人，還有我這輩子在同個場所見過最多的白皮膚人。每個人都總是正朝著那個地方前進，看起來像是某個會議快遲到了一般。

無論是球員、工作人員、教練，甚至是媒體，大家都在咖啡廳裡用餐，裡面所有食物都是自助式的——非常美味。你先在餐盤上擺滿食物，然後走到放著非常多桌子，上面還鋪了桌巾的用餐區，還附有銀製餐具與餐巾。有一面牆是一整面的洛杉磯道奇體育場（Dodger Stadium）全景照片，另一面牆是整片的落地窗，外面即是練習場，也讓自然光全無阻礙的照進這個房間。這個地方分成多層級。這讓我有時間習慣環境，且不會感到好像每個人都在盯著我看我是不是有良好的餐桌禮儀。

宿舍的就跟在棕櫚營沒有太大差別。最大的差異可能是我們在道奇鎮時完全不用煩惱電力短缺的問題吧。

道奇鎮有許多知名人士，我認出了一些原來只聽過名字的人的臉。我記得山迪・科法斯（Sandy Koufax），春訓第一天他帶著我跟其他幾名新秀，告訴我們「鉤住投手板」（hooking the rubber）是怎麼回事。強尼・波德瑞斯（Johnny Podres）曾拜訪棕櫚營，教導我們這件事，不過我沒有照著練習，因為那實在太困難了。鉤住投手板意味著將你的後腳（我的話是右腳）以四十五度角朝向投手板前沿。我總是把右腳外側貼在投手板，接著用外側推蹬。山迪告訴我們若你只用腳的這一側靠著投手板，當你推蹬時後腳會在地上滑行。這會使你的手臂角度與放球點越來越低。若你藉由用鞋底的鐵碼鉤住投手板，當做你施力的支點，這樣你便能保持角度，且能讓放球點盡可能的高。藉由建立起穩定的重心與高放球點，你就能維持更良好的維持投球機制，加上讓投出的球更強勁，更明確的掌握你的投球。

一開始，我聽山迪教導我們的說法，覺得並沒有比波德瑞斯講的簡單易懂，不過我想要好好把它搞懂。科法斯是我的老師。我需要好好聽他說——我也必須這樣做。鉤住投手板是道奇隊特有的站位方式，至今依然繼續傳授，而我也覺得這是良好的投球方式。它並不容易習慣，可是投手越快習慣鉤住投手板的站法，就能越快成為一名好投手。

科法斯跟我講解時，我們將重點專注在投球的藝術與技藝、球賽的心理層面、如何料理打者。我在說明想法時，他耐心的聽著我說，我也全神貫注的聽他說話。我問他手肘的狀況，只要他還記得住的細節，他通通都知無不言。手肘卡卡作響，若沒有這樣，他反而覺得不太對勁。就這樣，他整個職業生涯都在不舒服的狀況下投球。這讓我留下深刻印象。他總是不斷的稱讚我，告訴我當他看到我如此嚴肅對待上場前的各種準備工作與訓練，與保持極度專注時，對我的印象有多麼深刻。

我盡可能的讓自己習慣待在美國的生活。此時，我還沒能察覺太多待在美國會遭受到的文化衝擊。很棒的是，我能夠再次見到雷蒙，他不會時時回過頭來確保我適應良好，他有自己的事情要顧慮，像是確保自己從一開季就是道奇隊大聯盟的球員輪值名單之一，而非像是去年那個艱困的一九八九年球季一般，整季不斷升升降降。無論何時，雷蒙從來就不是會細心照料人那種類型，到了此刻，我踏上了成為職業棒球選手的階梯後，他也沒改變態度。他永遠律我甚嚴，總是殘酷。他想要我在準備好之前就成為一個頂天立地的男人，而我在十八歲時，確實還沒做好準備。

雷蒙和其餘大聯盟球員離開訓練營沒多久，我們剩下的人也離開了。我們得移動至半小時車程外的海岸，聖露西港（Port St. Lucie），在大都會隊春訓基地、他們的新秀旁邊，開始延長春訓的訓練。

在聖露西港對上大都會隊前兩個星期，我投的球全都變了，而且不是正面的改變。我還在長大，也漸漸變壯了，也發現原本在夏天前多明尼加只能投到接近九十英里的快速球，在佛羅里達已成長至九十四到九十五英里了。我喜歡這種感覺。那股力量似乎是一瞬之間進入我的身體。雖然，隨之而來的，是我變化球的控球變差了，再者，我的變速球本來就只有一般水準。我的快速球投的不錯，不過我很快就意識到延長春訓的打者比多明尼加那邊的打者強多了，而假使我的球路只有快速球，一定會被輕鬆敲出安打。因此，我開始不斷被擊沉。前兩個星期我確實陷入掙扎。我的狀況就像是，喔，我的天啊，我不敢相信會投成這樣，就在這一刻，我對於自己的投球內容感到悲憤，激動到說不出話來。

這時蓋・康提（Guy Conti）走上前來拯救了我。

蓋是其中一個過去曾飛到多明尼加參與夏季聯盟指導我和其他投手的道奇隊教練。我記得當時自己還特地在他旁邊練投，試圖讓他留下印象。當時我所知道引起教練注意的方法，就是用力投球，於是那天我用力的投了一整天的球。當時他告訴我，「哇，佩卓，你的手和手臂極為敏捷——你投球時，我都可以聽到你的手臂發出『咻咻』聲。」

蓋點出我手臂的某些特質，這些事情從來沒人告訴過我。他看到我在聖露西港喪志的模樣時，很快就意識到我需要幫助——問題不在快速球，而是變化球。我無法投好變化球。

我的變速球是跟雷蒙學的。他會把大拇指放在球的底部，然後旁邊三根手指往旁邊延伸，中指靠在頂端。這對雷蒙非常合適，他也曾接受蓋的指導。蓋發現雷蒙的手指比我要長些，這就是他的握法不適合我的原因。蓋要我彎曲食指，緊扣球的側邊，指尖抵住大拇指側邊，中指和無名指在球的頂部岔開，小指靠在另一側，不要採用將三根手指都靠在球頂部那種握法。

我們頭一次進牛棚練習這種握法時，蓋告訴我，「只要用上面兩根手指控制球，讓球旋轉你的手指。」藉由讓食指保持內縮的姿勢，我可以製造出後旋，以及一種可讓球從左側飄至右側的迴旋。當時，對於只能用快速球來解決左打者，對我來說是很大的問題。我用舊握法投變速球時總是用力過猛，而且根本拿它沒輒。每次我試著要投出三振，就只能使勁把球投出去，然後等著看會發生什麼事，因為我的控球實在太差了。

我覺得新的變速球握法感覺完全不對。我說，「蓋，你確定要這樣握嗎？」我連自己有沒有握對都不知道，更別說是控球了。他說，「對，佩卓，你得好好練習才行。」他說我得不斷用這個握法持球，並練習投球，一次又一次反覆練習。我們走到外野，他說，「投到這裡。」就好像我們在投長傳球一般。「繼續投、繼續投。」我照做了，而且我開始注意到球慢慢有尾勁了。

蓋也看到了。他說，「看看我站在哪？投到這裡，」——然後他指著他右側——「最後球會跑到我站的位置。」我照他說的投，然後球便**咻**——，從我的站位來看，從左到右似乎竄了一呎的距離。

然後蓋走了過來，「耶，佩卓！這就是我想要你投出的球！」

這當然也是我想要投出的球。

對左打者來說，我的變速球是「好壞球」，意味著我出手時看起來像好球，但球會突然消失，並往下沉五或六吋，同時往打者外側跑，他們會追打並揮棒落空。對右打者來說，它是「壞好球」。當我出手時，看起來會是顆向外角跑的壞球，因此打者通常會放過不打，但接著球就會往回跑，塞進本壘板外側角落。

當時我掌控球的程度不像後來那麼好，不過已經比用舊握法投變速球時有了顯著的進步，而且控球已經好到讓我立即就收到成效。

蓋的變速球教學是有錢也換不到的珍貴經驗，而且除了棒球以外，他與他的妻子珍妮，也花了很多心思協助我排解思鄉病與開始逐漸積累的焦慮。

球員下榻在離蓋與珍妮住處不遠的旅館，他們常會開車來旅館載我去吃東西或跳蚤市場等他們喜歡去的地方。隊友時常嘲笑我說，「哈，大家快來喔，來跟蓋．康提的兒子說再見！」不過我會無視他們。我很高興擁有想要相處在一起的人。這段時間，蓋對我而言就像是父親般的存在。他是我的白人老爹，他跟我說話時，也把我當成他的兒子。我不只是開始有了思鄉病，我更糾結於一個我們時常聽見的流言。

若是在訓練營前幾個星期沒有讓任何人留下深刻印象，那你就會馬上被送回多明尼加。

我曾看過一名球員受了傷，然後道奇隊便馬上要他飛回多明尼加。我心想，**我的老天啊，這不是開玩笑的——我也有可能被送回老家**。一直以來我都相當勤奮的練習，試圖要控好快速球，學好如何投變速球，而且比任何人都更努力跑步與訓練，不過我並沒有收到非常好的成效。雖然我已經開始靠著新的變速球慢慢扭轉情勢，但仍然感到焦慮。

蓋非常勤於運動，而且花很多時間在健身房腳踏車上。他會挑釁我要我跟上他的腳步。我認為這應該很簡單——畢竟他都已經是中年人了。不過我不太熟悉這種腳踏車，便讓蓋幫我設定。他幫我設定為攀爬聖母峰，自己設定成最輕鬆的等級。一開始我就只能緩步前進，幾乎無法順利讓踏板運作，蓋則是輕鬆自在的踩著踏板，一邊喋喋不休的嘲笑我。

「我的天啊，真不敢相信你竟然辦不到，你是個年輕小夥子，我沒搞錯吧？這真是太詭異了，你看我騎的多輕鬆自在。」

我很快就學會了如何自行調整腳踏車的設定。我會跟蓋一起鍛鍊，做完還會繼續跑步——道奇隊不會管我要跑多久，這對我來說是種解放，讓我能像過去在棕櫚營那樣盡情的奔跑。

我也打算要增進英文能力。一開始我先從看電視以及在能力所及的狀況下，跟教練用英文對話。不過蓋知道我還想更廣泛的學習，他要珍妮幫助我學習，她以前是高中圖書館的職員。

每當蓋暫時離開小鎮前，就會要我有空的時候去他們延長春訓時居住的旅館拜訪珍妮。課堂開始前，我會先幫她把從超市買回來的雜貨搬進房子裡，或是把送洗的衣服從車上搬到他們的房間。早上珍妮會先教我一個單字，像是「古龍水」（cologne），到了下午我會再回來，正確的拼寫跟念出這個單字，並用它來造句。

我跟珍妮兩人會坐在廚房的餐桌旁，複習今天教的單字，再另加一些單字，就這樣不斷沈澱積累。我還記得珍妮說，「我的老天啊！他實在太聰明了，既能讀又能拼。」後來她跟我說，我比大多數球員都聰明，不過我其實有項優勢，來美國之前我就已具備基礎的英語能力了。再者，我極度想要學好英語。珍妮說，一碰到英語，我就像是一台「大型電腦」。她不是一廂情願的高估我，而是她遇過太多「口不能言」的多明尼加和西班牙青年了，這是由於他們幾乎沒有接受過正統教育的緣故——不只是英文，就連西班牙文他們都無法學好。畢竟我就連在棕櫚營受訓時，都還得乖乖去學校上課，所以學習英語時，比其他人都還能夠吸收。我想精通英文的慾望，與想要增進投球能力的渴望不遑多讓。

兩者都持續進步中。

我的變速球漸漸發展成了令打者相當厭惡的強力武器，不過我知道自己對快速球的掌控還是有些問題在。記得有場比賽，我投到一半陷入困境，隊上那名跟我同一批從多明尼加來到美國的一壘手，諾伯托・特倫科索（Nolberto Troncoso）走上投手丘。

「佩卓，就照你以前在老家那樣投球吧，每次掙扎要不要逼打者遠離本壘板時，就想著照自己平常的樣子投球就好。情況沒有改變啊，這些人你明明每天都會對上，怎麼你現在會沒法料理他們呢？」

「真的嗎？」我說。他說的話讓我想起了埃萊奧多洛對我耳提面命，要我絕對別逃避塞內角球的事。

「對啊，我覺得你應該照你以前在多明尼加那樣子投球。幹嘛到了這裡就要改變？突然間，你就變成外角、外角、外角這樣連發。你得試著把球往內角的角落塞。就照你以前那樣做啊：逼他們遠離本壘板，然後照你的步調投。」

下一棒，是大都會隊身手不錯的新秀打者布奇・赫斯基（Butch Huskey），我嘗試把快速球往內角塞。球砸到他的手肘，也讓他得退場治療，不過在這之後我投的是越來越好。之後我有幾場先發都是一分未失，這也讓蓋和其他教練歡欣不已。我被選為本月最佳投手，意味著我多了五十元的獎金。我拜託蓋帶我去跳蚤市場，我還記得自己用這筆多出來的獎金，買了些牛仔短褲和一件很酷的白色T恤，上面還寫了綠色的字。買完後，蓋就帶我去吃大餐。他告訴我，他有多為我的進步感到驕傲時，我心中那股害怕被送回多明尼加的焦慮，也逐漸煙消雲散。

六月的延長春訓結束後，我繼續向前挺進，絲毫不留戀過去。道奇隊現在唯一的問題就是要送我到他們在維羅海灘的灣岸聯盟（Gulf Coast League）新人球隊，或是位於蒙大拿州大瀑布城（Great Falls）較高階的新人球隊。所有道奇隊的球員都會先回到維羅海岸，進行為期數日的內部分組對抗賽，教練團可以用這幾天的時間好好思考球員接下來的落腳處。

康提受命前往大瀑布城擔任投手教練，他希望我能被分到那裡。主管小聯盟投手的戴夫．華勒斯（Dave Wallace）也認為我得去蒙大拿才好，在那裡我可以站在鎂光燈下，跟最棒的打者正面對決。

我自己也想去大瀑布城，不過也會聽到某些教練說我應該從較低階的灣岸聯盟開始投起。我有些徬徨。

「蓋，我會跟你一起過去嗎？」

「我不知道，佩卓，我真的不知道。我會試試。」

他想出的辦法，是舉辦一場以回到維羅參加延長春訓的多明尼加球員，和從業餘選秀出身的高順位球員的對抗賽。

道奇隊第一順位選中的大物左投手，奧克拉荷馬州出身的朗．威爾登（Ron Walden），是對方的先發投手，這場比賽我得和他對決。

然而，在比賽前三天，我出了些狀況。

我們在道奇鎮練習球場進行基礎練習，有一次守備時我全力衝往一壘補位，要完成一次三六一雙殺守備：一壘手傳給游擊手將強迫進壘的跑者封殺，接著游擊手再傳給到一壘補位的投手。我跑到了一壘壘包等著接羅伯托・米吉亞（Roberto Mejia）[1]的回傳球。米吉亞這次傳了一個平飛球，沒有傳偏，不過投得太高了。我跳起來將球攔下，但落地時失去平衡，原本應該用右腳踩壘，因為這樣不得不用左腳踩壘。

我的媽啊，當你看到教練奇哥・費南德茲（Chico Fernandez）跑進場內，吼著對大家說：「停下來！」的時候，一定會以為我是不是跑去商店偷東西了。

接著他開始不斷責罵我。

「你們都知道，大部分情況下我都會睜隻眼閉隻眼，所以我會放過你們，」——他指著那些選秀進來的小鬼——「這些選秀仔一馬，我沒關係，但這傢伙，」——他指著我——「這個從多明尼加共和國、從訓練中心出來的人。他是雷蒙的小弟，應該比大家都清楚狀況。他花了兩年時間在訓練中心進行基礎訓練，好不容易來這裡卻還是出錯。他就是**不要**犯錯的最佳示範！」

他停下來喘口氣，直盯著我。

「我看你沒過幾年就會回去多明尼加的甘蔗田除草了，」費南德茲說。「你在這裡不會成功的——你就是一坨屎！」

我第一個想法，是不敢相信他沒看到米吉亞球傳得有多高。第二個想法，是我知道自己是這個

[1] 曾於二〇〇四年來台加入中華職棒，登錄名為米西亞R.M。

訓練營裡基礎動作最好的球員。我不認為他真的這樣想，有許多教練脫口而出的話常常不是代表他們真正的意思——可是最後一句話刺到我了。

我知道此時此刻沉默是金。

他還沒講完。

「猜猜看我要怎麼處罰你？去旁邊跑步，跑到我叫你停下來為止！」

我還是一個字也沒說。其實，我並不認為跑步是種懲罰。不過聽他說我終將回到甘蔗田工作，我覺得很丟臉。來自古巴的費南德茲，完全清楚他這樣說是一種侮辱。從那時到現在，甘蔗田收割工人大部分都是海地人，那工作既困難，也是一種你想像得到最自貶身價的工作。

但還我是一個字都沒說，隨即轉身開始跑步。我很快就發現一個事實。比日正當中沿著佛羅里達州的棒球場跑步更糟糕的，就是穿著釘鞋在中午的佛羅里達太陽下跑步。釘鞋只有在練習跟比賽時有幫助而已，一下場大家都會想辦法把它脫掉。穿著釘鞋跑一陣子後，每踏一步腳掌傳來的疼痛就越劇烈。我聽到宣布本日練習結束的號角聲響起，看著大家都往餐廳飛奔去涼一下並享用午餐。

我繼續繞著棒球場跑步。

道奇鎮的餐廳有一邊是整面的落地窗，可以一眼看盡整個球場，因此後來聽到其中一名小聯盟督導員里奧．波沙達（Leo Posada）詢問正坐著用餐的奇哥，「嘿，在外面跑步的傢伙是誰？他已經跑了超過一個小時了吧？」時，我並不驚訝。

奇哥說，「誰？」一邊往窗戶外頭看。下一刻，我就看到奇哥從咖啡廳直朝我奔來。

「為何你還在跑步？」奇哥問道。

我已經穿著釘鞋跑了幾乎兩個小時，滴水未進。

「因為你說，我得一直跑，跑到你記得叫我停下來──你終於記起來了嗎？」我問他。

此刻，我看得出來，奇哥感到十分難過。

他說，「佩卓，我很抱歉，我不是故意的。」

我非常平靜的回說，「沒關係。下次記得叫我帶雙網球鞋，這樣我就可以跑一輩子了。」

我坐在草地，極為謹慎的解開釘鞋鞋帶，脫鞋，看到血滲出襪子。我的大拇指和後腳跟皮綻肉開，腳底頂著釘子的部位都起了水泡。

我還記得蓋和其他教練對我的遭遇感到非常沮喪，特別是內部交流賽又快要開打了。

我跟他們說，「沒事，這不影響我出賽。」

蓋說，「明天你連跑步都沒辦法。」

「我可以跑。但我得穿網球鞋才行。」

三天後，我跟其他因為延長春訓而來的球員──勞爾‧孟德西（Raúl Mondesí）、特倫科索、米吉亞，還有其他球員，大部分是多明尼加人，而且全都是拉丁藉球員一起先發，對抗威爾登與其他全數經由選秀入隊的明星級新秀。

冷不防，是誰投出了時速九十七英里的快速球？

不是威爾登，是我。

我的腳受傷未癒，不過奇哥那番刺人的刻薄話讓我更痛，而且在我腦中徘徊不去。我將這些傷痛轉換為激勵自己的優勢。

我將面對到的前三名打者通通三振出局，後來又三振掉幾個。

而且孟德西賞了威爾登一支右外野深遠的全壘打。

我們讓那些選秀仔掛蛋。

我也得以挺進蒙大拿州的大瀑布城。

第四章 我甜蜜的家鄉蒙大拿

我從巴士的窗戶向外望，好幾個小時就是一直凝視著綿延蒙大拿、愛達荷、猶他州與加拿大地界的黃金稻穗田野風光。先鋒聯盟的巴士載著我們往來大瀑布鎮、波卡特洛（Pocatello）、愛德荷瀑布鎮、鹽湖城、比尤特（Butte）、赫勒拿（Helena）、比靈斯（Billings）與位於加拿大艾伯塔省的梅迪辛哈特（Medicine Hat）各處，一趟車程可能會持續六、七個，有時候八個小時。

一九九〇年夏天尾聲，大瀑布道奇隊的隊員和我沿著洛磯山脈山脊，在十五號州際公路來回奔波，也無數次橫越九十號州際公路，行駛了數千英里的路程。一路上只有廣播隨身聽陪伴著我，仰賴著那品質參差不齊、破破爛爛的收訊，希望在我們離開收訊範圍前，能夠聽到完整版米利瓦尼利（Milli Vanilli）的〈Blame It on the Rain〉、湯姆・佩蒂（Tom Petty）的〈Free Fallin'〉、亞倫・內維爾（Aaron Neville）與琳達・朗斯戴（Linda Ronstadt）合唱的〈Don't Know Much〉、老鷹合唱團、萊諾・李奇（Lionel Richie），以及其他歌手演唱的鄉村音樂。

我會一邊聽著音樂，偶爾還得分心辨識隊友口齒不清的談話，而且常常要叫孟德西降低音量。大家通常會盡可能的打盹，但巴士旅程進行一陣子後，就很難能夠一直這樣睡覺了。一趟巴士車程實在很長，我只能一直呆呆望著窗外的高山，人生初次見到雪，就是這時往某些山的山頂看過去時望見的，經過田野與森林時，接近地平線處，還能看到漫不經心吃著草的牛群，以及時時保持戒備的鹿群。多明尼加也有很多高山，不過洛磯山脈卻是一個更加遼闊壯麗的存在。我完全被這片景色震攝住了。

正當太陽往上升起時，稻穗不斷搖擺，盪出琥珀色與黃色的浪潮，我回歸本心，想起了母親，以及她下班後，在薄暮時分曾跟她一起從馬諾瓜亞沃的公車站牌走路回家的那段時刻。

我今年十八歲，離家三千英里遠。

有幾段旅程令人難以忍受。那些夜晚，時常讓我迫不及待的想搭上巴士回到大瀑布城，這樣我就能回到我那宛如避難所般的住處，跟雪莉待在一起。

每次我狀況很差的走進房子時，她總是能從我眼中瞧出端倪。她會引領我到我的房間，在我向她傾訴我有多想我母親時，坐在床邊陪伴著我。雪莉都知道，並努力填補我心中的空白。她會摩挲我的背，用最溫柔的嗓音說：「喔，我的小乖乖、我的小乖、乖小孩。」一邊持續摩挲我的背。我就這樣慢慢進入夢鄉，這時她才會靜靜離去。

感謝主在大瀑布鎮的森特內球場（Centene Stadium）旁不到一英里處，帶給我雪莉．海夫納、她的丈夫約翰，以及他們的孩子保羅和妮棋，還有這間雖小卻隨時歡迎我回家的房子。他們是我的寄宿家庭。

位於維羅海灘的道奇鎮，並非真實的美國城市，比較像是一個自給自足的棒球蜂巢。而大瀑布鎮是真正的的美國城市，我們只是碰巧在這裡打棒球罷了。

路易斯與克拉克[2]行經這個坐落於洛磯山脈東側，且慵懶的臥在偉大的密蘇里河旁這個溫馨城鎮的時間，比我跟孟德西轉換到此地的高階一A農場要早了約兩百年。本地的黑鷹水壩是個幅員接近九十英呎的瀑布，因為它阻擋了路易斯與克拉克的去路，這個小鎮才得到了大瀑布鎮的名號。附近的馬姆斯卓空軍基地（Malmstrom Air Force Base）、冰川國家公園（Glacier National Park）以及美麗的釣魚景點，是這個小鎮五萬五千名居民賴以為生的主要產業。

海夫納一家，是大瀑布鎮中絲毫不介意收留從多明尼加前來打球球員的家庭之一。他們住在距離球場只有幾個路口遠的地方，並且從一九八五年就開始款待道奇隊的球員。去年夏天，他們曾款待了荷西・歐佛曼（José Offerman），且對道奇隊的一切如數家珍。

儘管雷蒙從來沒在蒙大拿打過球，雪莉第一次見到我時，卻說：「所以，你是雷蒙的弟弟啊？」

「是的，但我比較可愛。」

她被這句話逗的哈哈大笑，我們一見如故。她和約翰帶著居尼爾・裴瑞茲（Junior Perez）、勞爾和我參觀地下室。我馬上就要了這間獨立臥房。居尼爾和勞爾只能共用一間臥房。我需要自己的空間，而勞爾比我大一歲，居尼爾是個二十二歲的老傢伙了，非常感謝他們沒有跟我搶房間。

---

2 馬瑞威哲・路易斯（Meriwither Lewis）與威廉・克拉克（William Clark），是進入美國西部拓荒的先驅。

我們的房租，是一人一個月一百元，飲食得自理。我們回家時，若是正巧遇到海夫納家正在煮飯，我們都會想搭伙，不過因為大家作息不同，這種好事不常發生。很快的，我就自在的用「媽媽」來稱呼雪莉，我會跟她說：「媽，我會自己整理房間，可是我不想學煮飯。」媽媽處理豆子飯沒法處理得跟居尼爾一樣好，所以煮飯的事情只好靠居尼爾了。勞爾則是站在一旁假裝幫忙。有一次，孟德西直接煮掉了兩磅的米，我知道雪莉完全不覺得驚訝。

妮棋的舉止遠比普通的十六歲孩子要成熟，成熟度跟我這年紀的人差不多，所以我們兩人的互動還蠻像一般兄妹的。

就是，我們常為瑣事拌嘴。「媽，妮棋把我的位子坐走了。」或是「佩卓不給我坐啦！」諸如此類。我們從未真的互相發脾氣，如果真的鬧僵了，也會很快把事情講開，言歸於好。妮棋覺得她媽把我寵壞了，這倒沒錯，有時候我也會開玩笑說她是被寵壞的小屁孩。當然，她沒有每次都表現得像個小屁孩啦。我們喜歡一起鬼混。她會開著一輛幾乎跟拉佛的金龜車差不多破爛的福特Mustang，載我去阿比餐廳，我喜歡那裡賣的捲薯。妮棋總是要我在停車場等她，讓她自己去買外帶，每次都讓我覺得有點詭異。但後來我看到那些呼嘯來去的摩托車騎士，與在餐廳外面聚集的人群後，我以一種不自在且無以名狀的心情理解了，為何她要我待在車裡的原因。

妮棋還會在其他地方停一下，常常是為了幫孟德西帶些啤酒。喝酒是海夫納家的禁令之一，有時候孟德西還會試著要打破另一條規則：不能帶女孩到家裡的地下室。我非常在乎孟德西，但也在意自己會不會惹禍上身。我知道一旦惹了麻煩，馬上會傳到道奇隊那邊去，而我絕對不會做出任何讓我無法挺進大聯盟投球的事。

無論是啤酒或女孩的事，都讓我很氣孟德西，這也讓我們陷入更激烈的爭執。後來我聽到妮棋嘲諷我說：「快來看喔，這裡有個還在喝母奶的小鬼喔！」和「嘿，小老弟，你要去哪啊，要去跟媽媽告狀嗎？」

我跟妮棋也不是整天在拌嘴。有一次妮棋拿她父母幫他們收好的萬聖節衣服給我們看——有幾件洋裝、裝飾的配件和假髮。我是唯一穿得下那些衣服的人，於是我穿起某一件洋裝、踏上一雙高跟鞋，還戴上一頂金色假髮。在我翻到了一個皮包後，便開始在房間裡像個淑女般手姿綽約的走來走去。勞爾穿著一套大紅色的緊身睡衣，背後還帶著一根尾巴。媽媽回家看到我們的樣子後，馬上狂笑到停不下來。我們突然把梅格倫舞（merengue）[3]的錄音帶放進手提收音機中，我也開始牽著媽媽跳起舞來，我一邊踩著高跟鞋蹣跚的跳著，一邊教她如何跳出多明尼加的風格。我手上有一張我戴著那頂金色假髮的照片，但我這輩子都不會讓照片流出的。

我們的休賽期並不多，不過只要有休假，海夫納家便會視我如己出那般用他們的方式陪伴著我。有一次他們帶我跟孟德西去山上，在霍爾特湖（Holter Lake）玩飛蠅釣（fly-fishing）。孟德西覺得這樣釣魚有點無趣，後來就照他自己的習慣來釣，就是把線綁在某個岩石上，然後把鉤子大力

3 海地與多明尼加流行的交際舞，融合了西班牙與非洲音樂的元素。

甩到河中央。飛蠅釣的過程非常平靜與安詳。最後我努力釣到了一條鯰魚，過程中，儘管我們都知道那不會是鱒魚，不過雪莉還是小題大做的在旁邊緊張的看著我把魚釣起。

雪莉也讓我開著真正的車，操控一輛蒙地卡羅上了幾堂駕訓課。回到多明尼加前我只少少學過幾次，通常是用一輛沒有動力方向盤和離合器超級難踩的舊貨車練習。那輛蒙地卡羅卻是超級順，跟那輛破貨車截然不同。我會非常帥氣的開著車，穿越寧靜的大瀑布鎮街道，兩旁各有成排的大樹，雪莉則是坐在副駕駛座。

我的英文也不斷在進步。道奇隊還是會幫我們安排課程，而且我在他們發的英西對照課本封面上，寫下了我的名字以及「我需要這本書」。

有時我會在無預警的狀況下學到一些經驗。有一次我們的巴士停在時時樂前，這是一間「吃到飽」的餐廳。我們吃完回到巴士後，有個美國籍隊友指著一位站在巴士旁邊的正妹。

「佩卓，跟那個女孩說『胸部不錯』（Nice boobs）。」他說。

我知道「不錯」是什麼意思，但「胸部」卻是新單字。若他說的是「奶子不錯」（Nice tits），我就會說，「別想，我才不會說呢。」但「胸部」聽起來還蠻安全的。於是我把頭伸出窗戶。

「嘿，美女，胸部不錯喔。」

「謝謝你喔，混球！」一邊對我比出中指。

勞爾約女生出去時都不會害羞，但我會。比賽結束後他總是會想出去哪裡玩，不過我更想待在家裡。

我曾試著想跟一位十八歲的高瘦排球選手展開一段羅曼史。她跟我的感覺蠻像的，於是我就問她：「妳想不想當我的女朋友？」

「噢不，我才不想──夏天結束後你就要離開了。」

「那又如何？」我說，「我還會回來啊。」

那時我太無知了。不知道該說什麼才好，只是一直繼續問她要不要當我的女朋友。她說，「我根本不了解你啊！」最後我才問她，哪天晚上要不要跟我去看電影。她說她會考慮看看。我把這句話當成是願意的訊號，回家後我就跟雪莉報告這個好消息，她聽了後拍了我屁股一下。

「佩卓，她不會當你女朋友的。也許她會跟你出去玩，而且玩的很開心，不過那就是這個夏天的事情罷了。等你離開，她就會跟其他人約會去了。」

「不、不、不，她喜歡我，真的！」我說，「她是個好女孩，這就是我喜歡她的原因。她跟其他人不一樣，她是認真的。」

在多明尼加，若你問一個女孩要不要當你的女朋友，她會認為你想要娶她回家。

媽媽一直告訴我，蒙大拿跟多明尼加不一樣，在這裡，夏日的羅曼史就只是一段夏日的美好回憶罷了。我終於明白了。後來這女孩跟我保持著朋友關係，我們去公園散步過一次，我也親過她一次，就這樣了──我的夏日羅曼史非常短暫且甜蜜。

為道奇隊打球時，我致力將所有細節做到百分之百正確。當然，我想要投好些，同時我也希望遵守每項規則，並完美的執行每項動作，確保不會有其他教練對我破口大罵。

我們剛剛打完第一場客場比賽，面對的是赫勒拿釀酒人隊，此地距離大瀑布鎮約一個半小時車程。我聽到有人叫大夥穿好衣服，要出發了，於是我跟孟德西便直接穿著球衣上巴士。我在多明尼加時上巴士的規則就是，離開訓練中心時要穿著球衣，回到巴士時也要穿著球衣。然後我跟孟德西就坐在靠前面的位置等其他人上車。我還沉浸在打完人生第一場夜間比賽的興奮之中，很高興我們打贏了，對於我開啟自己在美國的棒球之旅其中每一件大小事而開心。其他球員出來了，他們都穿著便服，並走上巴士——當然，球隊經理喬·法福拉（Joe Vavra）也走上了巴士。

他看到我跟孟德西還穿著球衣時，馬上就爆炸了。

「你們這兩個骯髒的混蛋，」他大聲咆嘯。整個巴士立刻安靜下來。「在美國你們不能這樣子，這裡不是多明尼加共和國！」

「但喬，我不知道……」

「閉嘴，你們這兩個該死的骯髒鬼——不能這樣胡搞！」

「好的，喬，我很抱歉。」說完後便開始哽咽，眼睛湧出淚水。巴士還沒離開停車場，我的臉頰就被淚水沾濕了，整段車程臉頰都是濕的。我一直看著窗外遠方山脊的輪廓，因為淚水，讓我連蒙大拿是否已經天黑了都辨別不出。

我不知道這項規則。沒人跟我說要先沖澡完才上車。也許我忽略掉球員手冊上載明要沖澡與更衣的規定，但這次也只是因為我太快下場了，因此不想太晚上巴士罷了。對我而言，這只是一場誤會，又不是犯了什麼罪。就算真是犯罪，我應該受到這樣的懲罰嗎？至少給我一點基本的尊重不行嗎？蓋對我大吼時，是把自己看成我的父親，用愛之深責之切的心態對我。哪樣的大人有辦法厚著臉皮說我是「骯髒鬼」？用骯髒鬼稱呼我幾乎是最大的冒犯了，只比辱罵我媽要好一些些，而且我心中還沒放下之前奇哥說我會被送回去甘蔗田工作的事。此時，我們已要進入大瀑布城，我的眼淚已乾，不過心中仍在與自身的恐懼、憤怒、自傲與惶惑不斷劇烈的拉扯。

我知道自己得把喬說的話吞下去，不能回嘴，不然就會被奇哥給說中了。

「**老天啊，**」我心想，「**這真是一場災難。我和孟德西這次完蛋了。**」

我一打開家裡的大門，雪莉就看到我眼中透露出的傷痛，我的眼淚也再次泉湧而出。她抱著我，並等我冷靜下來後跟她說明事情的始末。

她就像我真正的母親般對我說：

「佩卓，事已至此，你也已經懺悔過了。你要明白，他是教練，他說了算。你得遵守那些規則。也許你只是正巧沒聽到他們要你做的事情罷了。」

喬是個性格暴躁、頑固且容易激動的人。幾天後，他有找我去說話。他沒有道歉，但他有解釋那天他為何如此不悅，我也向他闡述了自己當天的想法。

他跟我說，「小佩，別放在心上。」但他知道我比任何人都更掛心他人的批評。

「下了球場，佩卓就像個小孩，像是某個人的小老弟，臉上總是帶著微笑，這樣的個性非常好，不過他太敏感了，所有人對他的一絲想法他都非常在意。」法福拉後來這樣說。「若要訓斥他，用和緩的方法比較好，有時候訓斥對他來說是一種壓力，但佩卓很清楚大家的苦心。他總是把話聽到心坎裡。」

我把所有的精神都放在投球上，讓法福拉完全找不到我有需要修正的地方。

「他沒有雷蒙那種高大壯碩的身材，只是個小孩，瘦而結實，而且他在場上跟場下完全是不同人，令人不可置信的判若兩人——他就像是一個男人的心靈附身在男孩的身體中上場投球，並隨心所欲的把球投到任何他想投到的位置，」法福拉說。「他登上大聯盟並取得佳績時，跟他在蒙大拿州的大瀑布鎮投球的方式完全相同。他的站在投手丘時的態度，就是用盡全力拿出最佳表現。你很難在其他球員身上看到這項特質，全然無所畏懼。無論遇到任何狀況，他都準備好接受挑戰，投好每一球。」

客場戰時，我在面對布特銅礦國王隊（Butte Copper Kings）上場放了一場火，只投了三局就丟掉十分。這場爛投是有理由的。為了趕上布特隊這場比賽，我們是連夜坐了大約七個小時的巴士，從加拿大艾伯塔省的梅迪辛哈特趕過來的。他們跟我說，既然我是下一場的先發，就得好好睡覺，於是我就帶著棉被跟毯子去巴士下層，耗費了好幾個小時在那邊翻來滾去，連眼睛都沒能閉上幾次。

我們是在清晨抵達布特鎮的，然後停在一間披薩餐廳吃早餐，我並非唯一無法把披薩當早餐吃的人。巴士上所有人早餐都不想吃這種東西，也沒人有機會沖澡，於是我們前往球場，並以大比分輸球，我是罪魁禍首，完全沒法讓打者出局。

我早早就被換了下場。

回程又是一段漫長的車程。回到家時，我跟雪莉說：「媽，我今晚投的像灘爛泥。」她跟我說：「這就是你來到這裡的原因，你是來這裡學習的。」

隔天大瀑布隊練習時，我走到外野，當我進行恢復跑時，回想起昨晚我那糟糕的投球表現，而且輸得一塌糊塗。這讓我非常憤怒，憤怒到大哭了起來。我就站在外野中央，淚流不止。

蓋跑到我身旁後說，「佩卓，你昨天在那種情況下投球本來就不是一件容易的事，你既沒吃好也沒睡好呢。」

我聽不進去。

「可是蓋，我想要跟雷蒙一樣強。我想要去大聯盟投球，我想要成為一名真正的好投手，最棒的投手，我想要跟雷蒙一樣，能夠幫家裡的忙。」

蓋用嚴厲的眼神看著我，並指著另一個在外野跑步的投手。

「你有看到那個在跑步的傢伙嗎？他已經二十二、三歲了。你才十八歲。等到你二十三歲的時候，你不會還待在高階一A投球，而是挺進到完全不同的層級了。你得牢記這件事。」

我就是個拗性子又對自己感到抱歉。我馬上替自己找到洞鑽。

「我是只有十八歲，但我還是沒法讓打者出局啊！」我說。

「佩卓，現在放棄，你的職業生涯就結束了。」

聽到別人提醒我自己比其他人年紀都還小有讓我好過些，不過我還是花了好一段時間才走出來，了解自己現在的能力，以及因為車程影響造成這樣的結果，我得盡可能的在投手丘上保持完美表現。這段時間，若是遇到了阻礙，像是投的不好或是讓教練對我咆嘯，那感覺就像是我的職業生涯馬上陷入的岌岌可危的境地。

我想，只要我再失敗一次，就會是我職業生涯的盡頭了吧。

我不會簽他。他太瘦小、太脆弱，絕對無法成功的。我不喜歡他。

在訓練中心時聽到的評語不斷在我腦中重播。只要一停下來，就會聽到奇哥．費南德茲用尖酸刻薄的語氣，說我會滾回多明尼加共和國採甘蔗，以及喬．法福拉莫名其妙的暴走。此刻，我甚至也無法讓對方打者出局。

他不屬於這裡。

那些聲音深深震撼著我，幾乎直刺我的內心，但我發現自己的本心大聲呼喊著。正因為害怕，所以我絕不能失敗，我不想失敗，這不是我的答案。我想要成功，我必須成功。這樣一來，當我做到時，才能說自己證明了大家對我的看法完全錯誤。我不會總是哭泣，那些眼淚會變成一股狂怒，讓我無法自制，並更加肆意妄為。

對上布特隊的那場比賽我吃了敗仗。不久後，雖然緩慢，但我確信自己一場比一場投得更好了。夏季聯賽結束時，我的數據還過得去。我的勝投數是全隊第一，總成績是八勝三負，三振則是排名第二，十四場先發，投了七十七局，總共拿下八十二次三振。不過控球能力還是有待加強，投出了四十次保送，也是隊上第一。

先鋒聯盟這一季的比賽邁入尾聲時，我的表現也越顯強勢。球隊戰績以北區排名第一做收，強壓赫勒拿隊一頭，要在冠軍賽對上鹽湖城捕獸人隊。這場比賽由我主投。這趟車程長達七個小時，也由於上次前往布特鎮時發生的慘劇，這個夏天我們第一次搭飛機前往客場比賽。最後，我們拿下捕獸人隊，贏得了先鋒聯盟的總冠軍。飛回大瀑布鎮後，我便直接前去參加慶祝派對，一到那裡，我跟孟德西便收到了意外的消息。維羅海灘新人球隊因為打入季後賽，需要加強進攻火力，希望孟德西能加入他們。而道奇隊在加州貝克斯菲爾德（Bakersfield）的一A球隊也因為備戰季後賽，需要投手，他們想要我過去。於是我得略過慶祝派對直接回家打包，隔天一早就要前往加州。跟雪莉與海夫納一家道別令人傷感，但我知道這是離開此地最好的理由。

有人要求我去加州投球，意味著除了我自己以外，還有人信任我的投球實力。

貝克斯菲爾德隊一名投手約翰．納普（John Knapp）對於我的到來大為不滿，因為球隊要求我在季後賽準決賽時，在他原訂主投的時間出賽。他說，「為什麼我得延後一場出賽，只因為他是雷蒙的小老弟嗎？我在這裡辛苦了一整季，現在他就這樣過來投球？」我也覺得非常困惑，但同時也認為，若我贏球了，那他隔天也就能在季後賽這樣的大場面出賽，這樣一來他就沒理由繼續抱怨了吧。

球隊總教練湯姆．貝爾斯（Tom Beyers）厲聲斥責納普說：「我說了要讓他投，就是要讓他投。」貝爾斯是個聰明人，同時也是好教頭。我先發的那場比賽，我投了七局無失分，隔天納普則讓我們輸了比賽。因為前一天他批評了經理的決定，貝爾斯還特意讓納普在場上多待了一陣子。

我離開大瀑布鎮事發突然，因此沒機會跟雷蒙說一聲。球隊輸球後，我打電話到他目前的落腳處洛杉磯，告訴他我被拉到一A球隊投了場比賽。他問我說：「你待的那個鎮叫什麼名字？」我說，「我們的帽子上有的B字，我想這裡是貝—克—斯——菲爾德。」

「喔，貝克斯菲爾德，」雷蒙說，「你離我只有一小時車程的距離。我會派人過去接你，這樣你就可以過來陪我了。」

這個消息令我十分開心，畢竟整個夏天我都沒能跟雷蒙說上幾句話。目前他是大聯盟道奇隊的一員，我不想打擾他，再加上他講電話時脾氣比較暴躁，總是對我很兇，從沒像這次這麼貼心過，不過他找了司機載我過去，對我來說意義重大。幾個小時後，雷蒙的兩個朋友便開著一輛輕型貨車來到了貝克斯菲爾德。我把背包丟到後車廂後，我們就驅車前往洛杉磯。

一九九〇年九月，雷蒙全神貫注於他在大聯盟的第一個完整球季，這一季恰好也是他生涯表現最佳的一季。這名二十二歲的道奇隊球星，投出十二場完投，防禦率二點九二，在兩百三十四又三分之一局的投球中，三振打者兩百二十三次，球季末在賽揚獎票選中獲得第二名。他的星度不止是逐漸攀升，是直接升到頂了，成了超級巨星。

到了後我們就馬上去道奇體育場找雷蒙。我不知道當時他正和一大群現役與前道奇隊球星，包括雷吉·傑克森（Reggie Jackson），在私人包廂與球迷在一起，參加一場與球迷合照的活動。我走到拍賣區去，開始瀏覽現場展示的物品。那裡有釘鞋、帽子、球、球棒，上面全都有我景仰球星，像是達瑞爾·史卓貝瑞（Darryl Strawberry）和艾瑞克·戴維斯（Eric Davis）的簽名。接著我看到一顆棒球，上面有我最喜愛的球員之一，雷吉・傑克森的簽名，要價兩百五十美元。我一直很喜歡雷吉說著大話、趾高氣昂的姿態，並對一九七七年世界大賽他在洋基球場敲出的那三支全壘打如數家珍。我傻傻盯著那顆球，直到站在桌子後面的女孩走過來說，「老兄，你想要這顆球嗎？」

「當然。」

「你有兩百五十塊嗎？」

「有的。」

「好的，那麼在這裡簽名吧。」

他問我是不是雷蒙的親人，然後說，「你身上真的有兩百五十塊嗎？」

我身上有錢，不多不少剛剛好兩百五十塊，我也準備要把錢拿給她。

她阻止我並說，「不、不，你得先等一下，看看有沒有人出價比你高。」

我開始祈禱，再多一毛我都拿不出來了。

那個女孩不斷的挖苦我。

「這是你身上所有的錢了？你把所有錢都花在這顆棒球上？你知道你哥會再多幫你出點錢對吧。」她不知道我才不會跟雷蒙要東西，不過我也不用擔心這些事了。他們宣布我贏得了雷吉・傑克森的簽名球。後來雷蒙才看到我，那時雷吉・傑克森已經離開。我甚至不知道他剛剛待在這裡。

「佩卓，你知道我可以免費幫你拿到簽名球嗎？」他說完後大笑。

我只知道自己擁有了一顆心目中的棒球英雄的簽名球，而且我是用自己打棒球賺來的薪水買到的。靠自己的能力買下它，讓我覺得自己沒有走錯路。直到現在，我還留著那顆球。

我在洛杉磯四處玩了幾天，久到足以讓我們開車在這個城市晃了好幾圈。我對這裡所有建築物的大小印象深刻，更令人難以忘懷的，是我看到一堆標誌上寫著「UCLA」。

「烏卡拉（Ookla）是什麼？」我問開車載我的女士。

「烏卡拉是什麼？」她複誦道，「我不知道。」

我指那個標誌給她看，她轉過頭來微笑說，「喔喔喔。U—C—L—A——加州大學洛杉磯分校（University of California Los Angeles）。」

又是一堂英文課！

我的夏天就在這趟短暫的旅行中邁向尾聲，十月時，我前往位於亞歷桑納州的指導聯盟（Instructional League）。我只投了一場比賽，隔天我做著肩部強化練習時，訓練員往我走過來，問我覺得還好嗎。

還好嗎？

前一天我才在三十八度的高溫下投出九十四、九十五英里的速球，而且我才剛剛結束春季與夏季在延長春訓的出賽——為大瀑布隊投了七十七局後，又幫貝克斯菲爾德隊投了一場比賽。

「我很好啊，為何這樣問？」

「因為你手肘的狀況看起來有點意思，」他說。我的左手肘有雙重關節，右手肘則無，兩邊手肘伸出來一比，看起來完全不同。他在我右手肘下方輕輕拍了幾下後問我，「為何這邊看起來如此不同？」前一天我剛投完一場球，所以有些疼痛，就只是一般程度的疼痛，然後我說，「哇，那裡會痛。」

「你真的會痛嗎？」

「是啊，你按那邊的時候，會啊，你找到我疼痛的點了。若你壓那個點，我會有點痛。」

「我覺得你應該檢查一下手肘。」

「不用了，我很好，昨天才剛投完一場比賽呢。」

「我不太確定，我覺得那裡有碎骨。」

這句話讓我嚇了一大跳。他們送我回去洛杉磯，並對我做了磁核共振（MRI）檢測，這讓我感到極度焦慮。我覺得一切安好，完全沒有任何異狀。

醫生檢查後給了我一份報告。

「實際上，你的手肘有一塊碎骨。我們得動手術將它取出。」

我知道他一定弄錯了。我現在的身體狀況好得近乎完美。

「你知道嗎，從三月到現在，我都還沒回去多明尼加的家看過，」我說。「給我一個星期，讓我回家探望一下家人，然後我就回來。」

我回到家，只稍微休息了一下，然後就去次級冬季聯盟的次級球隊里奇隊投球，並以六局無失分的表現帶領球隊以十一比〇獲勝。

我的手肘一切安好。在我剩下的職業生涯裡，手肘從來沒出過問題。

第五章　叢林之王

隔年，一九九一年夏天。我不再擁有哭泣的理由。

我克服了許多阻礙才成功站穩腳步，來到這裡。無視那些否定我的人、將挫折推到一旁，將內心每一吋意志與決心釋放出來。那個夏天，當我站在棒球場上那比周圍的人都還要高十吋之地，右腳踩在埋進投手丘那塊橡膠板上開始投球時，完全轉變為進攻模式——在叢林中捍衛我的驕傲，獵捕敵人的叢林之王。

站在投手丘時，我無法不讓心中浮現我那遭到綁架的母親，她被綑綁並堵上嘴，只要小刀一揮便會死亡，也無法停止抓住每個能挽回她，讓她繼續呼吸的機會。我很難將這些想法拋下。一九九一年夏天註記了我初次與最長時間不間斷的統治級表現。這名十九歲的少年戲劇般的大顯神威。

我輕而易舉的走過了一A、二A與三A的層級，直奔大聯盟，這個過程只花了我六個月。技術上來說，還不能算是登上了大聯盟，因為九月道奇隊徵召我，只是希望我上來跟雷蒙以及球隊一起行動，而非要我上場投球。他們說我這個夏天投得夠多了。這個過程中我投了一百七十七又三分之一局，在二十八次先發中拿下十八勝，防禦率二點二八，投出一百九十二次三振。當我來到大聯盟時，其實不太想要休息不投球。

事實上，我覺得自己已經擁有跟大聯盟球員抗衡的實力了。只是還沒有機會證明自己的身手罷了。

心裡明白這件事便已足夠。

一九九一年二月我待在維羅海灘隊時，手肘碎骨的事情完全沒對我造成影響。我開始跟二A和三A的投手一起練習，我知道這是好事。儘管我比身邊投手平均年齡要小了五歲，道奇隊還是把我放到四十人名單裡，也是，我從沒認為自己比不上身旁這些選手。事實上，我很驚訝聽到他們這一季不打算讓我從二A球隊出發，只因為他們有些老手得從聖安東尼奧出發。

於是我得回去貝克斯菲爾德隊。這次我們住在自己租下的公寓，我也就無法每天晚上回到那個舒服的海夫納家了。但這次我幾乎沒有受到思鄉病的侵擾。球隊的巴士往來巡迴於加州聯盟（California League）各個球隊之間，在聖華金谷（San Joaquin Valley）顛頗行進，還得越過內華達山脈，沿途的景色沒有比在先鋒聯盟比賽時優美，但因為移動距離較短，也沒什麼人抱怨。雷諾（Reno）是距離貝克斯菲爾德最遠的一站，大約六小時車程。還不算太壞，特別是到半路，我們停在山口旁時，我人生第一次碰到了雪。我收集了一些雪，費心做成漂亮的雪球，然後把旁邊的樹當目標練習投球。

在貝克斯菲爾德時，我的投手教練是古斯·葛瑞格森（Goose Gregson）。干索（古斯的西班牙念法）真的很照顧我，我看得出來，我也回報以同樣的善意。他會說西班牙文，這讓我十分感激，再者，他很清楚我有多麼專注。操練、牛棚練投、投手守備訓練、拉長球、傳接球、伸展、重量訓練，以及在一天的尾聲時四至五英里的跑步，通常是我獨自一人沿著山姆琳棒球場（Sam Lynn Ball Park）一圈又一圈的跑著。

「佩卓，」有一次他問我說：「你為什麼要這麼拚命練習？」

我看著他的雙眼說：「干索，我站在投手丘上時，可能是在維羅海灘隊、這裡，不然就是回老家，然後我看到打者站在打擊區裡，我知道自己是個比那些打者更強大的投手。我相信，那是因為我比他們練的更多更勤。」

五月結束時，歷經十次先發出場面對加州聯盟的打者後，我拿下了八勝〇敗，防禦率二點〇五，每局被上壘率（WHIP）〇點九七八。道奇隊將我升到聖安東尼奧的二A球隊，說真的，德州聯盟那邊的打者跟一A的打者差異並不大，就是比較少自由揮擊（free-swinging）的打者而已。

待在聖安東尼奧傳會隊（San Antonio Missions）時，有一些極為優秀的教練，像是前道奇隊投手伯特．胡騰（Burt Hooton），他是一九七七年世界大賽第六戰中，雷吉．傑克森單場敲出三發全壘打第一發的受害者。他不在意我那依然乾瘦的身材，也對我保持大量跑步沒有任何意見。「讓身體動起來，小男孩！跑起來啊！」他會這樣跟我說，而我也盡可能的照他的話去做。

伯特教了我兩件事。第一，他強化了山迪．科法斯的鉤住投手板訣竅，用這個概念創造阻力與槓桿作用，使我們的投球更加順暢；第二，教導我正確的牛棚練投方式。過去我認為在牛棚練投就只是不斷用力催球速而已。我不認為這有多重要，就只是球隊要求先發投手去做的一件事而已。伯特的觀念與戴夫．華勒斯相同──他曾是小聯盟的投手總協調，而那個夏天他開始頻繁的在我出賽的場次中露面，並告訴我牛棚練投比我想像中的要更重要。伯特會穿上裝備親自接我們的球。第一次我投給他接時，投了幾顆快速球，六分鐘後，我覺得投得差不多了，便開始尋找我的夾克。這時原本採蹲姿的伯特慢慢站起，用他濃厚的德州腔問我要去哪。他告訴我，我絕對無法在六分鐘內學會如何投球，得耗費更多的時間才行。他教我要怎麼樣以及如何放球，掌控球進壘的位置。這意味著我要注意自己的投球機制。這樣講我就懂了。儘管我得投更多球，但速度是後面才需要考慮的事，這樣更能讓你察覺身體狀況，特別是在悶熱潮溼且炎熱的聖安東尼奧投球時。

我在傳會隊投球時的防禦率是一點七六，比在一A投球時還低了超過○點二五。球隊也開始允許我在二A出賽時每場投更多局數。十二次先發中，有四次完投，其中有三場完封。

那個夏天我入選了兩個聯盟的明星賽，分別是加州聯盟和德州聯盟，但我兩邊都沒有參加。我不可能現在特地回去一A投明星賽，接著我又聽到有人一整季都在二A球隊出賽，但若是我要在明星賽出場，他的位置就會被我取代，因此我跟他們說我不會參加。我只要記得自己曾被選入明星隊就很開心了。

轉到三A阿布奎基隊（Albuquerque）後，我有六、七次先發的機會。防禦率上升到三點六六，不過WHIP比在聖安東尼奧低些，從一點一四八掉到一點一一九。

麥可．皮耶薩（Mike Piazza）是我在新墨西哥投球時的捕手，球隊總教練則是凱文．甘迺迪

（Kevin Kennedy）。甘迺迪大多讓我自行其是，只有提醒我，要我注意三A球隊的壘上跑者速度較快，這意味著我得更加注意任何踏上一壘壘包的跑者。

除此之外，就只是讓我自己決定要怎麼投。

「他能夠完全的掌控自己，」甘迺迪說，「衡量一名投手時，我總是會問『他是否會抬頭挺胸，像是他早就準備好將球投向打者一般？』他就是這樣隨時準備出擊。在他身上完全看不到任何遲疑。他很清楚知道自己要怎麼做——他到我隊上時，幾乎已經是完成品了。」

三A球季九月初時便已結束，道奇隊說他們想要我充分的休息一下，不過我應該跟雷蒙與大聯盟球隊一起行動。對於無法投球我並沒有太感冒，只說至少讓我可以跟他們一起熱身跟傳接球。

此時球隊總教練是湯米．拉索達（Tommy Lasorda），有時候在比賽開打前，他會撥空教我投出曲球。這個夏天我大多數時間只投快速球和變速球——我投不出強力的變化球。拉索達希望我投出跟他一樣的曲球，那是一種緩慢且軌跡較偏斜的曲球，但那對我不適用——我揮臂的速度太快了。然而，我們相談甚歡，前後試投了好幾次這種變化球。湯米試圖要我投那種曲球時，膝蓋彎下去些，不過我始終沒辦法，因為我身體延伸的距離比他長。他也示範了兩根指頭放在球上方的投法，這對我也行不通。我不斷嘗試，但就是沒法做到——球移動的軌跡不大，我也無法掌控球路。雷蒙上前來跟我說：「若你無法把兩根手指靠在上方，就把中指移開，只用食指控制球。」

我記得自己馬上就投了幾顆好球。雷蒙跟我說少用一根手指，然後扣住球往下來製造旋轉時，好像按下我身上的某個按鈕般。那時我們並沒有花很多時間在我的曲球上——這過程更像是在幹什麼蠢事，但我清楚記得當時球從我手指離開時，那種不斷旋轉的感覺。

我人生初次飲酒，是我待在大聯盟時發生的：在從亞特蘭大飛往洛杉磯的飛機上，我喝了一瓶百威啤酒。雷蒙遞了一瓶給我，我記得喝完後，自己就開始傻笑。飛機降落後，我們回到雷蒙的公寓，他又拿了一瓶香檳王（Dom Perignon）出來。

「雷蒙，這好酸啊！喝起來跟醋一樣，我不想喝。」我邊說邊把香檳杯推回給他。

「小朋友，這是高檔貨呢。學學喝些真正高級的東西好嗎？」

每次雷蒙要我做什麼，我就做。我把這杯東西一飲而盡，然後直接在床上躺平。大概一秒過後，我就開始「哇啊啊啊啊啊」——整個房間開始旋轉，而我也陷入了漩渦之中。接著我爬到廁所，這晚接下來的時間我緊緊抱著馬桶，跟他成為生死莫逆的好夥伴。都是百威啤酒跟那杯香檳帶壞我的。之後我有好一段時間都沒有再喝酒了。偶而會喝一小口啤酒，僅此而已。我還有大好事業要費心呢。

第六章 「雷蒙的小老弟」

當我的隊友開始拿球扔我時，我才知道在一九九二年球季時，他們傳達給我的訊息是，並非每個人都跟我一樣為我的成功感到興奮。

八月，在洛杉磯某個酷熱的下午，我們阿布奎基公爵隊（三A）正在進行打擊練習。打擊練習時，投手要在外野做飛球練習。這就是我們正在做的事。這項練習對投手經驗的提升上，並沒有任何實質價值，只是我們不做的話，就是某些人要在這裡把球傳回去，因此還是由投手來做這苦差事吧。那天，就跟這季其他待在公爵隊的日子大同小異，我實在沒有心情站在外野，在沙漠的太陽下被烤成人乾，等著拿下飛球。我想要有更多一點活動量，所以戴著平常使用的小手套，站在左中外野較淺的位置，比隊上的游擊手，我的朋友拉裴爾．波寧格（Rafael Bournigal）站的位子稍微後面些，等待穿過拉裴爾的飛球，或者是看能不能遇到一些從打擊練習欄滾出來的迷途滾地球。基本上，我就是在內野做飛球練習。

但這並非投手平常會做的事。

很快的，球便開始往我這飛過來了，但它們是從外野——也就是從我身後飛過來的。等到有一顆球差點砸到拉裴爾時，他轉過身來往我這個方向喊道：「哪個混帳往這裡丟球？球桶在另一邊啦！」一邊用手套指著放在中外野邊緣護欄後方的球桶。我往身後望去，馬上就認出了那個傢伙，他之前就有把球往我們身上扔的前科。站在外野並回頭瞪著我的人是丹·歐帕曼（Dan Opperman）以及他的跟班，笨重、肩膀寬闊、頂著金髮的扎克·辛耐爾（Zak Shinall）。

毫無疑問。

這季稍早，在科羅拉多時，這兩名投手和另一個投手麥可·詹姆斯（Mike James）曾威脅要揍我一頓，只因為我還太菜了。他們將我圍在球員休息室的浴室角落，但當時我好說歹說，免了挨揍之苦，什麼都沒發生，不過我也失去了他們的尊敬。再者，有些教練也不太追究他們對我的不敬就是了。

歐帕曼是一九八七年第一輪被選中的，跟葛瑞格·麥達克斯（Greg Maddux）同一所高中畢業，就位在拉斯維加斯。他應該要成為那些像是朗·威爾登般的強力快速球投手的一員，不過他總是為健康問題所苦。他被選上後，就動了一次手肘手術，接著在一九九一年又動了另一次手術。一九九二年夏天，在他被選上五年後，當時他二十三歲，還是大小傷不斷，依然無法登上三A。

以隊友的角度來看，他能帶給我什麼呢？

我，這個二十歲的球員，在道奇隊體系中比任何人爬的都要快。我的哥哥是個大聯盟球員，我也已保持著自己是大聯盟球員的態度：「我屬於這裡，我屬於任何我立下腳步之處。」我是個備受呵護的多明尼加人。我會說，這時的自己有些自大了。其他人大概會說我非常自大吧。去年我獲得了《運動新聞雜誌》（The Sporting News）年度最佳小聯盟球員，也被選為道奇隊小聯盟年度最佳投手。一九九二年，我跟許多不斷掙扎著想離開三A的隊友一起打球，而且他們都很清楚，這裡之於我，就只是一個中途休息站罷了。

我有態度，也有表現。綜合起來就導致了他們的嫉妒。

春訓一開始，當記者開始從一大早就不斷搜尋著我的身影時，我便感受到隊友從我背後投射過來的視線，以及我在與記者進行一對一採訪時，背後傳來的嘀咕和俏皮話。我開始收到球迷的來信，這對我是莫大的恭維，但我得把它們小心的藏在置物箱深處。我收到信但其他人卻完全沒收到，這讓我覺得有些尷尬。

一九九一年九月，凱文·甘迺迪擔任公爵隊總教練時，與我相處甚歡，但他於一九九二年去職，接替他的是比爾·羅素（Bill Russell）。從一開始，我就看出羅素對我和我在隊上的朋友沒有好臉色。

有一次，羅素因為我在一次他突然通知的會議中遲到而嚴厲斥責了我一頓。那時我在浴室大聲喊道：「告訴他我會晚一分鐘到，我在浴室。」有人大聲回道：「佩卓，沒問題，一定幫你說。」不知為何，這個信息沒能傳到羅素那裡。我吞了下去，沒告訴羅素有這個插曲，就讓他在我隊友面前痛批了我一頓。其中有些人看起來很享受這一幕。

我雙眼鎖定了站在外野的歐帕曼時，我看到了一個心懷嫉妒的人直盯著我。

「是歐帕曼搞的鬼。」我告訴拉裴爾。我再度回頭，並看到另一顆球朝我而來。歐帕曼絲毫不想假裝自己沒丟球過來。

我回給他同樣具有殺意的瞪視，正式對他宣戰。

「嘿，他媽的蠢蛋，過來我們背後接飛球啦！」他對我吼著。

「我幹嘛要去？」

「你最好把你那瘦猴子屁股移駕到我們後面接飛球，不然我就揍你一頓。」

「別想，你辦不到。你知道嘛，事實上，你現在靠我更近了，你要不要再丟一顆球過來試看看？說不定這次你終於不會砸丟了。」

他走到我身旁後說：「你想要我現在揍你一頓就是了？」

「怎麼不試看看？」

歐帕曼上前抓住我，同時我也揮出了一拳。我很確定自己在他鼻子上放了一拳，他也倒地並流血，但一直到現在他還是發誓我們兩個都沒能揍到對方。那個下午沒有攝影機拍下當時的畫面真是太可惜了，不然就能錄到我隊友們醜陋的打群架場面。所有內野手和外野手加上打者，都衝過來要把我們分開，但並非每個人都是和平主義模式。另一個隊友，投手史提夫．西瑟（Steve Searcy），用雙手環抱著我，讓我朝著歐帕曼躺下去，他正試著要爬起來。亨利．羅德里奎茲（Henry Rodriguez）、勞爾．孟德西與荷黑．幕諾茲（Jose Munoz）跳進人群之中，找看看有沒有需要攻擊的對象好保護我。幕諾茲對西瑟狂吠道：「放開他！放開他！」好讓我跟歐帕曼能像是真的在「單挑」。西瑟一直抱著我，一直到幕諾茲一拳打在他頭上才放手。這也讓他倒在我身上，我則是跟歐帕曼一起倒在地上。於是我們便繼續扭打，直到我們的老大比爾．羅素衝過來橫在我們兩個中間，我們才停下來。

「佩卓，夠了，停下來！」他說，「你們兩個，停手！」

我們將手從對方的球衣上鬆開，繼續用憤怒且提防對方的眼神互瞪。接著，令人無法置信的是，羅素居然對我，而非對歐帕曼說：「給我回去球員休息室！」

每個教練團成員，包括羅素，都圍在歐帕曼旁確認他是否安好。我很好，感謝你們噓寒問暖，真令人作嘔。我直奔球員休息室，只有我獨自一人。正當我要走進去時，我回頭看到歐帕曼、詹姆斯與辛耐爾走向同一個地點，後面還跟著羅素與一名訓練員。

「如果他們也一起進去，那我就不進去了。」我跟羅素說。我怕死了，我知道假使那三個傢伙跟我一起進去球員休息室，而我身邊沒人的話，那他們一定會把我狠狠揍一頓。

我隨手抓起一根球棒。

「我不要跟那三個傢伙一起進去。如果他們有誰就這樣走進去，我就要動手了。」

「佩卓，放下球棒，進去休息室。」

我那時情緒太多了，無法將球棒放下。只是把球棒握的更緊，並揮舞手上的球棒，讓它看起來更具威脅性。最終，在羅素不斷懇求下，我才將球棒放下。

在我與阿布奎基隊前往南方比賽的過程中，羅素表現的像是他根本不想要我出現在他周圍，我的投手教練克勞迪．奧斯丁（Claude Osteen），則是直說他不想訓練我，說我還不到職業水準。後來他們直接跟我翻臉，因為有一次在我被釀酒人三A某個小鬼敲出全壘打後，我對下名打者時投第一球就塞了顆內角快速球。**蹦**！我沒砸到他，但差不多削到邊了。我對他的指控並不意外，架一打完，比爾和克勞迪就立刻把我趕下投手丘。他們說我做出無意義的行為讓球隊陷入衝突，我跟他們解釋說我並非刻意為之，他們也完全不相信我的說法。

羅素對我說，你只是一沱屎！你根本不應該在三A球隊投球，而且他強迫我得為了讓球隊跟對方打起來跟隊友道歉。我跟大家道了歉，不過從那天起，我便對於比爾與克勞迪讓我獨自投球不指導我，帶著更深的怨恨。

在那之後，我只是孤身一人。

儘管那時我開始在球技上遭遇困境，並且需要教練的幫助，但克勞迪不會去觀察我在牛棚的投球，更別提指導我了。

跟歐帕曼打架的那個晚上，雷蒙打電話給我。而且他不太開心。

「你知道我們這裡都怎麼說你嗎？」他語調上揚的說。「他們說你是休息室的病瘤，你是個壞傢伙而且整天找別人麻煩。」

我試著要替自己辯護，但雷蒙聽不進去，而且變本加厲的繼續責罵我。

同一時間，我的經紀人也接到了那個夏天時道奇隊總經理弗萊德．克萊爾（Fred Claire）的電話。

「小費，你會跟佩卓好好談談嗎？我們真的很喜歡他，但他得控制好自己的脾氣。」

道奇隊懷疑是不是有什麼事困擾著我。

沒事，若是有事，也是我自己的問題。問題在於我對那些找我麻煩的人沒做任何讓步。若是有人嫉妒我，那應該是他們的問題。假使那份嫉妒侵入了我的個人空間，那麼我就會挺身而出，為自己而戰，我不在意找我碴的人有多高大。我不會讓人擋在我要前進的路上。

不是宰人，就是被宰，這就是我看待事情的方式。

那年夏天稍晚，歐帕曼跟我道歉。他說事情是因他而起，他不該這樣做的。這樣做並沒有改變我們兩個彼此看不順眼的事實。但他對我道歉的舉動確實值得贊許。

那年七月我被選為三A灣岸聯盟明星賽的投手，這是份很棒的榮耀，不過當佩卓・艾斯塔西歐（**Pedro Astacio**），而不是我被徵召上大聯盟擔任代班先發（**Spot Starter**）時，著實讓我困擾了好一陣子。大家都以艾斯塔西歐為傲，他是個球威不錯的高大右撇子投手，也是我的好友與跑步的搭檔，但我今年的投球表現更優於他，我認為應該是自己被徵召才對。

我沒有費心隱藏自己的失望。我不知道是誰幹的，不過某天凌晨，我在旅館房間睡覺時，電話響了。有個人用生硬的聲音說：「佩卓，你被徵召上大聯盟了。把你的行李收拾好，十五分鐘後飯店大廳集合，你得趕飛機。」當時是凌晨四點三十分。我不是晨型人，但我立刻跳下床，像隻瘋狂的公雞般在房間裡到處跑著、把衣服裝進包包裡，只用了十分鐘便跑到了大廳。

大廳中，只有值夜班的大廳接待員，他正半睡半醒著。

我回到房間，打電話給雷蒙告訴他發生了什麼事，看看他是不是知道我被徵召至大聯盟的事。

我終於把他叫醒了。

「佩卓，你被惡搞了，回去睡覺吧。」

我得承認，他們真的整到我了。

我們球隊今年的戰績實在糟透了，以最後一名作收。到了九月，我依然沒收到徵召通知。大家似乎都收到通知了，但我還是待在公爵隊，自己在牛棚練投，大部分的朋友都走了。我心想：

「哇，我是投得有多糟，大家連過來看我投球都不想？」

這一季我常常打電話給蓋．康提，對他傾訴我目前的境況有多糟，我也會找我在二A時的教練伯特．胡騰吐苦水。伯特與我總是相處愉快。我向他抱怨我在這裡是如何被糟蹋的，伯特則告訴我要保持沉著的態度。「別沉不住氣，佩卓，保持讓所有事都在你掌握之中——你已經沒什麼需要贏得的，卻有很多能夠失去。」

我嘗試過的，真的。

最終，在所有人都被徵召上去後過了接近一星期時，羅素招喚我去他的辦公室，並遞給我一封信。

「你已被徵召至大聯盟。」他說這話時臉上絲毫沒露出半點微笑，也沒提到他把這封信擱了好幾天才給我。

這就是我被領至大聯盟的經過——極為低調小氣的進入了大聯盟。

別誤會我的意思，被徵召上大聯盟我是非常激動的。人生只有一個第一次，但這次有點沒勁就是了。我在阿布奎基隊遭遇到的一切，讓我感覺就像是一開始便沒有任何人真心希望我在這裡出現。那幾乎就好像他們覺得：「嘿，搞什麼鬼啊？我們還不如就讓他待在原本的地方就好了。」

總之，我升上去了，第一個星期他們沒有用到我，一次也沒有。我開始覺得厭煩了。我走向牛棚，而我不知道我的新教頭湯米・拉索達（Tommy Lasorda）什麼時候才會派我上場。我在阿布奎基隊一直是先發出場，固定每隔五天出場一次，現在我發現自己非但無法登上大聯盟的球場，就連在大聯盟的牛棚投球也不行。

我問雷蒙：「這裡究竟是怎麼運作的？我要什麼時候才能在場邊練投？」雷蒙說：「你再也不用在場邊練投了，你只要在需要投球的時候投即可。」

接下來，我得完全靠自己了。

九月二十四日，在道奇體育場，我覺得有些緊張。球賽到了第七局，我認為今天又會是另一個待在道奇隊牛棚裡坐看比賽進行的日子。道奇隊的中繼投手只在左外野有一個小小的空間，跟一個收起來的棚架差不多大而已，我們就坐在這裡，盯著一台破舊的電視，觀看目前比賽的狀況。待在這裡幾乎快讓我得到幽閉恐懼症了，於是這天我走進牛棚要牛棚捕手預備，我想要投球。我對被壓抑著無法投球感到非常恐慌，然後就開始練投。我一顆接著一顆投出快速球，直擊捕手手套。蹦、蹦、蹦、啪、啪、啪、啪。很快我就投的滿身大汗，在野餐桌旁找了個位子坐下來喘口氣。

電話響了。湯米對牛棚教練馬克・克瑞西（Mark Cressey）咆嘯，要左撇子老鳥投手約翰・侃迪拉瑞亞（John Candelaria）上場。侃迪拉瑞亞是位三十八歲的老鳥球員，今年是他第十八個球季，也幾乎是最後一季了，因此他絲毫不擔心自己保不保得住這份工作。下午他才悠閒的在牛棚裡暢飲啤酒。

「強尼，上吧！湯米叫你上場了。」

「告訴他他媽的自己上場去吧！」侃迪拉瑞亞說。「叫他找這裡隨便一個菜鳥上場啦。」

克瑞西將侃迪拉瑞亞的話翻譯了一下才說給拉索達聽。

「侃迪不想上場。」克瑞西說。

湯米問克瑞西有誰已經熱好身了。

克瑞西說：「雷蒙的小老弟。」

此刻，我雖然非常驕傲自己是雷蒙的弟弟，也非常想要跟他一樣，而且我們是完全不同的兩個人，他是超級巨星，我則還是無名小卒。但我仍然還是靠著自己的力量才爬到這裡的。

雷蒙的制服上寫著「馬丁尼茲，四十八號」當時我的背上則寫著「P・馬丁尼茲，四十五號」。

我經歷了小聯盟的每個一階層，我也付出最大的努力好讓我登上大聯盟，而當我第一次在大聯盟的比賽被派上場時，道奇隊甚至沒有叫我的名字。

我仍舊是「雷蒙的小老弟」。

因此，我人生初次大聯盟登場，不是在胃不斷翻攪的狀況下投出第一球，而是全速跑上投手丘，燒斷保險，準備火力全開！

我不是佩卓．馬丁尼茲，我是「雷蒙的小老弟」。

除了快速球，我什麼也不想投，這樣一來，我就會被打得落花流水。若我被敲得夠慘，也許他們會送我回老家，回到那個有人知道我叫什麼名字的地方。

我不知道為何，但我的憤怒並沒有毀掉我的控球，只讓球變的更犀利。當我發火時，會如同石頭般面無表情，視線變得狹窄，這就是我在面對生涯首名大聯盟打者瑞吉．桑德斯（Reggie Sanders）時的表情。他對我第一顆快速球做了偷點，結果球飛到本壘後方進了捕手手套。我送給未來的名人堂球員貝瑞．拉爾金（Barry Larkin）一支一壘安打，這個表現不算丟臉，接著我讓提姆．科斯托（Tim Costo）眼錚錚看著我投出的第三顆好球順順進壘，將他三振出局——這是我生涯三千一百五十四次三振中，第一次三振。

那是我職業生涯中第一次三振，但我並沒有特別感動，只有憤怒。

到了第九局上半，我又送出一支一壘安打跟生涯第一次保送，打者是保羅．歐尼爾（Paul O'Neill），不過投完這局，我把二三壘的跑者留在壘包上，我們以八比四輸球，我沒有丟掉任何分數。

我找不到值得慶賀的理由。

後援會找回一顆比賽球，而且後援會裡有個寫字很漂亮的人，名叫米契的，在球上寫著，「佩卓．馬丁尼茲，大聯盟首次登場」。

他將球遞給我，不過我心中的怒火仍然尚未平息。於是我走到外野角落，將球往道奇體育館右外野看臺扔，球越過了體育館的圍牆，掉到切瓦士山谷（Chavez Ravine）之中。

賽後我跟一個廣播主持人說：「我不認為這是我的首次亮相。這不是我預期登上大聯盟的方式。我是先發投手，不是中繼。」

當然，後來我也聽到了雷蒙對我這番言論的評語。

「你知道嗎，佩卓，這場出賽得來並不容易。你要了解到，到了這裡不能那樣說話。你得說：『喔，我真的很開心，對於有這樣的機會，我感到非常興奮。』要這樣說才是。」

大哥是對的，但我還是忍不住把自己的想法告諸世人。

第七章　走下巴士

道奇隊和我為了兩場比賽而爭論不休。

他們希望我同意簽下一九九三年的合約，此合約的金額比其他從三A被徵招上來的球員，像是麥可．皮耶薩、拉裴爾．波寧格以及佩卓．艾斯塔西歐等人還要少一萬美元，因為我登錄在球員名單中的天數比他們少了兩天。

我的經紀人費南多．庫薩比我還要沮喪。

「費南多，我們爭執的點是什麼？」

他拿出合約，指出其中確切的違約條款。

「把合約給我，費南多。」

「你要合約做什麼？」

「別管那麼多，把合約給我就是了，我要親自跟弗萊德．克萊爾談。」

「佩卓，你要跟他談什麼？我得在場才行。」

「好，假使你想一起來，就來，但我得去找弗萊德就是了。」

弗萊德一打開他辦公室的大門，我就說：「弗萊德，我們是不是在爭執要不要加我一萬美金？」

弗萊德看了看我，然後說：「是的，佩卓。」

「弗萊德，給我一張空白合約。」

「要幹嘛用的？」

「拜託，別問，把合約給我就是了。」

他把一張空白合約滑到我面前。

我在上面簽上大名。

「你想給我多少都可以，弗萊德。給我最低薪也沒關係，只要給我機會，讓我留在隊上就好。」

弗萊德將他鼻子上的眼鏡往下推，然後用他晶藍的眼珠直盯著我。

「當然，佩卓，我們會盡其所能的讓你有機會待在隊上。當然，我們得仰賴你的好表現才行。我們會給你這個機會的。」

好的，弗萊德與道奇隊給了我這個機會。我有上場中繼的機會，還能先發，也有機會偶而上場投個幾局——我得到了盡情發揮的機會，整個春訓我也幾乎投得比隊上所有投手要好，在二十六又三分之二局的投球中，繳出了防禦率二點七〇，外帶二十三次三振。春訓時我感覺整個人都活了過來。我投得很好，真的很好。一切都無比順利，我努力的練習獲得了回報。

雷蒙對我說：「哇，兄弟，我真以你為傲，這是你靠自己的力量掙來的。」

一天下午，額外跑步練習結束後，我和雷蒙在後球場的草地上休息。突然有股焦慮在我的心中浮現。

「老哥，假使他們把我降級怎麼辦？」

「你瘋了嗎？他們寧可把我或其他人送下去也不會挑你。」他還提到，事實上我還有被下放的選擇權，這件事是他們唯一有可能把我暫時下放的理由，但這些我都沒聽進去。我只聽到我大哥告訴我說，我最近的表現是多麼讓他印象深刻。我變得十分確信自己會待在隊上：雷蒙說的話，對我來說即是神諭。雷蒙和歐瑞爾・郝西瑟（Orel Hershiser）是隊上的王牌，歐瑞爾即將在對上馬林魚隊的第一場比賽先發上場，雷蒙是第二場的先發，而我有機會在喬羅比體育場（Joe Robbie Stadium）的某場比賽出場。這感覺就像是一個真的開始，而非像在道奇體育場的牛棚中以「雷蒙的小老弟」的名字出場。

美夢，即將成真。我們就要搭乘巴士從維羅海灘前往邁阿密的前一天，我的名字，我的全名就在名單上。

我打電話給費南多讓他知道這件事。

我的名字在球員名單上！

那晚我幾乎無法入眠。隔天我把行李箱打包好，精心擺放之前雷蒙買給我的六套我幾乎沒穿過的時髦西裝。當我用溫柔的動作，避免造成任何皺折的把西裝一件一件摺好放在行李的最上方後，我感覺自己就像是在把去年待在阿布奎基隊的汙穢埋葬了。儘管春訓時我曾為了合約問題與隊上有些嫌隙——我覺得自己做了正確的處置。我藉由承諾與契約讓道奇隊了解到，我已經準備好成為一名大聯盟球員了。

隔天早上，我把包包放在巴士下層車廂，也是第一個上車找位子坐下來的人。我挑了一個中間靠窗的位置，戴上耳機，一邊猜想著發生了什麼事，怎麼巴士還不趕快從維羅海灘出發前往邁阿密？巴士全部坐滿前，我注意到有位營運部的金髮年輕男子走出辦公室，走向巴士，臉上帶著尷尬的表情。

他走上巴士，要找亨利·羅德里奎茲。

亨利在春訓的打擊表現跟我的投球差不多亮眼。我們都拿出了成績，也看到我們都被列在二十五人名單之中，因此當亨利被叫出去時，我沒有想太多。可能是文書作業上出了點問題吧，誰知道呢。不過等到亨利回到巴士時，他臉上帶著淚。他對我做了一個割喉的手勢。我為他感到害怕。我的胃也微微的翻騰起來。

我將耳機掛回耳朵然後鑽進我的座位裡，一直在等門關起來，這樣我們就能快點他媽的離開這裡了。我再次瞥向窗外，同一個金髮男孩又走向巴士，看起來就像個衰神。我看著他走進巴士底層的行李存放處，拿了幾個包包出來，其中一個看起來像是我的包包。

有幾個教練走下巴士。

我心中開始放空，腦中一片混亂，隊上的三壘教練喬伊·馬菲塔諾（Joey Malfitano）狂野的尖叫聲，猛然將我拉回現實。

「嘿，佩卓。」

我把耳機拿下。

「去他媽的，佩卓，我超不開心，這件事真是他媽的狗屎，不過他們要把你下放。而且連個他媽的理由都沒有，你應該待在這裡的，我們都知道你屬於這支球隊，你比這裡所有人投的都好，我是這輛車上最傷心的人。我真恨自己居然得告知你這件事，不過沒人有種跟你說——你已經被下放了。」

喬伊開始不爽的大吼時，藍尼．哈里斯的廣播節目一直播放著，喬伊吼完後，有人把廣播關掉了，整輛巴士頓時悄無聲息。我環顧四周，但所有人都轉開臉看別的地方。我緩慢的站起來。心中一片空白。我得沿著走道走下巴士，但我不記得自己是怎麼下車的。接下來，我只記得自己已經站在人行道上了。

歐瑞爾．郝西瑟走下巴士，遞給我一顆球，隨即走上巴士一句話也沒說。

「你是貨真價實的大聯盟球員。」歐瑞爾在球上寫著。「很快就能再見的。歐瑞爾。」

巴士開走了，而我開始走著。我一直不停的往前走，走到我看到站在前方路旁的亨利，他正獨自哭泣。我知道現在是哭出來的時候了。我人生中最大顆的眼淚從眼中流出。

其實此刻我並不感到傷悲。這時我無比激動，那是憤怒的眼淚。

我想要將某個人殺掉！

「弗萊德．克萊爾在哪？」

我心中能想到的就是弗萊德，心中浮現他的雙眼，那雙我絕對無法從心中抹滅的冰藍雙眼。我現在完全可以理解為何有人會不斷抱怨，甚至想幹掉老闆了——那份沮喪的感覺會不斷上升，接下來便會完全失控。這就是我現在的狀況。我很漂亮的完成了自己的工作。隨之而來的應是邁向成功才是。我應該得到成為大聯盟球隊一員的機會。我掙得了這個機會，而我現在站在人行道上，看著那輛原本應該載我前往我大聯盟生涯首次先發之地的巴士離開，沒帶上我。

更糟糕的是我的老闆弗萊德，他甚至沒有親自過來告訴我這個壞消息。他跑去其他地方了。弗萊德信誓旦旦的告訴我他會給我這個機會的。我做錯了什麼？無疑的，他沒有過來親自跟我解釋原因。

湯米·拉索達或投手教練隆·佩安諾斯基（Ron Perranoski）也沒出現。至少佩安諾斯基也應該在這裡跟我說聲：「佩卓，我沒有選擇。我選了你，但你知道這種事就是這樣。」但他也不在這裡。他們只留下喬伊·馬菲塔諾來處理他們策劃的卑鄙勾當。

我開始朝著巴士開走的反方向走去，亨利跟著我走。

「亨利，我不玩了——我不玩了，我要走人了。」

我們走回宿舍。我用力的把浴室的門打開，把浴簾從竿子上扯下來。我到處尋找，把東西通通摔爛。

「亨利，我要回家了。反正這裡沒人在乎我。我要去叫他們把我釋出。」

亨利沒有阻止我，而是說：「我也要。」

突然間，知道自己有家可回的安全感給了我一股朝氣，我也開始感到自己更堅強與平靜。我走到祕書室，要裡面的職員幫我訂下一班邁阿密飛往聖多明哥的飛機，並要她幫我找四十十，他可以載我到機場。

四十十隨即過來，並問我要去哪裡。

「我要回家。」

「佩卓，你被釋出啦？」

他當然會這樣想。沒有人會自己選擇離開道奇隊。在弗萊德辦公室工作的祕書也推斷我已經被釋出了。以前我每天都會拿顆蘋果過來放在櫃檯上，順便跟在這裡工作的兩名女生聊天。這是我練習英文的好機會，我們會輕鬆的聊聊天。等到她們終於明白我有多沮喪後，她們兩個都哭了起來。

「可以麻煩妳幫我告訴弗萊德．克萊爾，說我想要被釋出嗎？也請讓他知道我要回家了。」

她們撥了電話給弗萊德。

接過話筒前，我先讓自己冷靜下來。

「弗萊德，你是不是應該要告訴我，我並非這個隊上前十或前十一好的投手？」

「佩卓，我不會這樣跟你說。我會告訴你，再等幾天，你就會回到這支球隊，等我們解決一些手頭上的事就好。因為我早已將你視為這支球隊今年陣容的一份子——我認為你應當屬於這支隊伍。」

我根本聽不進他說的話。

我打電話回家讓父母知道我的決定。父親跟母親聽完就哭了。我從沒聽過父親哭泣的聲音。這聲音更是撕裂了我的心。

「Nino（孩子），別回來，留在那兒，看看你大哥。」

「Si（是阿），他已經登上大聯盟了，他得到了證明自己的機會。我從沒擁有過那樣的機會，這裡的人不喜歡我。」

我母親說：「不、不、不，你要有點耐心，別失去對上帝的信念。在我們人生中發生的每件事，都是因為神在幫助我們。向前邁進吧！別覺得幻想破滅，也不要失去希望。」

我掛上電話。講完電話後，我往外頭走，亨利跟著我走出來，手上拎著他的行李。

「我跟你一起，佩卓。我也想要被釋出。」

一旦將決心化成語言，亨利和我的心情就沒那麼沈重了。四十十將小休旅車開出來，載我們去機場時，車上多了一名道奇隊的心理醫師。

「離開前，我們先去了趟海灘吧。」心理醫生說。

十分鐘後，我們抵達海灘。亨利和心理醫師走到一旁，進行一場敞開心胸的真誠對話。當我下車走在海岸邊緣時，炙熱的沙就像是在烘烤我的腳底板。我盡可能的蒐集平且滑順的石頭，把它們拿在手上。海面平靜無波，我在如鏡的水面上丟出一顆又一顆石頭，讓水面激起陣陣螺旋狀的漣漪，石頭不斷在水面上彈阿彈，到最後慢慢的沈入水中。丟完石頭後，我踩回沙灘上，望向廣闊無垠，水波溫柔擺盪的大西洋，想要找尋那些沒人教過我要去尋找的線索。

亨利和我暫時中止去邁阿密國際機場的計畫，安靜的回到道奇鎮。這時已近向晚，餐廳裡幾乎空無一人，只有少數幾名教練坐在角落。我拿著一個托盤，上面放了杯冰水，隨意拿了幾盤食物。我找到一張空桌子，慢慢坐下，看著擺放在乾淨白色桌布上的食物。我不想吃東西，也吃不下。那趟海灘行只讓我外表平靜下來。我不再流淚。心中，仍舊充滿怒意。

我聽到一名教練問干索：「他看起來不太對勁？」

干索說：「他對於自己沒能登上大聯盟球隊感到十分沮喪。」

這段對話踩到我心中那隻小惡魔的痛腳了。

我站了起來，腳踩在地上時勾到了桌腳。我順勢把桌子翻倒，把玻璃杯、餐盤、漂亮的瓷盤跟銀製餐具通通甩出去，弄出震天聲響，把地毯搞得一片狼藉。

我氣沖沖的離開餐廳，詛咒道奇隊、道奇鎮、道奇體育館、弗萊德．克萊爾的雙眼、那片深藍色的大海，與任何藍色的東西。

我走回房間，將房門鎖上，躺在床上，把被子蓋在頭上，像嬰兒般蜷曲著身體，面對牆壁，用背面對整個世界。

我聽到干索一直敲門，請求我讓他進來。最後，我打開門。

「干索，春訓的時候我投得比任何人都好，我比他們大多數的人都優秀，我知道自己比他們強。我應該有替自己掙得在這個球隊的一席之地啊！」

「佩卓，你有兩個選擇。你可以放棄這一切回老家去，或者你可以告訴自己：『好，他們不覺得我已經做好成為大聯盟球員的準備了，我現在就出去進行這一季的訓練，給他們更多要把我拉上大聯盟正式球員名單中的理由』。」

我以沈默作為回應。干索離開房間，接下來輪到戴夫・華勒斯。

主管小聯盟投手的戴夫，曾跟雷蒙非常親近，雷蒙在美國打拚時，他就如同父親般的存在，就像蓋跟我的關係一樣。

他讓我將更多情緒釋放出來。

「你無法對我說出，我不是這支球隊最好的投手之一這種話吧？」

「你說的沒錯，佩卓，你絕對正確，但這無法證明其他人是怎麼看你的。我不知道發生了什麼事，佩卓，我不知道這其中有何厲害關係，但你就要成為大聯盟球隊的一員了。」

「我理應現在就待在隊上。」我說完後便沈默下來，直到離開房間，他都沒再說話。

我待在房間，被子仍舊緊緊蓋在頭上，腦中一直有相當陰暗的想法不斷翻騰著。這時有人過來告訴我，雷蒙打電話過來。

我已經完全崩潰了，但我知道自己得去接這通電話。

「佩卓，我知道你很沮喪，但聽我說。你還記得我那時的遭遇，對吧？」

雷蒙喚醒了我的記憶。一九八八年，他的第一個不完整的大聯盟球季，當時他以二十歲之姿，完成了六次先發與三次中繼出場，他的表現好到拉索達與弗萊德跟他說，要他接著去冬季聯盟投球，這樣的話，他便會是一九八九年道奇隊的第五號先發。不過那年後來道奇隊在春訓時，交易來了麥可．摩根（Mike Morgan），於是雷蒙只能從小聯盟出發。他們食言了。正當雷蒙同意下放小聯盟時，他告訴他們兩人兩件事：一，一九八九年是他最後一季待在小聯盟，若他們依然故我，他會要求球隊將他交易到別隊。二，若他們在球季中將他升到大聯盟，就不能再將他下放。

他們同意了，於是雷蒙前往三A球隊報到，投了超過兩個月的好表現，然後就接到電話，要他前往亞特蘭大，在面對勇士隊的比賽先發主投。凱文．甘迺迪要他把家當都打包好，於是雷蒙把他位於阿布奎基的公寓退掉，帶上所有身家前往亞特蘭大。那場比賽，他投了一場完封，全場只讓勇士隊敲出六支安打，並投出九次三振。

晚上回到旅館，弗萊德．克萊爾知會他，他得打包回阿布奎基。這跟弗萊德一月告訴他的話完全是前後矛盾。

對雷蒙來說，這是他職業生涯中最令他感到失望的事。他心痛欲絕，不過還是接受指派，回去阿布奎基，因為他知道，身為家中最年長的兒子，並面對著這份最棒，也是唯一能得到金錢幫助整個家庭的工作，另一個選項——退出，是他絕對無法接受的。他不會只因為自己在棒球上的理念與球隊不同，就放任自己所有的努力付諸流水。他看過太多年輕的棒球選手，只因為無法克服被降級至小聯盟的打擊，而讓他們的天賦與機會漸漸荒蕪。他們會回老家去，球技漸漸衰退，自信心也蒸發了，職業生涯還沒開始，就已宣告結束。

除了雷蒙，沒人能將我從那個，我把自己推進去且拒絕爬出來的洞穴中拖出來。

他將我從自己很快就晉升大聯盟，且得到出賽機會的優越感中喚醒。我太靠近自己的夢想了，而也提醒了我，我對整個家族有一份責任在。

「佩卓，你知道我經歷過什麼樣的日子，我們以前就討論過這件事了。或許得花點時間，但我向你保證，這季開打一個星期後你就會被徵召上大聯盟，隊上一定會發生些狀況的。」

他這句信誓旦旦的話才剛帶到沒多久，隔週，這季第三場比賽打完後，道奇隊投手陶德・沃瑞爾（Todd Worrell）的手臂就出了問題。

消息傳來時，我已經回到了阿布奎基，正在主投公爵隊的第一場比賽。當時比賽才進行到第四局，一切如常，隊上的總教練比爾・羅素突然從球員休息區跑出來，直奔投手丘。

「現在是怎麼樣？為什麼現在就把我換下場？才第四局啊？」

「發生了一些事。你得去一趟辦公室。」

我幾乎是用跑的去教練辦公室，在那裡跟弗萊德・克萊爾講電話。

發生了什麼事嗎？

我心想最糟的狀況會是：我的父親或母親過世了。

我忐忑不安的拿起電話。

「佩卓，你有辦法讓大聯盟打者出局嗎？」弗萊德說。

我有些措手不及，但馬上就鎮定下來。

「弗萊德，你要不要直接送張機票過來就好？我之前證明的還不夠多嗎？」

他要我把所有家當打包好，接下來一整年我都會跟著道奇隊一起行動。沖澡前，我把自己那只外表是阿布奎基公爵隊的紅色的包包裡頭的東西通通拿出來，並裝進一個全藍的包包中。比賽結束後，投手教練干索要大家過來向我道別。大家都知道我有多想跟道奇隊以及我大哥作伴。干索說了一些感人的話，說他有多麼為我感到開心，大家聽完後也開心的鼓掌。

我向他道謝說：「基於對你的敬意，干索，我希望這輩子再也不會見到你。」

他完全理解。

「佩卓，你要走出自己的路。我也希望這輩子再也不會見到你了。」

第八章　易碎品：小心輕放

雷蒙一看到我在亞特蘭大富爾頓郡體育場（Atlanta-Fulton County Stadium）現身，便立刻開懷大笑。

「看吧，我怎麼跟你說的，老弟？我怎麼跟你說的？」

這時候，我只能笑了。

此刻我整個人恍神，前一晚在阿布奎基我整晚沒睡，一直在結算我的帳單並收拾公寓準備搬走，然後就趕搭凌晨五點飛往鳳凰城的班機，接著又從鳳凰城轉機至亞特蘭大。這段過程中，達美航空（Delta Airline）又把我所有行李都弄丟了。一到亞特蘭大，我就開始處理一團亂的行李事宜，弄到一半，我才發現快遲到了。飛機到體育場這段路大塞車，因此我慢吞吞的趕到體育館時，比賽已進行超過一半了。進入客場球員休息室後，我終於可以稍微放鬆一下。不慌不忙的欣賞自己此刻身處之地，我慢慢的穿上那套上面有藍色條紋、名字與背號，運動衫下擺還做了反摺，讓你不用把衣服扎進褲子裡的道奇隊客場球衣。我拿著一罐可樂和一包多力多滋，晃到牛棚觀看剩下的比賽。雷蒙正在主投他這一季的第二次先發，第六局，我們以一比〇落後。雷蒙保送了幾名打者，當牛棚的電話響起時，我手上還有半包多力多滋還沒吃完。

「叫眼鏡蛇上場。」

眼鏡蛇這個綽號，是九月的時候道奇隊牛棚的人覺得我的手臂就像是《宇宙海盜》（Space Pirate）卡通裡的角色眼鏡蛇一樣，手臂裡裝了一支火箭炮（但他裝在左手臂），便決定這樣叫我了。我匆忙熱身，並在第七局上場。這局我投了個三上三下，接著投了一部分的第八局，送出兩個保送跟一支安打後，在滿壘的情況下退場，最後掉了兩分。

我們輸掉了比賽，不過因為我接替雷蒙上場，為我們創造了棒球史上首次兄弟組接力上場，一人替另一人中繼的記錄。這次出場，為我幾乎算是首年完整球季的開端，下了個不錯的小註腳。

我終於來到這裡了——「**這次不會再下去了。**」我告訴自己。我並沒有照自己想像的那樣先發出場，不過一旦站上投手丘，我就會忘記這些雜事。作為一名以快速球與變速球為主要武器的中繼投手，我對這兩種球路的控制力很強，並且充滿自信。

剛踏上大聯盟，我遇到了些亂流，前兩次出場總共失了五分，不過到了六月初，防禦率就縮減到一點七八。面對大都會隊，投了兩局無失分後，補足了職業生涯的第一場勝投。第六個出局數，是我在面對巴比．波尼亞（Booby Bonilla）時，用完美的七球送他出局，今年是他生涯其中一個打出怪獸般成績的球季。這次打席以巴比揮空最後一顆好球，吃下三振出局作收。

到了七月二日，我們挺進蒙特婁，這場面對博覽會隊的比賽中，我丟了幾分，並投出了幾次保送。那時身為道奇隊電視播報員的道奇隊傳奇投手，唐．德萊斯戴爾（Don Drysdale），走到球員休息室來找我。

「我想跟你聊聊，佩卓。」

「好的，德萊斯戴爾先生。」

「我覺得你被對手看穿了。」

「是嗎？你說真的？」

「嗯，我認為那些傢伙逮住你了。」

他抓起一只手套和一顆球，示範給我看我是怎麼做的。

我在投快速球時，手指會放在球的頂端，而且我會讓手套緊緊的護住球；投變速球時，手指會在球上伸開，而且手套最後呈扇形鬆開。

「你有沒有辦法把手指跟手腕藏在手套裡，而且讓手套從頭到尾都是張開的呢？」他問我。他一指出這點，我就知道他說對了。我曾看過葛瑞格·麥達克斯以及許多好投手都像這樣把手套張開，但我從未反思為何要這樣做。

令人傷心的是，當晚稍後，唐在旅館房間心臟病發作，隨即便過世了。

從那天起，我就都把手和手腕完全藏在我呈扇形張開的手套之中，這是德萊斯戴爾先生的好意。

道奇隊越來越信賴我，讓我在拉鋸戰中越來越晚出場，甚至負責關門的任務，我也值得他們的信賴。七月底是與博覽會隊的四連戰，打完後我知道自己已經吸引到他們的總教練菲利普·阿魯

（Felipe Alou）與總經理丹・杜奎特（Dan Duquette）的注意。這次對戰我出賽了三場，在四又三分之二局的投球中，我沒有失掉任何分數，並三振了九名博覽會隊的打者。

大部分的時間，我的捕手都是麥可・皮耶薩。儘管皮耶薩在一九九二年九月就從阿布奎基隊，也就是我後來因為莫須有的理由下放回去的隊伍升上了大聯盟，但他跟我一樣都是新人。我跟麥可認識很多年了，初次相遇的時間，要回溯到一九八八年，當時他整個夏天都待在棕櫚營。所有人聽到他爸是百萬富翁時，都覺得非常吃驚，因為他是那麼努力的人，花一整天跟我們一起練習後，有幾個晚上還會去里西老虎隊蹲補。回想那時候，我並不認為他有太多蹲補的天賦，也不認為他會是一名好的打者。

一九九二年時，麥可和我一起在阿布奎基隊打球，儘管我仍然無法說他是名好捕手，但我們相處合作愉快。我看不出他還有什麼進步空間，退一步說，上天給他的皮囊就是：一個很高、又瘦，但是速度緩慢的體格。投捕手配球時，他都要花一些時間，好弄懂我喜歡的球路，並調整到我嘗試要投到的位置。作為一名捕手，他實在想太多了，這代表他努力要做到面面俱到，結果就是，他不是一個節奏很順暢的接球者。說到牽制跑者，他手臂的力量大概也就是平均或稍低於平均的水準。不過到了一九九三年，這個男孩，已經是個強打者了。他就像近十年來那些突然在打擊區貢獻出好表現的打者們一樣，增加了些體重，原本瘦長的身軀也開始變壯了。他打出去的球，也不斷往外野飛去！一九九三年這一季，他以捕手的身分繳出亮眼的打擊成績：三十五發全壘打與一百一十二分打點。

道奇隊越需要我，我的感覺就更棒。但我仍然無法擺脫湯米·拉索達與道奇隊對我的評價並不夠高的不快感。是的，在關鍵時刻他們更信賴我了，但似乎沒人有想要把我從牛棚轉換至先發輪值的意思。我不覺得他們真心相信我會拿出好表現。

「這簡直讓我嚇壞了，」拉索達說，「因為我從去年開始就不缺先發了。我們像是在用某種較輕鬆的方式讓他成長。我知道他想要當先發投手，當然，不過在目前這樣的特殊狀況下，我們還沒做好起用其他先發投手的準備。」

這個夏天，費南多接了我在充滿怒氣下打過去的一通還是三通電話，我一直跟他抱怨我把時間都浪費在牛棚裡了，我投的不夠多，道奇隊根本不喜歡我之類的事。

在邁入一九九三年球季前的休賽期，我的左肩動了一次手術，那是由於我在一九九二年球季末，某次揮棒時突然很詭異的受傷了。是法蘭克·喬比醫師（Dr. Frank Jobe）幫我動的手術，他在檢查完我的肩膀後，把左右兩肩資料擺在一起後，認為兩邊都有受傷：佩卓因為揮棒傷了左肩──那他是多久之前把投球的右肩膀弄傷的？

後來湯米說：「當然，毫無疑問的，」他認為我的能力足以擔任先發投手，不過他隨即補充道：「喬比醫師說他無法承受擔任先發投手的負荷。」而他也被喬比醫師這句話給說服了。

儘管我待在道奇隊時，右肩從沒出過狀況，但我感覺到他們把我放在牛棚而非先發輪值中，似乎有些難言之隱。他們說目前先發沒有空缺，不過事情的發展卻有些奇怪。

九月中時，道奇隊要求我在對科羅拉多洛磯山隊的比賽中先發出場。這場應該輪到湯姆·坎迪歐提（Tom Candiotti）才對，但無論是他或道奇隊，都認為蝴蝶球投手在如此高海拔的球場出賽，不是個好主意。因此他們告訴我，我將在庫爾斯球場（Coors Field）得到在大聯盟首次先發的機會。而我表現得一無是處，就像顆氣球般整個炸裂了。可能是因為這是五個月每場或隔一場出賽後，突然休息五天才出賽；可能是空氣太稀薄了；可能兩個原因都有。至少我沒讓人把球敲出球場，但我在二又三分之一局的投球中，被敲出六支安打，其中有三支三壘安打，投出三次保送，總共失掉五分。

到了球季尾聲，我記得歐瑞爾．郝西瑟有出頭幫我說話。他告訴湯米：「嘿，你得讓佩卓當救援或是先發。」兩者都沒發生，但至少湯米在戰況緊張的時候還是很信賴我，通常我也能克服難關。

當我得幫某人守住比賽的勝利時，或假使有人跟我說：「嘿，把那傢伙輾過去。」我都樂意為之，那也是這一季我是在情緒高昂且開心的情況下結束的理由之一。

我們已經退出了季後賽席位爭奪戰的行列，但巨人隊還沒。我們這一季就以在道奇體育場的四連戰告終。巨人隊挾著與勇士隊並列的百勝戰績前來挑戰。

第一場比賽我們輸了，第二場是雷蒙先發主投。他跟威爾．克拉克（Will Clark）以及麥特．威廉斯（Matt Williams）有過一段，這要回溯到一九九一年時，有幾次被打全壘打後下名打者遭到觸身球伺候的往事。

克拉克有好多次在媒體上放砲的前例，到了洛杉磯他仍舊不改其大嘴巴的本色。對我來說，他看起來就不像個好人，而且雷蒙跟他對決時，我差點看不下去了，雷蒙居然沒有對他投得很有侵略性。第一次對決，克拉克在兩人出局的情況下敲出了一壘安打，站上壘包後他伸出一根手指頭，就像在說：**這是第一支安打**。這是相當不尊敬對手的舉動。我在牛棚看到這一幕後心想：**看看這個人渣！**我等不及要看雷蒙下次對上克拉克時會如何料理他。我很正面的想說雷蒙一定會砸他。然而，他投出的第一球居然往外角跑，而克拉克也進攻了，是沿著左外野邊線的深遠二壘安打。

他站在二壘上，舉起了兩根手指頭。

這是第二支。

我氣炸了。攻守交換雷蒙往球員休息區走時，我跑過去在他耳邊唸道：

「兄弟，你到底要不要砸他啊？你什麼時候要砸他？你什麼時候要砸他啊？」

但雷蒙沒有這樣做，他又讓對方敲出了一支一壘安打，我們最後也輸了比賽。巨人隊的戰績仍舊與勇士隊打成平手，這一季還剩兩場比賽。

下一場比賽，我在第九局時登場。我們以五比三落後，接下來的三名打者依序是菲利普斯（J. R. Phillips）、克拉克以及威廉斯。熱身時，我看到克拉克跟菲利普斯一起走出來，在打者準備圈中空揮了幾次，一邊看著我。我完全無視球隊排名或菲利普斯——心中所思所想的只有昨天克拉克是如何對雷蒙不敬的事。我臨時做了個計畫。我先確保將一兩個熱身球往皮耶薩的頭和手套上方丟，直擊本壘後方的護網上。

嘿，典型的菜鳥表現！我控球不太好，我猜自己今天狀況有點差。

克拉克上場時，我第一球先投出一顆他絕對打不出安打的球，被他打成了界外球。第二球，我投了一顆離他頭很近的球。他狼狽的蹲下閃過後，對本壘主審裁判傑里．克勞福（Jerry Crawford）吠道：「那個小屎渣是要砸我嗎？」克勞福回道：「不，威爾，我不這麼認為。他熱身的時候就有點不穩了。」

克拉克喋喋不休的跟克勞福抱怨時，他一邊瞪著我，因為他知道我在想什麼：我就是試圖要砸他——不是砸頭，而是任何身體其他部位。我狠狠的回瞪他。他知道我會再一次試著砸他，所以我反其道而行，投了一顆外角好球，擦過好球帶，裁判判了好球。

下一球克拉克將球打成界外球，不過到了這個時間點，我只是在玩他罷了。現在球數來到兩好一壞，我還有一球可以浪費，所以我為了嚇嚇他，就往他身後投。這次克拉克又轉身向克勞福喊道：「哇啊啊，他想丟我、他想丟我啦！」克勞福不想聽他廢話。所有裁判都不喜歡克拉克，他實在太愛哀哀叫了。克勞福拍拍手說：「繼續吧！」這次克拉克後退到離本壘板最遠的位置，但我只想**啪**的一聲，投出外角好球，他揮棒落空，拿到第三顆好球。

下一名上場的打者是威廉斯，我聽到克拉克不斷在巨人隊的球員休息區中，用尖銳的聲調抱怨我。我們輸掉了這場比賽，不過隔天，也就是這一季的最後一天，開打前勇士隊與巨人隊戰績仍然相同——我們用十二比一大勝跟克拉克與巨人隊道別。

這一季最後，我在一百〇七局的投球中，以防禦率二點六一、十四個中繼點、兩次救援以及一百一十九次三振作收。最後拿到了國家聯盟最佳新人票選第九名，我覺得這是個成功的球季。不是各方面都成功了，但我感覺自己正往我希望的方向前進。

歐瑞爾一直對我說，我應該當救援不然就是先發投手，雷蒙則說我一直都是先發投手的料。我也知道自己還是想當先發投手，從未改變心意。經過這個不斷讓大聯盟打者出局的成功球季，我更確信自己變得更強大了。事實上，我知道自己能夠支配比賽。

球季一結束，我就跟湯米・拉索達說：「湯米，我認為自己這一季表現的不錯。我是個稱職的中繼投手，但這不是我的角色。未來若有機會的話，我希望你可以給予我先發的機會。」

「好的，佩卓，等我們打完台北和日本的表演賽回來後，我們會做出一些決定的。」湯米說。

球季一結束，我和雷蒙就出發海外進行為時一星期的表現賽。我們搭飛機往來太平洋各處，真是折磨人。等我回到多明尼加的老家後，我整個人疲憊不堪，都快走不穩了，準備好好放鬆享受休賽期的悠閒時光。

十一月中，我去北方的度假勝地旅行。到達當天晚上，我得知了道奇隊對我做出了什麼決定。

他們決定讓我擔任先發投手。

為蒙特婁博覽會隊投球的先發投手。

第三部

1993-1997

第九章 Je Ne Parle Pas Francais（我不會說法文）

「佩卓，我們把你拿去跟蒙特婁隊交易迪里諾・迪謝茲（Delino DeShields）。」弗萊德・克萊爾在電話另一頭說。

「我們亟需一名二壘手，一定得這樣做。我想你在那裡會有機會先發的。」

我的心很亂。

「弗萊德，為什麼？為什麼？我對你做了什麼嗎？我的朋友怎麼辦、雷蒙怎麼辦？我在那邊一個人也不認識啊，弗萊德！」我說。

他只是簡短的稍作解釋。

「到了那裡，他們會細心照料你。」他說。

我放下電話後，發現自己又一次淚流滿面。

我不能跟雷蒙待在一起了，我不能跟波寧格、不能跟亨利、孟德西，還有所有隊友混在一起了，還有皮耶薩。以後誰要來接我的球？這些從小聯盟就跟我一起打拚的人都會繼續待在洛杉磯，但只有我，獨自一人待在蒙特婁。

而且我根本一句法文都不會。

我只想到這些。我甚至沒在思考，只是當下的反應。我認為蒙特婁以城市來說是個好地方，不過作為棒球隊的基地，它就像是個廢棄的荒地，無論是曝光率或薪水都遠遠不及洛杉磯。我只在那邊投過兩場球，最後一次是在七月，當時德萊斯戴爾先生還教了我如何隱藏握球法的祕訣。我連一秒都沒想過自己會在那裡投球，或是那裡會有任何我認識的人。

我甚至沒想過自己會被交易出去。沒人曾跟我提過，道奇隊究竟是怎麼打算的，還有為何他們會想要把我交易出去？

我打給雷蒙。

「我被交易出去了——去蒙特婁。」我抽噎著說。

雷蒙似乎已經對我的哭訴感到厭煩了。於是他直接說重點。

「嘿，這是你的大好機會，」他說，「你被交易出去了，現在你就要成為一名先發投手了。這是你成就自己的好機會啊。」

我慢慢停止覺得自己很委屈的想法，至少眼淚先停下來了。我記得蒙特婁隊的總教練是菲利普·阿魯。他是多明尼加人，而且他跟我父親年輕的時候還一起打過球。我覺得幫阿魯打球沒什麼問題，但他應該不會跟我變成好朋友，誰會呢？菲利普的兒子摩西（Moises）也在那裡打球，還有另一個多明尼加人梅爾·羅哈斯（Mel Rojas）也是，但他們都比我大了五、六歲，是跟雷蒙一起玩的，不是跟我。

感傷的心情再次襲上心頭。

弗萊德，為什麼？

我跟你有什麼過節嗎？

我的疑問跟蒙特婁隊本身沒有太大關係。我知道為何蒙特婁隊跟他們的總經理丹・杜奎特會想要我。

但道奇隊為何會放棄我呢？

我不敢說自己真的知道正確的說法，只是我自己相信是這樣，或者說這樣比較說得通罷了。沒錯，道奇隊擁有許多優秀的先發投手：雷蒙、歐瑞爾、佩卓・艾斯塔西歐、湯姆・坎迪歐提以及凱文・葛洛斯。這個輪值非常強悍——而且還非常年輕。

而且，是的，一九九三年球季結束後成為自由球員的道奇隊二壘手喬迪・里德（Jody Reed），拒絕了道奇隊的報價，球隊亟需一名二壘手。二十四歲的迪謝茲是非常具有吸引力的選擇。

至少弗萊德承擔了扣下板機進行交易的責任，也至少他親自打電話通知我這件事。我知道除了需要二壘手外，這項交易中還摻雜了許多條件。弗萊德是那種會跟內部討論的總經理，不會偷偷摸摸的進行交易。他宣布這個消息時，沒人對他說：「弗萊德，你將會犯下滔天大錯，別這樣做！」

道奇隊沒人試圖要阻止弗萊德，而博覽會隊則是盡一切努力想要順利的把我弄到蒙特婁去。

一九九三年九月，博覽會隊的核心人物在羅德岱堡的梅洛旅館會面時，我的名字便成了丹尼斯．馬丁尼茲（Dennis Martinez）離開球隊的解決方案。

博覽會隊這一季的王牌投手丹尼斯．馬丁尼茲，選擇成為自由球員，儘管一九九四年他即將邁入四十歲了，博覽會隊還是負擔不起他下一份合約的金額。他們需要有人填補丹尼斯離開後那些投球局數的缺口——一九九三年他投了兩百二十四又三分之二局，而且他們希望能找一個年輕投手來做這件事。他們鎖定了三個目標：紅襪隊的亞倫．希利（Aaron Sele）、佩卓．艾斯塔西歐跟我。

那一季我留給博覽會隊相當好的印象——面對蒙特婁的八場出賽，總共投了十又三分之一局，拿下十六次三振，防禦率一點七四。與會的所有人——丹、他的首席球探艾迪．哈斯（Eddie Haas）、總教練菲利普．阿魯、球探總監凱文．馬龍（Kevin Malone），以及球探艾迪．羅賓森都想要我。

我曾在某個冬天為菲利普投了一場球，當時他帶領多明尼加隊前往墨西哥的埃莫西約（Hermosillo）參加加勒比海系列賽。「你得跟他培養好感情。」他告誡丹，若他們能把我交易過來，就要抓緊時機。

還有其他人也支持把我交易過來。我的第一個三A總教練凱文．甘迺迪，他當時在博覽會隊擔任農場總監，加上前道奇隊小聯盟教練提姆．強森。他們都喜歡我更勝於艾斯塔西歐，他們認為我的條件比較好，我的快速球比較帶勁，且既然我比他小了三歲，代表我更有潛力。

而且他們全都認為我可以擔任先發投手的位置。

十一月時，大聯盟總經理們在亞利桑那州新科茨代爾市的巴爾的摩旅館召開年度會議，杜奎特與哈斯至道奇隊的包廂拜訪克萊爾與道奇隊首席球探梅爾·迪迪埃（Mel Didier）。

杜奎特說弗萊德告訴他，他看中了我們的二壘手。他對迪謝茲有興趣，而且他考慮要用我交換迪謝茲，但他說要先看看是否能跟他們的自由球員二壘手裘迪·里德重新簽約，若能簽成，他們就不需要迪謝茲，也沒有提出這項交易的理由了。

丹得等待道奇隊與里德的談判結果，而事情正如他們所料。里德的經紀人要求三年合約，總金額比道奇隊的報價要多了好幾百萬美金。克萊爾拒絕了，這讓杜奎特樂不可支，里德則是在廣播上大肆抱怨。

有天晚上，杜奎特從奧林匹克體育場驅車回家時，聽到里德上廣播節目，說他是如何被道奇隊的報價給羞辱的事。

「**繼續說吧，喬迪，繼續說。**」杜奎特心想。這是第一次，他開始相信他和弗萊德可以進一步討論我的事情了。

道奇隊開會討論交易我的事情時，喬比醫師表達了他的擔憂，這份擔心是基於一九九二年球季他幫我開左肩膀（非投球手）時看到的狀況，肩膀居然因為一次揮棒就輕易受傷了。他質疑我的續航力，以及擔心同樣的傷勢也可能在投球那個肩膀上重現。

道奇隊這場會議一共有十人在場，因此有人把道奇隊的醫療顧慮洩漏出去，著實不令人意外。丹收到了道奇隊這份顧慮的消息，不過他看不出有任何危險。他看著我健康的完成了這一季，也看著我在短局數的出賽中如何對付他的打者，並且他的支持者像是甘迺迪，他回想到一九九一年我在三A的時候，當時我已經接近升上大聯盟的階段。阿魯也提到了我的性格，他告訴杜奎特，除了他對我在埃莫西約先發出場時印象非常深刻外，也知道我擁有「獅子心」，而且在投手丘上總是無所畏懼。

後來他們簽下了自由球員羅比．湯普森（Robby Thompson），里德的重要性變得有些衰退，道奇隊又開了一次會要討論我的事。克萊爾說他想聽聽兩個人對於交易我的看法：湯米．拉索達與拉夫．艾維拉。

「我相當尊敬他們二人以及他們的判斷，不過我心裡想的是，**他是球隊的總教練，是簽下佩卓的人，現在要面對的是他的交易——告訴我你的想法吧**。」克萊爾回想。「在我的記憶庫裡，沒印象當時有人對我說：『弗萊德，我不會把他交易出去，我認為這是大錯特錯。』或諸如此類的話。然後大家都說，不是他們做了這項交易，是我做的。」

拉索達近日前說道：「我沒有提出要交易他的要求過，從來沒有。」而且若有人問他這個問題，他會說：「別這樣做。」

我不覺得湯米的記憶與真實相符。就像在道奇隊時一樣，他根本不知道手上有多少料。

一九九三年十一月十九日下午四點，克萊爾致電杜奎特。

「喬迪．里德會拒絕我們的報價，」克萊爾告訴杜奎特。「我們會拿佩卓．馬丁尼茲跟你們交易迪里諾．迪謝茲。」

杜奎特說他得先快速跟博覽會隊的老闆克勞迪．布荷許（Claude Brochu）確認此事，他已經事先向老闆匯報過了。「太美妙了，」布荷許說，「我們換吧！」

交易完成的聲明也在星期五晚上正式公布。

蒙特婁當地的回應十分迅速，且一面倒的否定這項交易。

迪謝茲在當地擁有極高的人氣。一名二十二歲的博覽會隊季票持有者，在交易確定後馬上寫了封信給杜奎特，大致上是說：「你怎麼能把迪謝茲拿去換佩卓．馬丁尼茲這種無名小卒？」杜奎特於十一月二十四日回覆：「感謝你來信表達對蒙特婁博覽會隊的關切。且讓我提醒您投手對一支冠軍球隊的重要性。等你見識到佩卓．馬丁尼茲在博覽會隊的投球表現後，相信您必定會對這次交易釋懷，並感到無比歡欣。副總裁與總經理，丹．杜奎特。」

洛杉磯方面，媒體將這次交易，看做是道奇隊的成功之舉。

「我曾說過，一直以來我都應該了解到，這次交易可能無法有令人滿意的結果，因為一旦交易完成，新聞報導會一面倒的吹捧我們在交易中獲得的成果。」克萊爾說。

但迪謝茲從未在洛杉磯拿出應有的表現。他在那裡打了三年，這三年是正常球員接近生涯顛峰的年紀──二十五、二十六以及二十七歲，他理應成為一名更好的打者，但他的數據卻不升反退。他在道奇隊的整體攻擊指數（OPS）是〇點六五三，與在蒙特婁時的〇點七四〇相比是大大的衰退；打擊率從兩成七七掉到兩成四一，同時他在蒙特婁打球四年的綜合評價指數（WAR）總共是十點〇，在洛杉磯的三年卻只有三點二。相較之下，我在蒙特婁前三年的WAR為十一點一。迪謝茲職棒生涯共有十三年，後來又為紅雀隊、金鶯隊以及小熊隊打球。

「若你用後見之明評斷這次交易，那顯然不是個好交易，可說是相當糟糕的交易——相當糟糕。」克萊爾說，「我以為會迎來一名相當優秀的年輕好手，我知道我們交換來一名非常優秀的選手，不過最後卻事與願違。佩卓投的很好。迪謝茲當然也有為自己辯護的空間，不過他身處洛杉磯時，似乎陷入了某種掙扎。最終也讓這次的交易沒有收到預期的效果。」

像這樣的情況相當少見，通常大部分的交易不是雙贏，就是雙輸。事後來看，道奇隊顯然是輸家，但對我而言，他們的錯誤不是做了這個差勁的交易。他們的錯誤是強行將我從我此生第一個棒球基地趕走。早在埃萊奧多洛簽下我的數年前，一九八四年雷蒙與他們簽約那一刻開始，我就認定了道奇隊與他們球隊的代表色藍色了，當時我十二歲。

因為景仰大哥，我也想跟他一樣留著藍色的血。

我從沒能讓所有道奇隊的人都支持我，但也為數不少了，像是埃萊奧多洛．阿里亞斯、蓋．康提、古斯．葛瑞格森、戴夫．華勒斯、伯特．胡騰以及凱文．甘迺迪。他們都認為我的競爭力與內在驅動力已足夠幫助我成為一名優秀的投手，並讓我在面對逆境時，依然能夠專注的踏在不斷提昇的道路上。

經歷了種種逆境，從文化衝擊、隊友的嫉妒、教練的不信任，以及最終是不相信我的身心都做好成為大聯盟先發投手的準備，這些全都被我克服了，但道奇隊對外人的評價還是高於自己培養出來的選手。

道奇隊放棄了我。他們背叛了我，這就是為何，時至今日我會對他們不理不睬的原因。

第十章 遙遠的北方邊陲

那年一月，我踏上了前往蒙特婁的飛機，第一次成為博覽會隊的一員，我行李中最溫暖的衣服，就是身上穿的這件短袖襯衫。

到達此地時，氣溫一直在個位數與負數之間徘徊。我的人生中從未體驗過如此低溫。有一次巴士停在靠近雷諾的高山旁，我有下車做雪球的經驗，這是我第一次遇到下雪，但我只待了大約五分鐘，而且當時大概還有華氏六十度左右。那次很好玩，短暫的嬉戲。這次拜訪蒙特婁，我覺得就像走進冰塊蓋的房間裡，而且一走進去，身後的門便馬上關了起來。

對蒙特婁人來說，這樣的溫度根本不算什麼。博覽會隊其中一名小股東馬克．盧騰伯格（Mark Routtenberg）看到我時：說我看起來快變成白色的，整個人凍壞了。我一下飛機，博覽會隊就給了我一件藍色緞面羽毛夾克，此後這件夾克就沒離開過我的身體，連睡覺都穿著它。

來這裡之前我沒看過報紙，但我從他們的問題以及發問的語調中得知，蒙特婁市的人對於迪謝茲的離去並不是非常激動。他們似乎也不是很在意我並沒有將自己視為他的替代品。我知道那是因為他在這裡實在太有人氣了，大家都覺得他會成為超級巨星，而我對他們來說只是個無名小卒。我對迪謝茲的印象，只有一九九三年夏天，我曾面對他三次：我讓他揮棒落空三振一次，其他兩次他從我手上敲出了兩支一壘安打。我不覺得這有什麼大不了的。

但我也聽到有人開玩笑說，博覽會隊是要我頂上丹尼斯．馬丁尼茲的位置，因為這樣他們就不用另外花錢做新球衣給我了。這個笑話確實有其真實性。

他們用一輛設計要在死寂的冬天，招攬對這支球隊有興趣球迷的露營車載我導覽這個城市。在車上跟我其中一個新隊友賴瑞．沃克（Larry Walker）相處的幾個小時中，我就品嚐到了他們為我準備的歡迎節目。他是出生於加拿大不列顛哥倫比亞省的老將，也是博覽會隊最棒的選手（前一個夏天他對上我時，兩個打數沒敲出任何安打，附帶一次故意保送）。賴瑞是貨真價實的加拿大人，所以我相當信賴他教我的法文，他也迫不急待的要教我。我注意到旁邊有個超級漂亮的美女就站在蒙特婁的大街上。首次來到這裡，我沒什麼機會見到其他人，不過一有這個機會，我很快就發現自己的英文說的比他們還要好，可是我一句法文也不會說。

突然間，學習法文變得極為重要啊！

我靠向賴瑞，請他教我說點法文。

他建議我說：「Voulez-vous coucher avec moi ce soir。」這很適合當做開場白。我對那個女孩試了一下，而她皺起眉毛，搖搖頭，發出嘖嘖聲說，「齁——」我以為自己只是跟她說：「妳很漂亮。」而非「妳想跟我一起滾床單嗎?」

也許我應該直接問賴瑞要怎麼說：「奶子不錯。」

我的新教頭菲利普·阿魯在露營車上用西班牙文跟我交談過幾次。他用深沈且沙啞的聲音，告訴我他跟我父親都還是業餘運動員時，在多明尼加交手的往事。「你爸比你像男人多了，身材有練過。你太瘦小了。而且他擁有比你還要強壯的手臂，你認為自己有一雙不錯的手臂嗎——但你爸投的比你還要猛。」

菲利普告訴我的消息中，最棒的一條就是我會是他手上其中一名先發投手。

我也是在這裡才第一次見到丹·杜奎特。當時我還不知道，但他當時已經決定要到紅襪隊擔任總經理的職位。丹告訴我，我是他最喜歡的球員。我沒領悟到當時他為了這筆交易惹了多少麻煩。他幾乎被攻擊得體無完膚。

我告訴丹，我相當感激能有到來蒙特婁並擔任先發投手的機會，不過我從未替他投過球。下一次我見到他，就是在一九九四年春訓，博覽會隊與紅襪隊的比賽之中了。

他對我露出無比欣喜的笑臉，並說：「嘿，佩卓，今天過的好嗎？」

「喔喔喔喔！你是丹·杜奎特——交易的好啊，丹！你把我帶到西伯利亞，接著你就要離開！真是謝謝你喔，丹尼。」

「怎麼啦？你不喜歡蒙特婁的天氣嗎？」

「老兄啊，這裡太冷了。如果這裡真的這麼棒，你幹嘛要離開呢？」

他說他生長在麻薩諸塞州，他這輩子的夢想就是為紅襪隊效力。

幾年後，我們才又一次交談，一直到我學會如何喜歡上蒙特婁後才相遇。

在蒙特婁，我從未因為自己是有色人種而感到苦惱。這裡住著各式各樣的人種——黑人、加勒比人、希臘人、猶太人、亞洲人、白人，大家都能和平共處。從運動面來看，蒙特婁是個曲棍球城市。無論是否由我主投，博覽會隊從來未能吸引廣大球迷進入奧林匹克體育館觀賞比賽。雖然會到場的觀眾加油聲都又大又響亮，但棒球對他們來說只是餘興節目。除了曲棍球外，一般民眾在蒙特婁還有太多其他事情可做了，看棒球是他們實在沒事可做的最後選擇。

我在市中心擁有一間兩房的公寓，若是接連好幾場主場比賽的話，我常常把車子停在那裡好幾天。我會直接步出大門，沿著聖凱薩琳大街、皮爾街，或是任何我想走的路，沒人會打擾我。他們甚至認不得我是誰。

有一次我先發出場並拿下勝投後，馬克．盧騰伯格和我一起外出吃飯。我們走在聖凱薩琳大街上，而我開始感覺到焦慮。我不想受到眾人的注目，但同時也會因為根本沒人認得我而感到有些古怪。

我才剛先發出場，為這座城市的球隊拿下一場勝利，卻沒人知道我是誰？我確實喜歡享有隱私，但別鬧了，我不想享有**那麼多**隱私啊！吃完飯後，馬克說他想去他開的某一間「Guess」服飾店晃晃，我又一次發現，根本沒人知道我是誰。馬克說，有一次他帶賴瑞．沃克來這間店，結果場面馬上變得相當熱鬧。而我卻連小貓兩三隻都沒找上門，於是我決定要找點樂子。我朝某個店員走去，問他我能否跟他借一下員工名牌。然後我就往客人走過去。

「嗨，需要協助嗎？」

有個人說：「要，我想看看這些衣服有沒有中尺碼的。」然後我幫他找到了一件中號的。我花了半個小時指引顧客到更衣室，幫他們找出合適的尺寸，建議他們選哪件衣服，並帶他們到收銀台幫他們結帳。

馬克一直說他不敢相信我居然這麼做，但我不想讓他跟任何人提起這件事。沒人能理解的。我的隊友，加上幾個在奧林匹克體育場的球員休息區擔任警衛的人，一起幫我調整我的法文，特別是那些髒話。除此之外，我在行有餘力的情況下便會抓時間練習，試著閱讀報紙，並將西班牙文中適用於法文的文法規則套用過來。我可以正確無誤的發出「r」的捲舌音，但我一次都沒辦法精通法文的「rr」音，像是arret（停止），法文使用者能夠從喉嚨後端準確的發出這個音。

在這裡，我用還過得去的英文、勉強夠用的法文，甚至有時候講些西班牙文，這就樣應付過去了。

那時我單身，而且有很大的動機讓我學好足以與他人說話的法文，因為這裡實在太多美女了。無論何時，這裡都不缺值得約會的對象。不過琳琅滿目的脫衣舞俱樂部就不是我會流連的場所了。假使我看到世界上最漂亮的女子，我寧願看到她穿著衣服站在大街上，而非在脫衣舞俱樂部裡為我寬衣解帶。事實上，我寧願付錢要她別在那些地方跳脫衣舞。我在蒙特婁有很多樂子，但有趣的地方不會是那些脫衣舞俱樂部。

觀賞裸體女性跳舞不是我的菜，但相信我，我可是十分崇尚人體不應該多穿衣服這項理念的人。相對地，剛到蒙特婁時，在球員休息區中，若是身旁只有隊友的話，我常常都把衣服脫光光。

當時，有個隊友克里夫．佛洛依德（Cliff Floyd），說我應當蓋一股高牆把自己圍起來，這樣我就可以好好當個裸體主義者了。我的妻子卡洛萊娜認為我若能跟泰山一樣在叢林裡生活，不穿衣服，只吃樹上的水果，應該會開心的不得了。為何我在這裡感到自在的部份原因，是一九九四年球季中，有一次我突然開始覺得，在蒙特婁的生活對我來說確實還算不錯。

對我而言，人生最難調整之處，就是我不在雷蒙身邊了。我總是仰賴他給我的建議——在棒球、在人生上，所有事情。如今，我大多得靠自己。我在這個沒有批判的所在，覺得人生整個被解放了，在蒙特婁這段時光，我也成長變成一個男人了。我常常在想，若我還是待在洛杉磯，待在大哥身旁，卻總是待在他的陰影之下會是什麼光景呢？一定還是得待在道奇隊的牛棚吧？道奇隊的高層從未將我視為球隊長期計畫的一部分。我也領悟到蒙特婁博覽會隊對我的期望，是道奇隊遠不能及的。

最終，這樣的改變對我的確是好事。

作為博覽會隊的先發投手，我覺得找到了自己的歸屬。沒有比賽時，我就跟坐在靠近球員休息區的球迷練習法文，把泡泡糖吐到觀眾席，將泡泡糖吹成泡泡後，黏在毫無戒心隊友的帽子上，或是把自己綁在球員休息區的竿子上，就算我們落後也這樣玩，好炒熱氣氛。

我們是為了討生活而打棒球，而我正在為了我職業生涯最棒的舞台打基礎。

當我還是少不更事的少年時，我就無比確信自己不只會成為大聯盟球員，還會成為優秀的球員，來到博覽會隊後，我開始要將這份自信轉化為現實了。

然而，我從沒發現到，隨著名聲而來的，會是我無法預料且令人討厭的曲折。

第十一章 砰先生（Senor Plunk）

當我出賽時，若你在近處觀察我，你會看到我從球員休息區走上投手丘的過程中，經過界外線時，會小心的跨過它。你無法從觀察中得知的是，在我跨過線的那一瞬間，我的腦中正在禱告。

「在你手心之中，我奉上聖靈。請使我永保健康，其餘的由我達成。」

這便是我的禱詞，文字由我寫就。

有信念的支持，我可以是這個星球上最壞的存在。在我的心中，就算我是個頂著捲捲頭，臉上掛著八字鬍的瘦皮猴也無妨。我用意志與身體——那修長、柔軟的手指花了一段時間展開將球送出，給予球額外的旋轉與位移，手肘沒有擺錯位置，四肢的協調完全與我需要的投球機制相符，多年的跑步與調整，造就了結實的下半身，以及能夠注意到打者站姿或握棒等，任何細微改變的完美視線——我就是用我天生的本能在投球。

投得毫無畏懼。

一九九四年時，博覽會隊將先發投手的位置交託給我，每次朝投手丘邁進，我都對自己能夠達到頂尖水準有著絕對的自信。

在小聯盟時，大家都一直告訴我「不可能」不是嗎？

但我走出來了。他們已經離我太遠，我聽不到他們說的話了。有個比他們更強而有力的人，甚至比我更強壯的人，曾說：「是的，你屬於此地，佩卓。我讓你進入此地。」

因為上帝允許我身心健康的跨越這條白線，以上帝之名，我能用我唯一知道的方式投球。這代表了善用整個本壘區。我念高中時成績並不特出，但我的數學總是好的足夠讓我知道兩個一半加起來會是一個整體。我需要整個本壘區，才能投出喜歡的風格。

「絕對不要逃避把球往內角塞。」埃萊奧多洛曾這樣對我說，而我也從未背棄這種我與生俱來的投球風格。投手理應要攻擊打者的。投球並非防禦，而是進攻。靠著控制球朝我希望的方向進壘，以及要投多快或多慢，每個打席，我都擁有控制權。我不會僅僅是往捕手的手套丟，或是丟到捕手設定好的位置。不斷地監控比賽的節奏、知道目前比分、知道我們牛棚目前犀利的程度，以及我有多少本錢可花，我會觀察打者，看他是否對外角球毫無辦法，或是需要用一顆內角球讓他退離本壘板遠一些。

若投手將內角那一半好球帶讓給了打者，就等於投手將一半的戰場拱手讓人。我不會做出割讓內角領土的事──從來不會，也不會讓給任何人。我從來都無法理解為何其他投手們，特別是那些比我要高、要重、要壯的人，差不多是所有投手了吧──會放棄內角那一半好球帶。就好像他們對於將球投進內角後，會引發與打者間的種種紛爭感到恐懼。那些打者全都過的太舒適了，手肘上貼著護肘，有些人的身體之中還流淌著類固醇，無怪乎當投手膽敢挑戰他們時，會讓他們脾氣如此暴躁。

我從未害怕引起紛爭，因為我毫無畏懼。若神讓我在身心健康的狀態下站上球場，「其餘的由我達成。」以神之名，若我得擊中你，並打斷你幾根肋骨，我就會這樣做。這樣做不代表我是壞人。一名愛惹是生非的投手？若打者們與對方的板凳區球員都麼想，我不介意、也不在乎。

我把自己想成聖經中的大衛──小小的身軀，但有無比強大的心。對手們誤解我的精神力，常常也低估了我的獅子心。

「在你手心之中，我奉上聖靈。請使我永保健康，其餘的由我達成。」剩下的，將會成為我的歷史事蹟。

情緒暴躁的瑞吉．桑德斯（Reggie Sanders）是第一名失心瘋的跑到投手丘上跟我打架的大聯盟選手。一九九四年四月十三日，我們在主場面對紅人隊，這是我這一季第二場先發出賽。首次出賽面對小熊隊時，我砸到兩名打者，並輸掉了比賽（六局的投球中，被打三支安打，丟掉一分）。對上紅人隊時，面對這條以自由揮擊為主的打線，我從一開始就將情勢控制住了。桑德斯是我第一次三振的受害者，到了第五局，他跟我纏鬥七球後又吃下一次三振。每次對決時，只要我投出內角速球，他似乎就會有些不愉快，投完都會看我一眼。他若瞪著我，我也會回瞪他，對決繼續──我不會給他太多思考的機會。

到了第八局，他在一人出局時站上打擊區，我們以二比〇領先。此刻有比分數更重要的事，就是我正要締造完全比賽。二十二名紅人隊球員上場後，通通無功而返。瑞吉看著我投出的第一顆球飄進好球帶判決好球，接著第二球他又揮空，我不想浪費眼下的優勢。我很清楚自己得締造完全比賽。我不想失去這個機會，這便是我不想送出安打、保送或是讓桑德斯有任何搞鬼機會的原因。接下來我投出第三球，是一顆快速直球，球擦過內角好球帶，卡到了正要揮棒的桑德斯，球砸到了他的左手肘。

我真是氣死自己投出的球了，並將雙手往天空高舉，露出不可置信的表情望向我們球隊位在一壘側邊的球員休息區。當然，我是要塞內角球，但沒想內角到會砸到他。然而，我從眼角的餘光，看到瑞吉正直直朝我衝過來，全速前進。瑞吉衝上前時，球甚至還沒滾出打擊區呢。我真不敢相信，他以為我故意要砸他？我快投出完全比賽了呢！我有這麼蠢嗎？

我等到他靠近我後，就往左邊靠一步，試圖用戴著手套那隻手往他的頭揹過去。我想借力使力，利用他衝過來的力量將他放倒在地上。這個策略奏效了，但我也一起失去了平衡，右手肘靠地往下倒，然後我們便滾在地上扭打。雙方板凳席都清空了，而我們隊上的投手達林．弗萊徹（Darrin Fletcher）先一步將桑德斯抓住了。雙方球員很快就亂成一團，但沒有發生群毆的場面，只有一些推擠跟拉扯。菲利普跟我的投手教練喬．凱利根（Joe Kerrigan），不斷問我是否一切安好，是的我很好。我只是覺得這一切實在太荒謬了，幾乎到可笑的地步，桑德斯居然會衝上來！

大聯盟的打者真的都這麼敏感嗎？

我知道九〇年代時，在棒球圈使用安非他命已經行之有年，而且是很常見的事。我懷疑瑞吉那天是不是嗑了好幾片，不然就是喝了太多杯咖啡，因為他的反應實在太詭異且太出格了。

投完第八局時，我仍舊保持無安打的記錄，但第九局面對第一名打者時，我就送出了一支一壘安打，因此菲利普讓我在投了九十四顆球的情況下退場。

比賽結束後，瑞吉沒有接受記者的採訪，但我有。

「這只是某個平凡的一天。」我在點名這個明顯的情況前說道，「我沒有任何要砸他的道理啊。我猜他是往錯的地方躲球了。我很驚訝他會衝上來，不過我不怕他。」

菲利普猛烈抨擊桑德斯的職業水準。「在這場比賽，你得擁有原諒的精神，」他說，「馬丁尼茲是個一百五十五磅的小夥子。我想看看桑德斯跟兩百二十磅重的巨漢衝撞時會是什麼樣子。」

如同我所預測的，桑德斯的總教練戴維・強森（Davey Johnson）抱怨說，桑德斯並不是我唯一在對決時祭出內角速球的打者。就好像這是一種罪行。

本壘審蓋瑞・戴維斯（Gerry Davis）說，在我砸到桑德斯前，他並沒有看到任何足以對雙方球隊提出警告的理由。

「我認為那次打席，就算任何人拿重播出來看，也不會覺得有任何偏離常軌的舉動。」戴維斯在接受《新聞日報》（*Newsday*）的採訪時說。「要知道，他（桑德斯）前兩個打席，馬丁尼茲也都有投內角速球。」戴維斯在桑德斯第一個打席投完第二顆球後就跟他說了，「現在就是個兩好〇壞。」桑德斯當時什麼也沒說。等到他第八局上場的時候，「我想他仍然很委屈吧。」戴維斯說，

「我沒看到他在處理打者時有任何異狀。他只是照他應該做的方式去投罷了。」

隔了三次先發後，四月還沒結束，這還是我博覽會隊生涯的第一個月——我發現自己又陷入另一次爭端之中，只不過這次更詭異了。

這次我在主場面對海盜隊時，離完全比賽非常遠，在第五局時，我們只以四比三領先一分。我今天的狀況只夠在第一局用三球讓德瑞克．貝爾三振出局，接著又在第四局讓他打成一壘邊線的界外飛球接殺出局。

第五局時，貝爾第一球打成了界外球，是顆外角快速直球，下一球他被我用曲球戲弄了而揮空。我看得出來他不太開心。下一球他又打成了界外球，我決定要讓他嚐嚐我的內角速球。我很堅持要用接下來這顆內角速球給他一個震撼教育，我也這樣做了。我的球非常靠近他的頭時，他才往後退了一步，我覺得這個過程有點太過戲劇化了，不符合我的口味。他最終還是站回了打擊區，並狠狠的瞪著我。事情發生時，我只是冷冷的站在原地，如同石頭一般。我不介意跟打者來一場互瞪比賽，部分原因是我希望能持續將目光放在他們身上。若他們想要衝上來找我，我也希望自己能馬上察覺。

德瑞克與我，四眼對望，突然間他吼道：「把球投進本壘板啦！」並用球棒敲敲本壘板。我最痛恨別人這樣做。別對我這樣做！我就投到「這裡」，點點頭後，投出一顆胸口高的九十八英里快速球。他揮棒落空。全場觀眾瘋狂。當他揮空，三振出局後，我用手套指向他球隊的板凳席，擺出「回去找位子坐」的手勢。他朝自己球隊的板凳席走去，而我轉身看內野手依序轉傳球。我接過三壘手西恩．貝瑞（Sean Berry）傳來的球後，走回投手丘，面對一壘以及我們球隊的板凳席。

突然間，我聽到大家喊著：「啊啊啊啊啊！」於是我轉身後發現德瑞克幾乎要撲到我身上了。我還記得畢普・羅勃茲（Bip Roberts）從我身後跑來，試圖要把我扭成兩半，用他的肩膀往我的背撞過來。我倒地後對畢普說：「我一定會把你宰了。我會牢牢記住，你從我背後偷襲！」

這次衝突演變成一次不可收拾的大混戰。海盜隊的馬克・戴維斯（Mark Davis）開始嘲諷我，告訴菲利普跟湯米・哈波（Tommy Harper）說我「還太菜了，沒有把球往內角塞的本事。」湯米回他說，「至少他敢把球往內角塞——跟你不一樣！」馬克・戴維斯是個老將，五年前得過賽揚獎，但等我實際看到他投球的時候，他的投球內容就跟屎一樣臭。

正好，這次爭端也成就了我為博覽會隊贏下的第一場比賽，但這次衝突跟比賽後的爭鋒相對相比，可說是不值一提。

「我不會逃避把球往內角塞——就算會砸到一千名打者，我也毫不介意。」我這樣告訴記者。「這是第二次因為打者無法擊中本壘板內側的球從而發生的事故了。若我想讓打者調整一下打擊時站的位置，就會繼續祭出這樣的快速球。」

這次鬥毆開啟了另一輪由國家聯盟教練發起的抱怨行動。戴維・強森跟《洛杉磯時報》（*Los Angeles Times*）說：「有人會宰了他的。會有一群人前仆後繼的模仿他。我最不解的，就是為何他連個警告都沒收到？裁判都不看報紙或觀看ESPN體育台，看看這個傢伙究竟是怎麼投球的嗎？」

大家的矛頭現在都指到我頭上了。五月時，我鼓起勇氣再次對安德烈斯・加拉拉加（Andrés Galarraga）投出了內角速球。沒砸中他，但賽後他們的總教練，同時也是被觸身球之王唐・貝勒

（Don Baylor），出來大發議論。

「我不能接受這種事，我們球隊也不能。馬丁尼茲說他得塞內角。但他不能往打者的頭上砸。他會砸傷人的！」

當我聽到貝勒的發言時，我就知道他對投球一無所知。他應該知道加拉拉加是採用開放式站位，當他進入揮棒姿勢時，他會非常靠近好球帶──他在大部分的投球中都會往本壘板站，事實上他手肘上戴的那些護具，當他揮棒時，只會讓像我這樣的投手能夠更輕易的往內角攻擊。

六月中旬，在匹茲堡比賽時，我的投球風格又再次讓我捲入爭端。一個多月前我才剛激怒了海盜隊，當時唐．史萊特（Don Slaught）在我被轟出兩發全壘打那局，又吃了我一次近身球。我沒砸到他，但海盜隊顯然不想就讓這幾顆近身球就這樣淹沒無聞。當然，他們絕對不希望在這個多事的夏天少添一把火。

第五局，當海盜隊的卡洛斯．賈西亞（Carlos Garcia）上場時，我們以五比〇領先。卡洛斯跟我是好朋友。我們常會一起出去玩，因此跟他對決時我沒有想太多，當然也不會想著唐．史萊特，當我再次投出太靠內角的二縫線快速球時，其實我只是想讓首名打者出局而已，但球卻擊中了卡洛斯的左前膝。他的**膝蓋**。卡洛斯立刻倒地，就像是我從投手丘上用六十呎的大鐮刀將他的腿鋸斷一般。感謝上天，我避過了他的主動脈與重要器官。在卡洛斯不知用什麼方法花了一些時間找回與膝蓋的聯繫後，從地上爬了起來，並且像個滿身傷痕的勇士般走向一壘。

我投完那一局後便下場了，但很明顯海盜隊對此並不開心。

下一局，我們第一名上場打者賴瑞・沃克，心裡也有數。他問打擊教練湯米・哈波：「我上場後，被球砸的機率有多高？」

答案是：「很高。」

匹茲堡的布拉斯・邁納（Blas Minor）投出的第一球，就砸中賴瑞的左臂，於是就開打了。沒人能砸中賴瑞後還安然無事的，因此他衝上去找布拉斯，我們又陷入了大混戰。儘管我只是因為想讓打者敲出滾地球而投了顆伸卡球，而這球不幸擊中了打者的膝蓋，但我的前科讓我百口莫辯。

獵頭者、砰先生，再次出手了。

這次我待在休息區沒衝出去——菲利普要我別想走上場。我只能老實待著，盡可能的用叫囂與指著對方球員來助戰。我沒想過是因為我的緣故，但海盜隊接下來會派上場的代打戴夫・克拉克，跑來我們的休息區。他直盯著我看。

「就是你，我要跟你打！出來，我們好好打一場啊！」

我回以：「來啊，進來找打啊！」但沒有真的讓他走進來跟我打，這樣的決定非常明智，因為我不知道他在高中時是金手套拳擊賽的選手。他是真的想狠狠揍我一頓的。後來我想到，怎麼他跟瑞吉・桑德斯還有德瑞克・貝爾，三個非裔美國人都對我這麼氣憤呢？說不定他們整天都在討論我，想跟我過不去呢？這是個瘋狂的想法。甚至在我後來的職業生涯，當我捲入了另一場與傑拉德・威廉斯（Gerald Williams）的另一場衝突中時，同樣的想法仍舊在我腦中盤旋不去。最終，我決定將這件事當成只是許多衝突點的其中一樣而已。

比賽後，事情也變得越來越醜陋。

海盜隊的總教練金．李蘭（Jim Leyland）說：「他已經砸了八九個人了——我已經厭倦大家替他找藉口了。這是個莫大的恥辱。這樣下去一定會有人受傷的。」

比賽結束後我跟菲利普聊了一下，基本上是告訴他，我再也不知道要怎麼投才好了。

「我不想讓佩卓從今以後都往本壘板外側投，」菲利普接受《環球郵報》（*Globe and Mail*）訪問時這樣說道：「目前為止這孩子對我們來說相當可靠。他能吃局數，能帶來勝利。但我不想看他就這樣崩潰，因為他還有大好的職業生涯在他面前等著他。」

在我前十三次先發出場中，砸到了八名打者……而八十四又三分之二局的投球中，防禦率是二點五五，對手平均打擊率為二成一二，投出九十次三振與二十二次四壞球保送。

然而我卻引發了三次衝突事件，聯盟中那些資深的總教練不斷的抱怨我。菲利普與投手教練喬．凱利根甚至想跟國家聯盟總裁李歐納．科曼（Leonard Coleman）溝通，請他消弭這個誤會。他們想確保特定裁判不會對我有與其他投手不同的差別待遇。

菲利普很擔心我的狀況。在道奇隊擔任中繼時，大部分的夜晚只要單用一種球路就可以搞定狀況，但作為先發，我需要好用的第二種球路。我還沒有後期會習得的那種程度的制球力。

我的快速球也還沒到完美的境界。

「若裁判對佩卓的投球太過嚴厲，不讓他用自己最熟悉的方式投球，這裡指的就是投內角球，將會對這名將來會成為史上最佳投手之一的孩子造成影響。」菲利普這樣對科曼說。

「你們覺得他會變得這麼棒嗎？」

「我們不是覺得，是知道。」

在我沒比賽的那四天，我能稍微像個普通投手般做場邊練習，但我的貢獻開始影響著整支球隊。我主投的前一晚，梅爾・羅哈斯會提醒我：「喔，狗屎！明天晚上輪到佩卓上場了，第一局時大家要隨時準備好衝上場啊！媽的，佩卓。」

大家都覺得梅爾很搞笑，包括我在內，但被貼上獵頭者的標籤，對我來說仍然是種負擔，我知道自己不應該背上這個罵名的。

我們的打擊教練湯米・哈波，成了我時常諮詢的對象，某部分是因為他會不帶批判的聽我說話，聽完後還能說些我確實需要聽取的建議。我的投球風格時常造成的騷動，是我不可能忽視的，但隨著時間演進，它會讓我拿出最好的那一面。我開始會在投手丘上發脾氣，或是身體會不由自主表現出消沉的態度，並洩漏出我對自己的懷疑。湯米會等到攻守交換，我走回板凳席時才告訴我他剛剛觀察到了什麼。

「佩卓，你擁有大聯盟等級的身手，我看過很多投手，我知道你會是其中的佼佼者，但是，你要能夠控制住脾氣，才能控制住你的快速球。你得控制住你在投手丘上的情緒——那麼你就能集中精神。」

湯米只是想讓我冷靜下來，儘管我無法總是隨心所欲，但我知道他是對的。

敵方板凳區想過對我的捕手達林・富雷契（Darrin Fletcher）動腦筋，我跟他是很妙的一對搭檔，兩人共謀往內角塞這件事，因為在我這樣做之前，達林就已表達了很多次他對比出投內角快速球這件事的熱愛。我們合作愉快，但富雷契常會聽到對手總教練與教練團在我主投的比賽時，對他喊道：「如果他砸到人，我們就算在你身上，富雷契。」

菲利普說，假使我更高更壯的話，瑞吉．桑德斯就不敢衝上來跟我打架了，這句話一直困擾著我。我相信他是對的。一個被球吻上的高大打擊者，要衝上來揍我這樣瘦小的傢伙只是一盤小菜，他們也很輕易的就能稱呼我像是「獵頭者」這樣的外號。你很難能夠放過揍一個比你還要瘦小的傢伙的機會，對於像是桑德斯、貝爾和克拉克這樣的人來說，更是不希望錯過這樣的機會。

克里夫．佛洛依德（Cliff Floyd）認為高大球員欺負弱小的本能，扮演著我陷入這麼多麻煩的最大原因。

他跟富萊契一樣，觀察到我有兩個控制力上的問題：我的二縫線快速球，以及我得往內角投的需求。

克里夫時常身處混戰中，他觀察後得出一個結論。他告訴我：「聽好，你會站在人堆底下，而你的屁股會朝向投手丘後方。有時候我們會傷到這裡。」

但克里夫知道我更憂心的無力控好塞往內角的二縫線速球，這比對方打者更讓我煩心。

克里夫覺得對方打者是這麼看的：「如果我沒法從你手上敲出安打，或許我可以試著跟你打架，然後讓你被趕下場，回到牛棚待著。」而他相信我則是想著：「若我投出內角偏高的快速球，這整場比賽就能嚇倒你，這樣一切就在我掌控之中了。」

不過那完全不是我想做的事。

我唯一的目標就是確立內角那一半的好球帶──就只是這樣。我不想嚇倒打者。我了解克里夫所說的，關於打者會怎麼思考的部份，但我從未退卻以及點出他們的意圖。從我還是青少年開始，一直都是用這樣的風格投球，大家也都跟我說，這樣不只是符合規矩，還是一個成功的投手必須要做的事。

一九九四年，我以砸到十一名打者作收……並在一百四十四又三分之二局的投球中，拿下了十一勝五敗、防禦率三點四二，以及一百四十二次三振。

接下來這一年，我更努力的修正二縫線快速球。我沒能減少觸身球的次數，還是十一次，但我沒有造成任何衝突事件。這算是跟去年打平，不過我的負面名聲算是平息下來了。

一九九五年，我二十三歲，對一名投完第二個球季的先發投手來說仍算是年輕。主投局數增加到一百九十四又三分之二局，而且第一次達到三十次先發，但其他數據並沒有大幅度的成長。我的防禦率與WHIP微微上升，同時三振與保送次數也往錯誤的方向前進。

而我似乎也處於被聯盟判處永久緩刑的狀態之中。

五月中，我砸到了路易．岡薩雷茲（Luis Gonzalez）。

當時岡薩雷茲二十七歲──這年他應當邁入他人生中的打擊顛峰。後來人們發現，他在一九九〇年代後期到兩千年初期，差不多是在三十歲前期至中期，在打擊上有極大的進步，成為聯盟屈指可數的打者，尤其是在長打的數據上。但一九九五年時，岡薩雷茲還是沒有長打能力、骨瘦如柴的小伙子。

我用變化球砸到他時，他對裁判說：「嘿，他砸到我了。」我也收到了兩千五百美元的罰單。我認為岡薩雷茲對裁判申訴的行為實在太懦弱了，這讓我很想好好揍他一頓。下一次我對上他時，他居然一副準備被砸中的樣子。這就是系列賽稍後我偶然在蒙特婁知名夜店外頭遇到他跟摩西時會如此憤怒的原因了。

「摩西，如果你要跟路易一起混的話，很抱歉，但我不會再跟你一起去任何地方玩了，因為我會把這個傢伙打到尿褲子。」

「不是吧，你忘記他了嗎，佩卓？他是好人啊。」

「不，我會打扁他。」

摩西以為他們會在蒙特婁度過一個愉快的夜晚，但他們遇到了我，他那氣壞了的年輕隊友，將他的美好夜晚毀於一旦。

「嘿，路易，佩卓很氣你，他說要揍你一頓。」

岡薩雷茲說：「不會吧，摩西，告訴他我是好人，我不是壞人啊。」

我拒絕跟岡薩雷茲說話，甚至連看他一眼都不想。

「我不管他是誰，我就是要揍他。」

「摩西，跟他說一下，我不是故意的，我只是想要上壘啊。」

我聽的出來。岡薩雷茲嚇壞了。

「佩卓，他嚇到屎都要噴出來了。放他走吧。」

因為摩西的緣故，我放他走了。

兩次先發後，我們在主場對上巨人隊，比賽一開始，我就對達倫．路易斯（Darren Lewis）連投三顆壞球：外角偏高、內角偏低，然後又一顆內角偏低，第三球差一點就砸到他了。

本壘審是布魯斯．佛瑞明（Bruce Froemming），今天他完美的排練了自己的裁判秀。第三球一往路易斯身邊飛過，他就脫下面罩並往前走對我吼叫。

「警告——再投一顆內角球，就給我退場！」

這才是這場比賽的第三球呢！

「去你媽的。」我說。

這句話對裁判來說，就像是個咒語。他脫下面罩，緩慢的朝投手丘走來，這樣他才可以好好教導我正確的棒球禮儀。我用沈默來回應。我對自己生氣的程度跟對他生氣的程度相差無幾，而我判斷自己已經非常接近忍不住要跟他對罵的狀態了。菲利普走上前來讓我降火，然後走到佛瑞明的面前，兩人開始爭論。「我是資深裁判，我做我該做的事情。」而菲利普指著他的頭，回說：「跟我說資深？看看我頭上的白頭髮好嗎？」

我們的總經理凱文．馬龍也替我說話。六月中旬某個星期天下午，他坐在辛辛那提紅人隊的河濱球場（Riverfront Stadium）的媒體用餐室中。那個系列賽我甚至沒有出場投球，但因為我和博覽會隊在年度觸身球榜上雙雙領先，而這個記錄是從紅人隊的瑞吉．桑德斯開始的，此外我今年前十次先發就投了四次觸身球，紅人隊電視台的播報員自然而然的就把焦點擺在了我身上。賽前廣播秀播放時，馬龍聽到馬提・布蘭納曼（Marty Brennaman）說卡洛斯・裴瑞茲（Carlos Perez）跟我有一天「將會幹掉某人」，因為卡洛斯曾在讓打者出局後這樣取笑他們，而我是因為自己太常砸到打者的緣故。

凱文離開用餐室，走進廣播間並吼道：「你是要找拉丁美洲人的麻煩嗎？」

「我不介意他們是白、是黑、是藍還是綠，」布蘭納曼說，「我不是這個說法的發起人，整個聯盟都這樣傳啊！」

「你根本就不認識他們。你怎麼能在廣播說出這樣的話呢？」

我很感激凱文為我出頭，但他因為失去冷靜而為自己招惹了一些麻煩，而且這並沒有改變大家對我的看法。

到了六月中旬，我這一季的第十七次先發，投球局數累積到了一百一十一局，當時我的戰績是八勝五負，防禦率二點八四。打者平均打擊率二成一三，長打率三成六二，另有九十九次三振以及三十六次保送。對一名正進入大聯盟第二個完整先發球季的二十三歲投手來說，這些數據還蠻漂亮的，但我並不滿意。

我知道自己控球還是不好，而且會砸到人，這也減損了我的數據。博覽會隊知道我不是故意要砸人，而且我不斷在尋找解決方法，但我還是對於被貼上「獵頭者」的標籤感到困擾，不懂為何大家都緊咬我投球的風格不放。是，我是砸到許多打者，但我沒砸到任何人的頭啊，至少沒用快速球砸過。我的大聯盟生涯中，從未用快速球砸到任何人的頭過。

我希望大家檢視一下我產出的數據，並思考我的投球風格其實很適合我的這個可能性。一九九五年，我仍然持續提昇自己的數據，讓大家知道我雖不到宰制整個聯盟的程度，但我是一個優秀的大聯盟先發投手。

我的風格對我有益，有時我能在某個瞬間展現出自己未來的樣貌。一九九五年六月三日，對上聖地牙哥隊時，第十局首名打者畢普．羅勃茲敲出二壘安打前，我締造了九局的完全比賽。菲利普隨即將我換下，最後我們贏得勝利，儘管我締造了九局的完全比賽，但規則上我不能擁有投出完全比賽的記錄。

賽後記者告訴我，上一個在延長賽失去完全比賽記錄的人是哈維．哈迪克斯（Harvey Haddix），時間得回溯到一九五九年了。他是在第十三局失去這項記錄的。

「喔，這實在太艱苦了——但我還是不知道他是誰。」我對記者說。

在技術上失去了完全比賽的紀錄這檔事，我真的沒有太過沮喪。博覽會隊上上下下都認為我算是洗刷了一些冤屈。

「這是佩卓．馬丁尼茲對他一直以來所經歷的那些風風雨雨，所能給予最好的解答了。」菲利普接受《蒙特婁公報》（Montreal Gazette）的採訪時，這樣說道：「對於他能投出這樣的比賽，我一點都不感到驚訝。」

我是這樣為自己辯護的。

「我知道自己還年輕，但我在大聯盟混得夠久了，我覺得現在是證明我能做什麼給大家看的時候了。」

「我上場不是為了傷害任何人的。但無論我怎麼投，大家似乎都覺得我要做什麼壞事。沒人會想說『佩卓．馬丁尼茲去年戰績是十一勝五敗』也不會回顧我在洛杉磯擔任中繼投的有多好。就只看我不好的地方。」

「這不應該是我擔任投手時首要的貢獻，因為我在大聯盟的時間還不是很長，但應該長到足以讓大家看到我的本事了。狀況好時，我可以做很多事。我不想跟任何人打架。我是來這裡比賽的，就跟我今晚表現出來的一樣。」

這場「完全比賽」並沒有改變太多事情。我還是有控球不穩的毛病。菲利普不希望我停止塞內角的行為，但他還是被我製造出來的這些困擾緊抓不放，常常被搞得火冒三丈。

我的投手教練喬．凱利根，決定要幫我修正這個問題。他說，我的投球機制，是我的二縫線快速球在面對右打者時，會怎麼往內角竄的最大關鍵。

喬的理念是，他能夠改變我，從而導致兩種正面的發展。我將快速球投進內角好球帶時，開始更能掌控位置了，但這只是因為他的方法造成了與他預期相違背的反效果，並有效率的終結了我們之間的關係的緣故。

我承認找出更不會砸到打者的方法是個值得努力的目標，只要我能維持自己將球削過好球帶邊角的控球力即可。

凱利根使用了真人大小的假人，就像是百貨公司會放的那種人型模特兒，將它放在牛棚的打擊區中。他希望我利用模型來練習。喬會幫假人擺出打擊姿勢，然後讓它戴上捕手的裝備，假人會站在本壘板旁，採取蹲姿，像是在說：「試試看把球從我手肘下方投過去啊。」我投出的第一顆快速球位置相當完美——轟，就這樣剛好從它手肘下方飛過。

「好的，佩卓，現在用比賽時的全力投一球。」

第一球我沒有太用力，這次我姿勢有點晃動，當我投出九十多英里，或九十六、七英里的球但身體晃到時，球就會有些失控並往打者身上跑。因為這次投的比較用力，沒有太多時間思考我的投球機制。第二球，我直接砸中了它的前額，頭轉了一百八十度，假人現在頭往後望，但身體仍然保持持棒的打擊姿勢。

牛棚教練皮耶·阿森諾（Pierre Arsenault）整個人笑瘋了，我也開始大笑。喬不知道笑點在哪。他起身脫去身上的捕手裝備。

「去你媽的，我不要陪你練習了！」他吼道：「我放棄你了啦。這不好笑，你根本就不想練習，也不想進步！」

「喬，不、不，沒這回事！我想練習啊。」

「算了，我再也不想陪你練習了。去死吧！」

他要我快滾。

「好啊，你自己去角落畫圈圈吧，喬！」

我們鬧翻的事沒過多久就傳到了菲利普那裡。他叫我去他的辦公室，跟他進行另一場閉門面談。他已經先跟凱利根談過了，凱利根已經提出了一連串對我的抱怨。所以我把我的版本跟菲利普說，確保菲利普知道問題的根源出在哪。

「大家都想要修正我，但我沒有做錯什麼啊。我跟你說，我不是故意要砸誰。但沒人相信我。」

「佩卓，我知道，但我們得想辦法修復你跟喬之間的恩怨。」

「我一點都不在意這件事，菲利普。你為什麼不乾脆把我下放到小聯盟或是送我回老家？我可以回家啊，我不介意。但我再也不想跟喬一起訓練了。」

「我們得想些辦法才行，佩卓，你需要再做些調整啊。」

「派誰來都可以。把哈波派給我，誰都可以，但那個人若不想訓練我，我也不想被他訓練。」

菲利普沒有強迫我回去接受喬的訓練。

反之，他提供了自己的建議。他建議我投內角球時用四縫線快速球，不要用二縫線快速球。我對四縫線速球的控球比較有把握，而且就跟菲利普說的一樣，我只是得將球控在內角好球帶罷了——不需要就這樣不投內角球了。

我第一次嘗試他的建議，球的動向完美。

「為何你不在比賽中試試看呢？」菲利普問我。我說我喜歡投二縫線，因為這樣我可以用它來擠壓打者。

「你幹嘛不戒掉這樣做，乖乖用四縫線投內角——跟外角呢？當你得逞後，使用變化球跟變速球時，球威看起來就會比你原本要強啊。」

其他投手也來附和。肯尼·希爾（Kenny Hill）支持菲利普的說法，說我應該多投變速球，這樣很棒，你不該這樣節省變化球。

聽到這話，梅爾·羅哈斯也出聲了。

「是啊，多投點變速球，這樣我們就不用他媽的每次第一局還沒打完就得衝出去打架了。」

菲利普感覺到一直以來我都對獵人頭這項指控有些腦羞，他在意的，就如同他對科曼表達的，這個想法會深植我腦中，讓我變得越來越弱。

「我相信佩卓的腦子百分之百清楚知道，他能夠以他的投球風格在投手這個位置上獲得成功，但許多人不這麼認為，」菲利普說。「他真的完全不在意其他人是怎麼看他的。一旦他開始把球控好，並看到裁判不會挑剔他往內角投後，他便能更堅定的朝向他知道自己即將成為的那種投手之路前進。」

到了一九九五年球季末，我開始看到成果，而之前的鬧劇也稍有平息了。

我這一季的最後一場比賽，戴維·強森手下的投手佩提·休瑞克（Pete Schourek）在紅人領先時對我祭出一顆觸身球。後來我們同在紅襪隊當隊友時，他承認當時他是收到命令才用球砸我的。總之，在一九九五年球季結束時，我還是得在報紙頭條不斷刊出指責我做得不對的新聞中度過了這一季。

第十二章 達成目標

一九九六年春訓最後一次先發前十五分鐘，我正在更衣室平靜的整理我的東西，換上比賽服裝，並讓自己進入我那不容人干擾的比賽模式中。

但比爾．史東曼（Bill Stoneman）突然出現，他是取代凱文．馬龍的新任總經理金．畢提（Jim Beattie）的助理。

今天一整天我都想辦法躲著史東曼，因為我知道費南多一直還沒搞定我一九九六年的合約，而我真的不想在出場投球的日子處理這件事。但他就這樣走到我面前，遞給我一個信封。

「這是給你的信，你的合約已經更新了。」

此刻我整個人暴走。我把桌上我剛吃完的早餐全部翻到地上，接下來拿起球棒，往吧台旁邊的咖啡機走去，將它砸成碎片。

「你在耍我嗎？你不能找其他時間把這個東西拿給我嗎？」

史東曼沒多說什麼。他從不多言。這是我進入薪資仲裁前的最後一年。我知道到了一九九七年，我的薪水會有相當大的提升，但我不敢相信這一季我只會領到三十一萬五千美元，比去年多了四萬五千元。當然，他們確實幫我加薪了，而這也不是一筆小錢，不過在當時，儘管一九九四年大罷工後薪資結構改變了許多，但博覽會隊還是聯盟中最窮困的球隊。

我的隊友仍然憤世嫉俗到將這檔事當成春訓的娛樂，知道談論合約的事情會讓我整個人惱火起來。

梅爾・羅哈斯拿我開玩笑。他說：「佩卓，去拿你的凡士林，他們會把你當成廉價的妓女。今年他們會再玩你一次，看著吧。我也一樣，大家都一樣。」

史東曼送來的更新合約信替梅爾的笑話火上加油。我怒氣沖沖的走向球場，馬克・盧騰伯格從後面追上我，他知道得讓我消消火才行。

「忘了這件事吧，這就是博覽會隊運作的模式，」馬克說，「這無關個人，佩卓。別因此做出傻事而毀掉你整個職業生涯。」

我很生氣，但沒生氣到做出傻事。

「我去年對你做的事情不算傻事嗎？」

確實不算。

我再次領悟到，我是得不到太多同情的。我不是唯一一個被這樣對待的人，大家都一樣，不是接受，就是離開。這就是蒙特婁的作風。

「你會在薪資仲裁時拿到你應得的」——這是每個管理部門人員的座右銘。他們沒說出口的是，支付這筆以仲裁結果為基礎的薪水的人，會是別支球隊。博覽會隊寧願把球員交易出去，也不要背下大筆的帳單。

棒球在我心裡，再次變成了一種醜陋的勾當。

我一把心思放在自己又在一次不被尊重的想法上，就像回到待在道奇隊那段日子時，我的狂怒便再次釋放了出來，但這次的狂怒與之前截然不同。

在博覽會隊，我把自己的工作做的很好，並成為博覽會隊輪值的關鍵角色。但我仍然上緊發條。我望眼看向其他球隊，特別是道奇隊，至少隊上球員表現不錯時，他們願意付多一點錢。我只能眼睜睜看著那些傢伙拿比我多錢，但表現卻比我差。我是一名好的先發投手，一名沒有出現道奇隊當初擔心的崩盤表現的先發投手，但這樣還不夠。

我的一九九六年球季，讓我決心登上這個舞台的頂點，在我的職業生涯中，再也不要讓人直接將更新合約推到我面前。

在我第三個擔任先發投手的完整大聯盟球季，我又進一步將數據提昇了。我第一次穩定的投破兩百局並拿下兩百次三振，最終以兩百一十六又三分之二局的局數，以及兩百二十二次三振作收。繼一九九四年一場完投、一九九五年兩場完投後，一九九六年我將完投場次提昇至四場，分別在五月、六月、七月以及八月。

前三場先發，我在沒引起眾人注意的情況下緩緩將防禦率飆升到六點一九。到了五月底，我將這個數字削減到了二點九七，之後就在這個數字與四點三六之間來回擺盪，最終數字落在三點七

○，我在博覽會隊連續三個完整球季，這個數字每年都小幅上升。

我的保送、三振與被全壘打率都朝著正確的方向稍稍提昇了一點，對手的OPS、長打率以及上壘率也呈現這樣的走勢，但我的WHIP、每九局安打數、被打擊率以及WAR的趨勢則都有些退步。

到了明星賽，我的數字仍舊好到能讓我入選，我的隊友亨利．羅德里奎茲與馬克．古茲蘭尼克（Mark Grudzielanek），我們三人都是首度入選明星隊。我們跟盧騰伯格一起飛到費城，我也嘗到了因投太多觸身球以外的理由而成為媒體焦點的滋味。我們入住的飯店外有許多球迷，其中有一些有些積極的想衝進大廳，我覺得這些經驗都超棒的！

明星賽上我中繼投了一局未失分——我三振了艾伯特．貝利（Albert Belle），並在這局最後讓莫．范恩（Mo Vaughn）打了個滾地球出局，但我在明星賽中的收獲，是偷取了一些無價的經驗。跟葛瑞格．麥達克斯、湯姆．葛拉文（Tom Glavine）一起坐在牛棚時，我坐在一旁觀察他們熱身。每個人都專注在他們的變化球上：內角變速球、外角變速球、內角曲球、外角曲球。位置都非常準確，我以為控制變化球時只要注意速度以及球是如何變化這兩點就可以了。我根本沒想過曲球與變速球的進球點可以控制的如此準確。

這大大震撼了我。

我問葛拉文：「你可以把變速球投到這邊，然後又投向另一邊？」

他看我的表情，好像是我在問他晚上是否睡在床上。

「是啊，怎麼，你不知道可以這樣投嗎？」

「不知道啊，我人生第一次見識到。」

我沒能當下就精通這種程度的控球力，但他的投球啟發了我。葛拉文跟勇士隊其他入選明星賽的投手一樣優秀，他們輪值中還有麥達克斯與約翰．史摩茲（John Smoltz），跟其他投手完全不在同一個層次。明星賽結束回隊上後，我跟菲利普說，可以的話，我希望他調整我在投手輪值中的排序，這樣我就可以跟那些最佳先發同場較勁：像是麥達克斯、葛拉文、丹尼．尼格爾（Denny Neagle）和凱文．布朗（Kevin Brown）。

我們在國聯東區的排名落在勇士隊後頭，儘管我們直到球季結束都在競逐外卡的行列中，但我開始將自己的表現放在球隊戰績之上，放棄了為球隊取勝的想法。我的表現就像是我們已經沒機會了，而我告訴菲利普說：「我只想學到要怎麼樣才能投得跟他們一樣好。」

菲利普答應我會試著調整，但比賽日程的安排不允許他做任何更動。明星賽結束後，我了解到，自己要成為優秀投手之路，還有很大的進步空間。

我無法一步登天，還有很多需要學習之處。

當我專注於將自己的投球技術提昇至葛拉文與麥達克斯的程度時，博覽會隊的狀況則是每況愈下，我後來想到，這跟之前的罷工不無關係。他們不想付球員符合他們身價的薪水，結果就是讓好手不斷流失，球迷也採取不進奧林匹克體育場來回應球隊。

我自己的進展也停滯不前。我想要成為優秀選手，我想被視為偉大的球員。明星賽後這種想法更顯強烈。從葛拉文那裡學來的技巧，以及菲利普教我多用四縫線快速球的建議，開始獲得回報。大家開始注意到我對內角快速球的掌握度增進不少。

因此八月時，我發現自己還深陷獵人頭的無稽之談後，便整個人爆發了。

我在對上太空人隊二連戰的第二場比賽，對上了道格．崔北克（Doug Drabek），在主場開打。第一局我就丟掉三分，我們以三比一落後。第二局我在一人出局一人在壘時登場打擊，崔北克對我投了一顆觸身球。我知道他是故意的。我問他：「你是不是故意砸我的？」這不是我平常會說的話，我還犯了一個錯，往一壘走時，我把球棒拿在手上，一邊持續對他大吼。我絕對不該這樣做的。我不知道自己為何要這要對他叫罵。菲利普從休息區跑了過來。

「佩卓，你要去哪？把球棒給我。」

他把球棒拿走。

「我只是問他，他是不是故意砸我的。」

「這樣沒問題，但佩卓，不要拿走球棒往一壘走。」

「菲利普，我只是想知道，他是不是故意砸我。」

這時，所有人都因為這個突發狀況跑出來集結在一起，但又隨著完全無事發生而迅速回去。

然而，我還是一直瞪著崔北克，並對他大吼大叫。

「你知道嗎，我覺得你是故意砸我的——等下我一定會砸回去。」

我看得出來他開始慌了，就在站投手丘上發抖。那一局他被麥可．蘭辛（Mike Lansing）敲出一支三分全壘打，通過本壘板時，我放慢了腳步。

「從今以後，不管我在哪裡看到你，一定會想辦法砸你。」

投到第三局，他又被敲出一發全壘打，並黯然退場。我留在場上又多投了完整的五局，只又多丟一分，最後拿下勝投。

我一直沒放下這件事。一九九八年崔北克被交易到金鶯隊，也是我在紅襪隊的第一個球季。他在場邊投球時，我經過他身旁說：「就算是復古賽（Old-Timers' Game），只要看到你上場，我就一定會砸你！」

如果他有聽到，應該就不會出場了吧。

重點是，無論我表現的有多好，我總是唯一一個，一投出內角偏高的球，就會被那些懷疑論者緊咬不放，就是要把我推到地上打的人。

這一季，我仍然以強大的表現作收。最後一場先發對上了費城人隊，前六次先發，我拿下了三勝二敗，防禦率一點五九，被打擊率只有二成〇五，而且過去十三次先發沒有投出任何觸身球，全年也只投出兩次。其中一次觸身球是砸在了費城人隊的凱文．史托克（Kevin Stocker）身上，這一記要回溯到七月了。

九月二十四日對上費城人隊時，本應是我這一季倒數第二次先發。我被排在本季關門戰先發出賽，這關乎到我們能否取得外卡資格。費城人隊是我們這個分區這一季戰績最差的球隊。他們明確的表現出沒什麼可失去的態度。

菲利普一定察覺到了他們不是準備好要把我弄下場，不然就是我一定會爆發，或者兩者皆是，因為比賽開始前，他就要求我要控制好自己的情緒。

一開始，我確實有做到。

比賽進行到第三局兩人出局壘上無人時，雙方都沒拿下分數。我接下來要面對的是左撇子打者葛瑞格・傑佛瑞（Gregg Jefferies），當我失投時，球數是一好球〇壞球。球擊中了他的手臂。儘管傑佛瑞因此退場了，但我心中認為這並不是什麼了不起的大事。但傑佛瑞一直盯著我，而且我能聽到有些費城人隊的球員從板凳區對我叫囂，其中有個聲音聽起來像是柯特・席林（Curt Schilling），還可以聽到退伍軍人球場（Veterans Stadium）場邊的噓聲。

「**這件事應該會帶來一些狀況吧。**」我心想。

傑佛瑞退場後，大家就冷靜下來了，直到我在第五局上場打擊為止。當時我們以二比〇領先，無人出局，跑者攻佔一壘。我很自然的採蹲姿，擺出短棒準備犧牲觸擊。麥可・威廉斯投出了一顆不可能觸到的球，他往我的膝蓋處扔，迫使我往後跳，身體完全失去平衡往前倒。主審立刻指著我後，又指向威廉斯，並告訴雙方休息室的人，我們雙方都接到一次警告——之後再投內角球就會視為蓄意攻擊，直接驅逐出場。

我沒天真到為威廉斯砸我這件事感到驚訝，我也知道他會再砸一次。我跟費城人隊的捕手班尼托・聖地牙哥（Benito Santiage）說：「班尼托，如果他還是要砸的話，拜託向我保證他會往肋骨以下丟——我這輩子沒砸過別人的頭。」

「**Tu sabe como es**。」他說。意思是「你知道遊戲規則的。」

下一球，威廉斯往我身後丟——是一顆往我身後削過的速球。

我整個背拱起來閃球，背部朝下著地，球棒也往後飛去，接著我馬上翻身用膝蓋撐著地上爬起，朝威廉斯衝過去，當時他已經被主審驅逐出場，向前往本壘板走了幾步。我超火的，衝上前找他算帳。心中只想著：「**我要怎麼樣才能用盡全力好好揍你一頓？**」

我沒等想出辦法才揍他，直接就往他身上找。那時我身上有一股火氣往頭上竄，我記得自己手上還拿著頭盔。這是我犯下最大的錯誤。站起來後，我先用雙手將頭盔摘下，而就在我快走到他身旁時，我猛力把頭盔向他砸去。感謝老天威廉斯躲開了，我也沒砸到他。若是真砸到他，我想應該會殺了他吧。如果沒失手，我可能會被永久逐出棒球界。這就是我在棒球場上留下的成就。

但他閃開了，這也讓我有機會對他使出鎖喉，當我們在地上扭打成一團，所有人都疊在我們身上時，我用盡全力緊緊勒住他的脖子。

最後我變成了臉朝下對著人工草皮的姿勢，草一直刮我的臉。我仍然抓著他不放，他也緊抓著我，席林趕到時，他先把我的頭往後拉，接著試圖把我的手臂扳開。

每次席林要把我扳開，我就會更用力並狠狠壓在威廉斯身上。席林一直說：「放開他啊，你這混帳。」不斷重複，但我就是不讓席林把我的手扳開。有人對席林吼說，要他別拉我的手臂。我身處人堆的最底部，每次有人跳上人堆，我都能感受到那股增加的重量。

席林不知用什麼方法抓住了我脖子上的金項鍊，項鍊上有一個大大的「四十五」和一個「P. MARTINEZ」的牌子。席林用力將項鍊往後拉，那股力氣讓「P. MARTINEZ」一直勒著我的脖子。

事後，席林說當時他只知道自己想要殺了我。他也快達成目的了，那條項鍊噎得我喘不過氣。最後我的隊友烏蓋特·厄比納（Ugueth Urbina）用西班牙語對我說：「放開威廉斯。」我聽到有人用西班牙文喊叫，於是相信那個人說的話。我放開威廉斯，他在我身上留下許多口水。

我一放開威廉斯，所有人便開始冷靜下來，後來席林又開始鬼吼鬼叫。這也惹毛了烏蓋特。

「你想打架嗎？你想打架嗎？」他問席林。

「你還太嫩了，你不該亂投球還砸人，你會受傷的，狗娘養的。」

我拾回自己的運動員精神，回道。

「你根本連向我這樣投球或跟我這樣說話的資格都沒有，沒卵蛋的。」

我會爆發，是因為大家又一次誤解我的投球風格了。沒人在意我是否被選入明星隊、可以吃很多局數，或是三振次數不斷飆高，特別是，我已經不再投觸身球了。我現在很穩定的成長，變得更棒，但我還是像個罪犯，被大家另眼相看。

我到底怎麼了？

為何我得受到如此不公平且偏差的責罵？

為何道奇隊說我太軟弱了？

我從來都不是這樣。

為何對手總是稱呼我為獵頭者？

我從沒砸到任何人的頭過。

應有的尊重何時才會到來呢？

一九九七年，喬・凱利根帶著他的假人打擊手去了波士頓紅襪隊。對於他的離去，我無法由衷的說出自己很傷心這種話。我好奇的是我下一個投手教練巴比・庫埃拉（Bobby Cuellar），我知道蘭迪・強森（Randy Johnson）在一九九五年第一次贏得賽揚獎時，巴比正是他在西雅圖水手隊的投手教練。

我曾在西棕櫚海灘（West Palm Beach）遇到巴比，我知道他的教法有用。喬常常希望我聽他的話，他會抓住我的球衣好讓我注意聽他說話。我半希望巴比也是如此，但我漸漸學到了，一名說話溫和、充滿智慧的教練不用憑藉身體接觸就能傳達他的想法。這更堅定了我認為不用溝通到惱火就能達到另一個境界，跟麥達克斯、葛拉文、強森、布朗以及其他大投手比肩的想法。

因為與威廉斯的衝突事件，我被禁賽八場，其中有幾場要挪到一九九七年球季執行。這讓我有多餘的時間可以鍛鍊我所不足之處，而巴比，他是一名真正的導師，幫助我弄清楚要努力的方向為何。

在場邊練習時，巴比看我投快速球和變速球的次數跟曲球一樣多。

這樣不對，巴比說。我得專注在自己的劣勢上，而非優勢。

巴比會說：「Mijito（我的小小孩），我們在幹嘛呢？你的變速球跟快速球完全沒問題啊——我們先熱熱身，然後練習曲球吧。讓我們專注在你想要調校的事情上。你的問題是曲球，我們先練習一下，看看還能怎麼加強。」

他說的對。

感謝雷蒙跟蓋，我的變速球跟快速球同樣恐怖，也要感謝菲利普，我終於可以用四縫線快速球穩穩的投進內角好球帶了。

但我的曲球從我在道奇隊時，就一直還有很大的進步空間，當時湯米·拉索達曾試圖教我投他那種緩慢且軌跡較偏斜的曲球。我的手臂動作太快了，而且我也無法好好控那種球。雷蒙和我想到如何改變握法，並讓它往下掉。我讓它變得比較會旋轉且有比較大的變化了，但那終歸是種「秀給你看」的曲球，意思是基本上我就是把它往紅中丟，然後希望用它的變化，而非進球點來愚弄打者。

巴比和我試著要將它投得比之前慢一點，而且我們還試著用不同手臂的角度投。接著他說：「嘿，佩卓，只要用力投，就像在投快速球一樣，投到中間，用力！」

我試了一球。

轟！

感覺超棒的！而且也可以讓它產生變化了。

我投快速球時，可以投到九十四到九十七英里之間，也可以用同樣的揮臂動作投變速球，時速約在八十到八十二英里之間。舊的曲球速度跟變速球差不多。若我再用力一點丟曲球，可以到八十三、八十四或八十五英里，但這種程度的增速不是很重要，不比我能維持它的變化，加上能夠控制它要上或下、要裡要外來的重要。

我得等到博覽會隊這一季的第十一場比賽才能配上這種球路，而且無疑的，它運作良好。

我的表現不像前一季，一開始有點慢熱，但一九九七年我就像火箭般一飛沖天。

前四次先發後，在二十九又三分之一局的投球中，我拿下了第一次完封以及四場勝投，防禦率是〇點三一。被打擊率一成四九，被長打率一成九八，還拿下了三十二次三振。

投完第八次先發，我拿下八勝〇負，附帶三場完封以及一點一七的防禦率。

就這樣一直不斷的進行下去。

我主要搭配的捕手達林．弗萊徹評論我這一季的投球表現時，他這樣說：「一切都相當到位。我真心認為打者都覺得自己一定無法從這個傢伙手中敲出安打，因此大家球棒都握得超短，希望能撿到一支安打，而且只希望快點輪到下名投手上場。」

克里斯．魏吉（Chris Widger）這一季幫我蹲過幾場球，有一次他告訴庫埃拉說，我是他蹲捕過的投手中，把球投到紅中最多次，讓裁判直接判決好球的人。「打者會等內角球、等外角球、等曲球、等變速球、等內角速球——這時他就會投一顆往紅中跑的好球。」庫埃拉說。

庫埃拉贏得了我的尊敬與信賴。一九九七年時，有少數幾次先發到一半時，會需要投手教練上投手丘的情況。這個時候，你很難說出什麼我還不知道的事情，而巴比跟湯米．哈波有些類似，很快就學到了一件事：對我最佳的指導，就是保持低調與冷靜。

「走上投手丘時，我只會告訴佩卓：『控制好自己、放輕鬆，只要你想就一定能撐過去，我們先放輕鬆，你現在想怎麼做？』」庫埃拉說。「當然，他會看我一眼，然後說：『我知道自己想幹嘛。』」

巴比從我的眼神中學到了這一切。

「那副眼神，」巴比說，「看上去就是：如鋼鐵一般、充滿怒氣，但在控制之中，『我會把事情搞定，讓我放手去做吧！』」

一九九七年，我的表現近乎完美。在丹佛，我完封了洛磯隊並投出十三次三振，他們這一季的打線滿是像賴瑞・沃克、安德烈斯・加拉拉加、丹堤・畢許（Dante Bichette）和文尼・卡斯提拉（Vinny Casilla）這種怪物打者。還有一次我在洋基體育館完投九局，在我三振第十名打者後，洋基隊的球迷一直喊著：「佩——卓、佩——卓」。

菲利普相信我到了一九九七年時，終於放鬆心情投了。

「他清楚知道自己擁有宰制力，」菲利普說，「他看起來已經具備所有好投手的條件——才能、自信與堅定的決心。此刻的他毫無畏懼。」

這個球季結束時，我領先全聯盟的數據有防禦率（一點九〇）、WAR（九點〇）、WHIP（〇點九三二）、九局平均被安打數（五點八九二）、九局平均三振數（十一點三七四）、調整後的防禦率（adjusted ERA，兩百一十九），三百〇五次的三振數則是落在席林之後列居第二。

從一九九一到九六年，國家聯盟賽揚獎總是由勇士隊三巨投葛瑞格．麥達克斯、湯姆．葛拉文以及約翰．史摩茲其中一人獲得。一九九七年時，全體一致通過將這個獎項頒給了我。

隨著一九九七年的成功，我也變成了博覽會隊的看板人物，但這個看板人物還沒有準備好過著拿著杯子到處乞討的日子。

一九九七年春天，博覽會隊跟我為了避免薪資仲裁，將我的薪水提高至三百六十一萬五千美元，這是我第一份百萬合約，也是一個符合我期待的數字。但我優秀的先發表現，並沒有因此讓大量觀眾進入奧林匹克體育館看球，這一季我最後一次先發，只吸引了一萬兩千多名觀眾進場。

在我結束一九九七年球季時，蒙特婁並沒有做出什麼讓我感到驚訝的決定。我已經達到成為聯盟中數一數二強投的目標了，當我達到這個目標，也就是我離開的時候。

球季剛結束，總經理金．畢提就有兩件事要告訴我。

恭喜你。

然後，明年你想要在哪投球呢？我會把你交易到那一隊去。

第十三章　丹，你做了一筆壞交易

這時，是九月的尾聲。

在蒙特婁，似乎沒人注意，或者在意，但我們仍在努力競爭外卡的席位。而博覽會隊的決策團隊——總經理金．畢提、總教練菲利普．阿魯、助理總經理比爾．史東曼以及球隊老闆克勞迪．布荷許，正聚集在一起進行會議。

菲利普開門見山的提出結論。

「我們現在只有一條路可走——得把佩卓交易出去。」

九月平均進場的觀眾低於一萬四千人，而距離一九九八年，我成為自由球員的時間只剩下一季了。

一九九七年球季一開始，費南多和博覽會隊就談定了將我今年能夠得到的薪資增加到三百六十萬美元。博覽隊認為一個四年總值一千六百萬美元的合約足以吸引我簽約，不考慮成為自由球員，但這個數字根本連市場是實際數字的邊都搆不著。

我有留下的意願，真的。我告訴博覽會隊，若他們想要考慮用兩年總值一千八百萬元的條件跟我談，我會拒絕成為自由球員，但從一開始就告吹了。就算在十一月前，我還沒正式確定拿下賽揚獎時，博覽會隊就知道我一九九八年球季的薪水會落在七百到八百萬之間了，這已經超過他們的預算。

布荷許在一九九七年球季開打前，就對球迷發誓說，他絕對不會將我交易出去，不過到了九月跟我磋商時，他才意識到自己絕對無法守住這個諾言。基於這個城市對這支球隊的漠不關心，會議中沒人害怕毀約後會發生什麼大不了的事。

畢提心知肚明他無論如何是無法將我留下來了。因為當他問我，要怎麼樣我才肯留下來時，我告訴他，若他們沒有花錢圍繞我建立一個堅強的隊伍，我是完全沒興趣留下來的。

他將這個訊息帶到了九月的會議，這也是為何菲利普也得出了跟所有人一樣的結論的原因。

事實上，上個球季結束後，畢提已經把話傳給其他二十七支球隊，說他打算用我來交換年輕有天賦的球員，若是年輕投手，就更完美了。

我們以相當的效率結束了球季後，畢提讓我參與他的交易計畫。他至少釋出善意問我想去哪一隊打球，因此若他能滿足我的話，他應該會照做。

但紅襪隊絕對不在我的名單上。

我的第一選擇是洋基隊，因為，是的，他們是洋基隊，而且史坦布瑞納先生永遠願意為最好的球員花上大把的鈔票。

我也提出了其他三支球隊的名字：印地安人、金鶯跟巨人隊。

這三支球隊都是一九九七年的分區冠軍隊——洋基則是以分區第二告終，而我想要去一支有競爭力的隊伍。

道奇隊？不，我不會回去那裡了。

勇士隊？挺誘惑人的，但他們現在不缺投手。

紅襪隊是支幾乎吊車尾的球隊，戰績七十八勝八十四敗。他們根本完全不在我考慮的範圍之中。

當紅襪隊這個名字浮出來時，我以為下季就是一個短暫的過度球季：一九九八年在那邊投個一季，接著我就會成為自由球員，帶著我的天賦到任何一支我想去的球隊。

我想錯了。

畢提跟每支對我有興趣的球隊說，交易完成前，博覽會隊無法保證一定可以跟我談成一張複數年的延長合約。畢提甘冒無法得到最佳潛力球員的風險，但報酬是我無法拒絕任何的交易方案，因為他們察覺到了——準確的說是，事情變成了，我沒有想要跟交易到我的球隊簽複數年合約的打算。博覽會隊相信他們仍然能夠從想要獲得這個今年新科國聯賽揚獎得主，而且今年十月才滿二十六歲的球員的球隊手上，獲得不錯的回報。

畢提想要至少能拿到兩名投手，其中一名要是已經在三A證明過自己身手的先發投手，或者可能要是兩名更年輕的投手，或者是要有一名非投手球員，而且至少離薪資仲裁還有幾年的時間。

洋基隊很快就讓畢提知道他們對這個交易很有興趣。但他們不知道布荷許沒有意願成為一個，幫助最大與最邪惡的球隊補充強力球員的小市場球隊。

博覽會隊希望洋基隊跟他們協商，這樣做總是能夠製造出其他球隊對這個交易的興趣。博覽會隊可能要經過一番天人交戰，才能拒絕洋基這個比洛磯隊與紅襪隊都還要棒的方案，但畢提說，他從沒看到有人提出真正對等的交易方案。

不過有一些令人極為感興趣的名字從洋基隊提出的名單中冒了出來，馬里安諾．李維拉（Mariano Rivera）是其中最大的一條魚。畢提對李維拉非常有興趣，他今年第一季擔任洋基隊的救援投手，但畢提已經擁有烏蓋特．厄比納這名救援投手了，而烏蓋特是名相當便宜的救援投手。博覽會隊不想要拿我去換一名救援投手，特別是再過一兩年就得花大錢才能留下他的人。這麼多年來，我一直不斷思考這個交易，將我跟李維拉互換這個想法若是換了一個時空，博覽會隊若是沒有離開蒙特婁，而且學會了如何賺錢跟花錢的話，這對雙方球隊來說，或許是一個最棒的交易。想像一下，若是李維拉從未在布朗克斯展現他名人堂級的投球內容，反倒是我將生涯最顛峰的時光獻給他們的話……這是個值得再三思考的有趣情景，一切皆有可能。洋基與博覽會隊也曾討論過用捕手荷黑．波沙達（Jorge Posada）與他們的三壘手麥可．洛威爾（Mike Lowell）這個被視為是三A水準的三壘手，而非頂級潛力好手的球員做交易。艾瑞克．彌爾頓（Eric Milton）則是洋基隊希望打包送到蒙特婁的先發投手。

大家也很清楚畢提醉心於克里夫蘭隊的賈瑞．萊特（Jaret Wright），他是一名二十一歲的球員，一九九七年直接從二A直升大聯盟，並且在季後賽，直到世界大賽都表現的相當優異。然而印地安人隊認為這是他們親手培養出來的王牌球員，是非常特別的存在，而他們沒打算在萊特還這麼年輕的時候就將它交易出去。對於目前無法先跟我談延長合約的問題，也遏止了印地安人隊與畢提進行更深入討論交易的意願。

與金鶯和巨人隊的協商則是從來沒有到達提出具體名單的程度。

目前最主要，雙方也都有興趣的協商，是洛磯隊提出了用二十二歲的球員傑米．萊特（Jamey Wright）交易。

再來，就是紅襪隊了。

一九九六年球季結束後，紅襪隊的總經理丹．杜奎特給了羅傑．克萊門斯一些額外的動機，讓他在職業生涯的下半場到達了無法預料且驚人的層次——從三十四歲的年紀開始，又奪得了四次賽揚獎！——說到克萊門斯，這時他已是自由球員，並正要進入他「職業生涯的第二春」呢。

丹沒說出口的是，當克萊門斯離開紅襪隊，與藍鳥隊簽約的那一刻，他也讓紅襪隊陷入了困境。一九九七年時，他們隊上擁有亞倫．希利、提姆．威克菲爾（Tim Wakefield）、湯姆．戈登（Tom Gordon）以及前勇士隊的球員史提夫．艾佛瑞（Steve Avery）這樣的投手輪值，而他們的數據加總起來是——五十勝五十三敗，防禦率四點九五，也解釋了芬威球場（Fenway Park）觀眾人數下降，以及球隊在美聯東區以第四名作收的原因。這一年也是諾瑪．賈西亞帕拉（Nomar Garciaparra）贏得美國聯盟年度新人、莫．范恩得到年度最佳球員後兩年，以及他們跟西雅圖交易得到年輕捕手傑森・瓦瑞泰（Jason Varitek）與右投手德瑞克・洛夫（Derek Lowe）的一年。紅襪隊絕對是有在打造球隊的基礎，但他們缺了一位王牌投手。

等到丹在九月收到博覽會隊要兜售我的消息時，他便把心思都放在我身上，認為我就是解決紅襪隊目前困境的最終解答。

當然，丹將我帶到博覽會隊時，就已經有交易我的經驗了，但此刻已過了四年，丹不知道自己現在還有多少優勢。

他在一九九四年為博覽會隊留下的一切可說是大師之作，每個細節都照顧到了，只是罷工事件讓博覽會隊與蒙特婁這座城市之間的關係，沒能往更好的方向前進。當然，博覽會隊進入季後賽對球隊經營上來說會有多大的影響我們不得而知，但一九九四年球季中球員罷工確定後，這個機會就完全的被剝奪了。布荷許很清楚丹過去在工作上的好表現，也一直都很喜歡他這個人。球隊開始準備公布我的事情後，他告訴丹，他想確定紅襪隊一定會是其中一個協商對象。事實上，布荷許雖將丹視為他首選的交易對象，但從沒讓丹知道他打的算盤。

對於紅襪隊這個交易對象，博覽會隊最關注的就是他們陣中的卡爾・帕瓦諾（Carl Pavano）。他是一名六呎五吋，二十一歲，有著寬大肩膀與強力雙腿，活像名美式足球隊邊鋒的傢伙。一九九七年，他在紅襪隊三A波塔基特（Pawtucket）隊時，在二十三次先發中，投出了一百四十七次三振，只送出三十四次保送，與賈瑞・萊特同為當時排名最高的潛力新秀之一。紅襪隊新人投手陣容中，排名在他後面一位的是二十一歲的布萊恩・羅斯（Brian Rose），他今年在波塔基特隊的投球成績也相當亮眼。帕瓦諾與羅斯都讓博覽會隊相當動心，另外還有三名選手：二十四歲的右投手約翰·瓦斯丁（John Wasdin），年僅十九歲的小湯尼·阿瑪斯（Tony Armas Jr.）以及二十三歲的外野手托特·尼克森（Trot Nixon）。

十一月初，交易討論進入白熱化的階段。當博覽會隊要求紅襪隊用帕瓦諾與羅斯作為交易籌碼時，丹退縮了，但後來丹承認他只是嚇嚇對方而已——他早已獲得授權，可以用這兩名球員來交換我。

十一月十八日，大聯盟在鳳凰城會議中心（Phoenix Convention Center）舉行擴張球隊選秀，兩支新加入的球隊，亞歷桑納響尾蛇隊（Arizona Diamondbacks）以及坦帕灣魔鬼魚隊（Tampa Bay Devil Rays），能夠從其餘二十八隊未納入保護名單的球員中選擇球員，以補足他們的球員名單。

擴張選秀進行時，畢提非常注意最有可能跟他交易的三支球隊：洋基隊、洛磯隊以及紅襪隊。此時，紅襪隊的交易名單，已經變成了帕瓦諾，以及阿瑪斯或尼克森二選一。

博覽會隊最喜歡紅襪隊提出來的交易名單。選秀中途，畢提在電話上告訴紅襪隊，他想要帕瓦諾以及阿瑪斯或尼克森其中一個。交易協定的架構大致底定，但尚未最終定案，因此畢提還是一邊跟洛磯隊和洋基隊談判。擴張選秀地一輪結束後，紅襪隊失去了隊上一名不錯的右投手傑夫·書潘（Jeff Suppan），第一輪選秀結束後，畢提驚訝的看到丹匆忙跑過來找他。

「我不知道自己是否能夠在未確保佩卓一定會跟我們簽約的情況下，進行這次交易了。」丹說，「我得放出這些球員——但我不確定是否能夠真的執行交易，除非你能試試看先跟他簽約。」

「丹，我們已經商定好了，我不會這樣做。我們之前明明已經討論過這件事了。」

「是啦，我只是不確定是不是能就這樣跟你交易，我得再想想。」

「都是廢話——不行，我得作點什麼」，畢提心想。他趕快走出房間，希望丹有看到他直接朝洛磯隊總經理的房間走去，接著又去找洋基隊的總經理。

「我得讓丹知道，若是我沒跟他交易佩卓，我可能會把他交易給別人，不能讓他覺得交易大致底定了。」畢提心想。當他跟洛磯隊談完走出房間時，丹在外頭等著他。

「沒問題了，金——我們同意執行這項交易。」

第二輪選秀結束後，他們就宣布了這項交易——用帕瓦諾和另一名選手（晚點另行宣布）當籌碼。博覽會隊的人員隨即前往墨西哥，尼克森正在那裡打冬季聯賽，他們要去確認尼克森背傷的狀況，博覽會的隊醫也去找阿瑪斯的醫護人員。最後，他們認為阿瑪斯的狀況比尼克森要好。畢提在電話裡跟我說這件事時，我簡直不敢相信。他讓我在當下完全驚呆了，過了一會，我才氣憤的回話。

「你怎麼可以把我交易到波士頓？」

他開始解釋說，其他球隊都還在跟他打迷糊仗，但紅襪隊直接給了他最好的方案，就這麼簡單。他有試著把我交易給其他的競爭對手，但讓博覽會隊成為最大贏家才是最重要的事。

「佩卓，波士頓對你來說，絕對是個好城市。」

我掛了他的電話。

丹是個低調的人，但我看得出來，他在我波士頓的第一次媒體記者會中，是如何笑得嘴不合攏，將我納入紅襪隊是他的得意之作。

因為我的緣故，他說，「紅襪隊將回到強隊之林。」他和他的團隊已經考慮到我的年紀，以及我在一九九七年球季的表現，而作了一些內部的評估與預測。根據他們完成的資料，我的職業生涯模版會類似山迪．科法斯。

他們需要我。當克萊門斯在多倫多找到他的第二春時，他們就已失去了球迷對他們的信賴，觀眾正逐漸流失。

媒體記者會後，丹、費南多和我到了波士頓鬧區保德信中心（Prudential Center）的雷格海鮮餐廳（Legal Seafoods）用晚餐。我記得我們喝了一兩瓶馬坦薩斯夏多內葡萄酒（Matanzas Creek Chardonnay），那是一頓非常棒的晚餐。至少食物蠻不錯的。但這一頓讓我覺得自己好像在吃霸王餐。波士頓只是一個休息站，在我找到之後想要為他們投球的球隊前，短暫逗留一年之處。我知道丹很開心，但這感覺就像是那種尷尬的一頭熱約會，一個人陷入狂戀，另一個人則是一直低頭看手錶。

「佩卓，要怎麼做才能讓你在波士頓長長久久呢？」

我知道丹察覺到，他並沒有在我眼中看到熱切的眼光。我不是故意要讓他不開心的，只是想跟他說實話。

「丹，我很抱歉，我不會待在波士頓——你做了一筆壞交易。我不想待在吊車尾的球隊。我喜歡你，今年替你打球沒問題，但之後我就要離開了。」

我不覺得丹有聽進去。他還是一直遊說我。

「嗯，但我們想把你留下，你知道的。」

「我知道，但我不想留在這裡打球。蒙特婁對我來說，是一個打球的好地方。那裡沒有壓力，沒人會來煩我，我可以正常投球，做我自己——一九九四年是很棒的一年，我們幾乎快要贏得勝利了。這就是我想做的，贏球。你不會有機會的，丹。我不會替吊車尾的球隊打球。」

丹的好處就是，他不會有防禦心理，但我看得出來他明瞭我的感覺，而且我不會輕易就範。他往後躺在椅子上幾秒鐘，接著又再次往前靠，並要我聽他說說看。他鉅細靡遺的訴說著，他想要怎麼讓紅襪隊圍繞著我打造全新隊伍的藍圖。他正在跟諾瑪談延長合約，且他說儘管跟莫談新合約時遇到了一些艱苦的狀況，但他會繼續努力。另外他也聊到了波士頓與芬威球場，說這裡的氣氛是多麼的令人興奮，球隊勝利時，是多麼的有趣，我會如何的沉浸於在滿場觀眾下出場比賽的樂趣。

聽丹向我兜售紅襪隊感覺好像度過了好幾個小時候，我覺得自己真的聽夠了。他提了一個比我原以為他能做的還要更好的方案，但我仍然不覺得這樣就夠了。我知道對話終究會轉到錢的事情上，但這不是我在那個當下需要處理的事。

在我站起身來，準備去商場逛逛之前，我告訴丹：「跟我的經紀人談吧。」

於是丹與我的經紀人開啟了一段長達三週的長期合約協商。我對丹所說關於我只會在紅襪隊待一年的事情，並沒有留下白紙黑字，而我的經紀人很高興聽到這個消息。對丹而言，這段話也等於重申了，他當初差點撤回與博覽會隊交易的初衷。他這樣做，就是把兩個很有價值的年輕潛力球星換來了只打一季的我。

他找了璜·馬瑞科（Juan Marichal），當時唯一進入名人堂的多明尼加藉球員，也是我的心目中的英雄之一來幫忙遊說我。璜是個非常有說服力的遊說者。一九七四年，他在波士頓經歷了他的倒數第二個球季，儘管那個球季他飽受傷痛之苦，出場數不多——只出賽了十一場，但他非常享受那個夏天。馬瑞科告訴我，在波士頓能期待什麼。輸球後在開車到街上是最糟糕的事情。他跟我說，在波士頓打棒球是一件很特別的事，那氣氛跟在多明尼加打冬季聯賽十分類似。球迷會不斷要求你要有好表現，就跟在多明尼加一樣，而且璜深知我很享受挑戰。「做你該做的事，」他告訴我，「然後，你就會愛上波士頓。」

他的論點軟化了我離開的決心，但我還得有更多的理由才能留下。

麥達克斯是當時拿到最大張合約的投手，在一九九七年底簽下的五年延長合約，平均一年薪水是一千一百五十萬美元。基於我在成為自由球員前一年若進入薪資仲裁的話，會落到接近八百萬美元的水準，大家都很清楚，若我會答應簽下一份複數年的延長合約，並斷絕成為自由球員的想法，如果只是接近麥達克斯水準的合約，那甚至連坐下來談的機會都沒有。

我的經紀人談到總額七千兩百萬美元的六年保證約時，打了通電話給我，然後說我們離目標的七千五百萬美元（平均每年薪水為一千兩百五十萬美元）還差了三百萬美元。他們在等他們的執行長約翰·哈靈頓（John Harrington）西岸之旅到一個段落，才能看看紅襪能否答應七千五百萬美元的金額。這時我能幹嘛呢？我打了通電話給馬克．盧騰伯格。

「喔，我的天啊，」他說，「這太不平常了。你會成為大聯盟最高薪的球員。」他提醒我，九個月前他跟我討論的還是總額一千八百萬的合約而已呢。

我也打了通電話給雷蒙。

「他們現在出價七千兩百萬美元，我這邊想要七千五百萬。」

「接受吧，快接受，兄弟，你還搞不懂狀況嗎？」

「是啦，是啦，不過我還在等。我還沒決定好要怎麼做。」

此時丹正在紐約的華爾道夫飯店（Waldorf-Astoria Hotel）跟我的經紀人討論延長合約的最後細節。他在套房的臥室中跟某個股東講電話時，突然聽到敲門聲。丹打開房門，看到一名表情嚴肅的男人，手上牽著兩條德國獵犬。他什麼也沒說，只是一邊講著電話，一邊關上門。

丹不知道那天晚上美國總統比爾．柯林頓與他的妻子希拉蕊．柯林頓蒞臨紐約市，並入住此飯店位於紅襪隊小股東山姆．艾爾方（Sam Alfond）房間的正上方，因此他們到這個房間做安全檢查。特勤局人員詢問來自緬因州的艾爾方，為何有個人邊講電話邊開門，還把門關上。艾爾方告訴他，在另一個房間裡的是紅襪隊的總經理，正在想辦法要把我簽下來。套房內的另一名特勤局人員也是來自緬因州。他一聽到這句話，就跟他的同僚說：「嘿，那人是丹．杜奎特，紅襪隊的總經理，他正試圖要跟佩卓．馬丁尼茲簽下一紙複數年合約——總統跟柯林頓夫人可以等。」

丹還在講電話時，狗先被放進房間裡了。掛掉電話那一刻，房間已做好安全檢查，我的合約也宣告終結：六年七千五百萬美元保證約，附帶第七年的球隊選項，一年一千七百五十萬元的薪水，球隊也可用兩百五十萬元買斷這一年的合約。這個合約每年的平均價值為一千兩百五十萬美元，每年都比麥達克斯還要多拿一百萬美元。

紅襪隊想要我到足以令我成為大聯盟薪水最高的球員。

唯一的答案，只能是欣然同意了。

第四部

1998-2001

第十四章 哎呀，我確實喜歡這股「腐水」

從我成為波士頓人那天起，我就改變了外在裝扮。我得這樣做才行。

我以全票通過贏得了一九九七年國家聯盟賽揚獎，已被視為幾乎跟葛瑞格·麥達克斯與羅傑·克萊門斯一樣好的球員，而我也得到了比地球上其他球員都還要高的薪水。我在許多事情上都是擇善固執的，但我再也無法擺出同樣一副容易發脾氣，到處要找人生事的態度，把大家還是想找我麻煩的想法拋諸腦後。

爬到顛峰的過程中，我不知道流過多少淚，幾乎要放棄打球，也好幾次忍不住大發脾氣，不過當我爬到這個地位後，那些不斷刺激我的否定也慢慢的煙消雲散了。

當我到達波士頓時，大家對我的期待相當高，不過困擾我的地方是，大家往往將話題放在我賺到了多少錢。

我還記得媒體記者會開始前，我坐在波士頓我入住的旅館大廳，我們將在記者會上正式公布我跟紅襪隊簽訂的合約細節。我聽著紅襪隊電視網NESN電台，正在報導這則新聞，計算我投一場比賽、投一局、投一球能賺到多少錢。

這則報導讓我有種超現實的感覺——不是因為我不知道自己能賺多少錢，而是為何要報導得看起來，好像用錢就能夠定義我在大聯盟獲得的成就。

當我成為大聯盟史上薪水最高的棒球選手後，我說過錢並不會改變我的態度。我忠於自己說出口的話。但從這份史上最大合約得到的那份無法想像的財富，讓我的人生與周遭的一切事物都變了樣——我的天啊，當然是這樣啊。我沒有把銀行戶頭裡的錢通通提出來，每個冬天用鈔票堆著一座小山，坐在上面數錢。有時候其他人會拿我搞砸了什麼事並將我的弱點公諸於世，但提到錢的時候，我會盡力不要讓這個東西把我變得跟那些我不屑同流合污的人一樣。

就算是在我跟紅襪隊簽下大約以前，一九九七年我在博覽會隊時就已經拿到我人生中第一桶金了，那時我就用各種方法把大部分的支票都寄回家給我的家人，就跟雷蒙一九八四年跟道奇隊簽約後，一直以來都在做的事一樣，早在我跟道奇隊簽約前十三年，他就這樣做了。雷蒙是我們這一家的保障。他的簽約金跟小聯盟時期的薪水，對一般人來說只是小錢，但對我們一家來說卻不僅止於此，這筆錢讓我們在馬諾瓜亞沃有辦法搬到環境更好、更大的房子。因為雷蒙的關係，我們從馬諾瓜亞沃一個貧戶，變成了眾人稱羨的幸運家庭。

自從多明尼加經歷了一連串與西方的海地人鄰居之間的血腥鬥爭，從而成功獨立後，我們這一半伊斯帕尼奧拉島（Hispaniola）就不斷為了達成金融穩定的基礎而不斷掙扎著。這份掙扎到現在仍然持續著。貧富差距還是相當大，且多明尼加中產階級家庭的數量是可憐的稀少。

除非你親自來到馬諾瓜亞沃，或是坐飛機到多明尼加共和國，且從飛機場開車到聖多明哥或是到北方或東方的度假村，不然你不會注意到我們國家有多麼貧困。只要在小鎮或城市大部分的十字路口停下車，男孩女孩、男人女人，從八歲到四十歲的人，通通都會從人行道跑上前來。他們會圍在轎車旁，拿著一籃香蕉或草莓、礦泉水、手機充電器、有時候是T恤跟棒球帽不斷的向你兜售。

因為我小時候比所有美國的棒球選手都要窮困，也因為我每年冬天都會回到我的國家，我會提醒自己我們無論在各方面都比美國更加匱乏，我想讓這份財富對國家有些貢獻。我跟一名也是來自於馬諾瓜亞沃的優秀投手璜・古茲曼（Juan Guzman）以及雷蒙，我們三人在家鄉設立了一間體育中心，我也在這裡蓋了一間教堂、一間學校以及診所。我們就這樣付出了大量的金錢，其中還有一些是聽到了某個朋友，或是朋友的朋友、表兄弟、姪女或外甥之類的人生病了，或是家裡遇到困難，拿去援助他們了。但有些付出是經過深思熟慮才決定要做的。

這輩子我都會感謝上天，讓我站在一個能夠對需要援助的人伸出援手的位置。但我也很清楚，當時我能跟紅襪隊簽下這份合約是經過了多少努力，更了解到一定要密切注意如何管理我的財富。

對於我來到波士頓這件事，大家對我還有另外一個誤解，認為我是到此取代羅傑・克萊門斯的位置。

「我不是來這裡取代羅傑的，」我在媒體記者會上說道，「羅傑是兩年前離開的。我是今天才到這裡的——紅襪隊是用卡爾・帕瓦諾與湯尼・阿瑪斯把我交易過來的，他們是潛力球星。我不是到這裡來做羅傑原本做的事情的。」

從一九九八年開始，我就越來越不把心思放在讓大家忘記羅傑．克萊門斯以及不辜負這份合約上，而是盡可能的保持頂尖水準並成為這個棒球叢林的王者。只要我在每隔五場比賽，都能用健康的身體跨過白色界外線——「其餘的由我達成」。

一九九八年起，打棒球的目標變成了獲得尊敬，以及打入季後賽，並拿下世界大賽這些我從未經歷過的事件。

獲得尊敬是重要關鍵：竄升成為頂尖球員後，沒人會突然跳出來試圖愚弄我。我不希望任何人對我無禮。我已經是前輩了，得做我該做的事。

當然，還是有人會碎念我是獵頭者的事，而且這意味著打者仍會盡可能試圖要惹火我。我最痛恨打者站在打擊區時戴著護臂，然後在我投出曲球或其他變化球時為了故意被球砸到，而將身體往前彎。有一次我看著勇敢的布拉迪．安德森（Brady Anderson）面對提姆．威克菲爾的蝴蝶球時完全不躲球，隔天我就用快速球砸在他的背上。「你想吃一顆蝴蝶球還是曲球嗎？來，送你一顆快速球。」

這就是我要跟他以及所有從事棒球運動的人說的話：「你得尊重我，尊重比賽。乾乾淨淨的打垮我。別想嘗試靠著手上的護臂擊敗我。你不是很兇嗎？若你敲出一顆直擊我下巴的平飛球，我也不會允許自己戴上護臂來擋球。照遊戲規則來吧。」

這就是我到波士頓後保持的態度。這樣做可能無法讓太多球場另一側的對手變成我的朋友，但這提供給我一個嶄新、完全燃燒的燃料，一種對紅襪隊也同樣適用的態度。

除了在西雅圖吃了些味道很糟的鮭魚外，我在紅襪隊的第一個球季，一開始就如同西岸的搖擺樂般有股高亢的律動。在奧克蘭，我嚐到了人生首次開幕賽先發的滋味。是的，絕對是種榮耀，但這不是什麼會讓我特別緊張或頭疼的經驗——畢竟就連博覽會隊，也能將奧林匹克體育場開幕賽的門票賣光。在全場爆滿的觀眾前投球沒什麼好緊張的，加上我對於能在奧克蘭的競技場體育館投球覺得還蠻開心的。我知道這裡很大，算是投手天堂，而且我身體很健康，非常期待儀式能快點結束開始比賽。

運動家隊的先發投手是我在道奇隊時的老隊友，蝴蝶球投手湯姆・坎迪歐提。一九九二年時，道奇隊很喜歡讓我接替坎迪歐提中繼上場。他們喜歡在蝴蝶球投手後面安排一個火球投手，就跟紅襪隊後來常常會把蝴蝶球投手提姆・威克菲爾放在我先發的前一天或後一天出場。看到坎迪歐提也讓我記起他就是那個，一九九二年球季末我們前往科羅拉多出賽時，湯米決定讓他休息的先發投手。那時湯米認為庫爾斯球場這個打者天堂，會是我大聯盟生涯首次先發亮相的好地方。

我成為紅襪人後面對的第一名打者，是名人堂球員瑞奇・韓德森（Rickey Henderson）。瑞奇先是取得了沒有好球兩壞球領先，第三球我送給他一顆好球。他耐心等待下一球，並漂亮的將球勾了出去，但左外野手特洛伊・歐雷瑞（Troy O'Leary）順順的移動到球的落點位置，我也拿下了紅襪隊生涯的第一個出局數。

下一位打者是戴夫・馬加丹（Dave Magadan）。他上場後先揮棒落空，接著看著我投到一好三壞落後。他認為自己會拿到一次保送，但我找到了好球帶，連投了兩顆好球，拿下了在紅襪隊的第一次三振。

只剩一千六百八十二次三振要拿了。

第一次先發，我投到了第七局，沒丟掉任何分數，只被打出三支安打，都是一壘安打，拿下了我在紅襪隊的第一場勝利。

接下來我們要面對的是水手隊，我不用出場投球，不過我吃了一頓我以為只是普通食物的鮭魚午餐。當時我們正要回返波士頓，奇怪的是，那一整天我的胃開始發出了一陣又一陣刺痛。

我沒理會胃痛的事，而是被我在芬威球場經歷的第一場球賽給震攝住了。這場主場開幕賽我不用出場投球，因此我能夠奢侈的沉浸在我新東家的草地上。我沒錯過這片綠意——那片草地，用粉綠色油漆妝點的內裝牆壁，特別是那片巨大的綠色怪物，就像我的**拉芬卡**，以及多明尼加大部分地方那樣的蒼綠茂盛，而且綠色是能讓我鎮定下來的顏色，我覺得這個體育場實在非常漂亮。等到球場大門拉開，看到那些開心、喧鬧不已的波士頓人紛紛入場在他們的座位坐下，無論球場播報人員說什麼，都會瘋狂吼叫與叫囂時，我終於意識到，自己再也不是在蒙特婁打球了。

水手隊的「巨怪」蘭迪·強森，是今天上場對抗我們的投手，而且他完全將我們給摧毀了，在八局的投球中三振了紅襪隊十五次。我們都留著胭脂魚（mullet）髮型，不過很難把我們兩個認錯。他有六呎十吋高，比我高了整整一呎，而且用左手臂投球，但我在那場比賽關注的部分是，他如何堅持將球往內角塞。我知道他還在博覽會隊小聯盟體系時，是如何艱苦的矯正自己的控球，我也知道巴比·庫埃拉為了讓他克服這些問題，下了多少苦工。

儘管到了第九局我們還落後五分，但我們打出了一個大局。我們先拿下三分，接著上場的是莫·范恩，滿壘無人出局。球數來到了兩好〇壞落後，范恩看準了保羅·史波加瑞奇（Paul Spoljaric）投出的一顆甜球，敲出了一支飛進右外野露天看台的滿貫全壘打。我感覺自己就像站在一條跑道上，有一架噴射機從我的頭上飛過。芬威球場整個沸騰了！現場三萬兩千八百〇五名觀眾爆出一陣又一陣的歡呼聲，由史丹多爾樂團（The Standells）演唱的開場曲〈腐水〉（Dirty Water）的吉他反覆樂節不斷的在我腦中響起。

我想，這就是璜·馬瑞科與丹·杜奎特之前提到的在波士頓打球的感覺吧。

隔天是我上場投球的日子。我跟莫一樣拉風，滿貫全壘打不是我能做的事，但我有其他本領。我走到球員休息區階梯最高層，要走到外野開始熱身和拉長球那一刻，觀眾的焦點都對準了我。球場仍然坐滿了觀眾，但「佩——卓、佩——卓」的歡呼聲與陣陣鼓掌聲不斷響起。而且現在不是才在熱身嗎？

「**沒問題，**」我心想，「**我喜歡這一味。而且我聽到你們的聲音了，我會試著不讓你們失望的。**」

站上投手丘時，腎上腺素將一直不散的胃部抽痛一掃而去。我在芬威球場投出的第一個球，被喬伊·科拉（Joey Cora）打了出去，是個一壘方向無傷大雅的小飛球，被莫牢牢接住。我沒放在心上。接著是艾利克斯·羅德里奎茲（Alex Rodriguez）：中間方向飛球，被中外野手戴蒙·比福德（Damon Buford）沒收。小葛瑞菲（Ken Griffey Jr.）的平飛球被游擊手諾瑪接殺。第二局對上葛蘭艾倫．希爾（Glenallen Hill）時，我拿下了在芬威球場的第一張「老K」，這一天我還要從水手隊打線再搜羅十一次三振。

我最後拿下了完封，只被擊出兩支安打，都是一壘安打，附帶兩次保送，以五比〇取得勝利。投完這次先發後，我得到蒙特婁一趟，去我的公寓把一些雜物打包帶走，因此我打了通電話給馬克．盧騰伯格，他問我到這裡時，要不要來博覽會隊晃晃。我想想，為何不呢？於是我們就來到奧林匹克體育場。馬克要我跟他一起去老闆的包廂坐著看球，但我說：「不了，我想坐得靠大夥兒近些。」我們就往樓下走，坐到靠近博覽會隊球員休息區的位子。菲利普．弗拉迪米爾．葛雷諾（Vladimir Guerrero）、烏蓋特還有警衛，大家都在——當下我有一種回家的感覺。我們就是隨便閒聊，就像以前一起打球的時候一樣。我承認，儘管我還是沉浸於第一次在芬威球場出賽的那股興奮之中，但此刻仍然能感受到我這個蒙特婁大家庭的強力拉扯。在攻守交換時，電視攝影機很快就發現我了，他們在計分版上的大螢幕播出我過去比賽的精采鏡頭。全場發出一陣嘆息，接著他們就開始一遍又一遍的呼喊著我的名字。最後全場起立為我鼓掌。

Merci beaucoup（謝謝你）。

au revoir（再會），總有一天。

我在紅襪隊的前五次先發，以一點七四的投手防禦率，拿下了五勝〇敗的戰績，那股莫名的胃痛，一開始沒能讓我獲勝的腳步慢下來。不過到了五月底，卻變得越來越嚴重了，而我身體也開始不對勁，甚至連胃口都沒有。球隊整天餵我喝蛋白質奶昔。他們希望我能將體重保持住，但這樣做完全沒用。除了感覺越來越虛弱，腹部刺痛也比之前要嚴重了。

我在波士頓的投手教練，是的，又是喬·凱利根。五月某次先發前，我記得喬問我：「佩卓，你能上場嗎？你得認真思考一下自己上場後是不是能夠好好投球。」我說：「不用，如果我站上球場，就表示我能上場，而且能夠投好球。」他說：「好吧，你就算只剩百分之七十的水準，都比聯盟其他健康的投手要強。」

沒有什麼比聽到喬說這些百分比的事情，還能更讓我幾乎忘記身體的不適了。

我的球速跟體重一起下降了——我掉了大約十四磅左右，這對於我這樣的小個子來說實在是太多了。我母親極為擔心我，說她相信我身上一定是有潰瘍或是腫瘤。球隊做了一切能做的測試來消除我們對這個最壞狀況的恐懼。我得到了一種頑強且嚴重的腸胃炎。我們的隊醫，亞瑟·帕帕斯醫師（Dr. Arthur Pappas）跟我說，我的體重掉的太快了，球隊想把我放進傷兵名單。要好好復原，得花五到六個星期的時間。

「你確定嗎，要花五到六個星期？」我問他。

「是的，你越來越虛弱了。」

「沒有，我不這麼認為。」我說。

我還是繼續投球。

好在，從那之後我就開始覺得身體比較好了，不過那是在我經歷了幾場艱困的比賽後才開始有這種感覺的。特別是其中有一場比賽，成了我的職業生涯中在芬威球場最黯淡的一刻。

六月五日，大都會來訪進行跨聯盟交流賽。我狀況極差，而大都會隊可說是占盡了優勢。我只撐了四局，被敲出八支安打，有四支是全壘打。從開始到結束，可說完全是一個大災難。

更糟糕的是我的老朋友麥可·皮耶薩現在也在大都會的打線之中，而他的出現，也喚醒了我心中一樁無法寬恕的不敬。

回到一九九八年三月春訓的時刻，我幫雷蒙買了一輛法拉利跑車當做他的三十歲生日禮物。我請全家人都飛到維羅，我自己也從邁爾斯堡飛到維羅海灘，親手把鑰匙交給他——我是搭乘單引擎飛機過去的，那讓我覺得自己好像坐在一張紙上般。在維羅時，我聽到了人家說，當我跟紅襪隊簽下那紙合約後，麥可·皮耶薩說了一些很重的話：「如果那個小雜碎把所有錢都拿光了，那他們要怎麼付我錢？」這就是我聽到的部份。我從沒找人去核實真相，但我聽到說法的來源應該是可以相信的。這讓我非常沮喪，因為我們曾是隊友，而且我以為我們處得還不錯。有人跟我說他只是開玩笑而已，但這仍然讓我氣炸了。我把這件事拋到腦後不去想它。

唉，你看看，一九九八年麥可從道奇隊被交易到水手隊，接著又到了大都會隊，這意味著六月五號時他將來訪，打第三棒。比賽開始前我穿過大都會隊先發球員時，我沒有放太多心思在我可以怎麼砸他，我只需要確保自己對他的情緒不會表現得太過明顯就好。很快的我就得到機會了，第一局，伯納德·吉爾凱（Bernard Gilkey）在一人出局時擊出了二壘安打，然後我在與麥可對決時投成了滿球數。

我不想讓麥可用他的打擊對我們造成傷害，因此我決定要讓他站上一壘，而且想試著讓下一名打者約翰·歐勒魯（John Olerud）敲出雙殺打。我恨透了保送打者這檔事，而且我不會浪費對付皮耶薩的這一球。只是我得想個更好的辦法讓這個小雜碎站上一壘罷了。

嗯嗯嗯。

想到了！

我投出了一顆直擊他左手的快速球。

這球將他打下球場，也讓他缺席了後面幾場比賽，但他沒事，骨頭沒斷。

之後我跟他在媒體上互嗆。他一派自在的說：「這讓你知道再多的錢都買不到層次。也許他應該投資點錢在學習禮儀上。」

我回嗆說：「他要討論層次嗎？好啊，他還在包尿布的時候就是百萬富翁了。他也沒比我好到哪裡去啊。」

這只是六月五號的一個插曲，當時我已漸漸習慣了這類的真人秀。最糟糕的地方是當我那次先發最後一次走下場的時候。那才只是第四局，而我也剛被轟出這場的第三與第四發全壘打。我的自尊心跟我的胃痛一樣慘烈。這是我第一次在新球迷觀賞下有如此差的表現，在眾目睽睽之下如同赤身裸體般從投手丘走到球員休息室，這種感覺無比煎熬，我只能全心全意的盯著釘鞋的鞋頭。後來我得抬起頭往上看，因為我聽到一個高聲、刺耳的聲音。有個滿頭不整齊白髮的老人站在球員休息區後方看臺，漲紅著臉皺著眉頭看著我。

「這就是我們花了七千五百萬美金得到的垃圾嗎？」

我什麼也沒說。我沒對他比中指或做出任何回應，但這是我最後一次在比賽場上近距離看著看臺上的任何一個人。這位老傢伙並不孤單。到處都有球迷對我飆著垃圾話。

比賽開打前，我前十二次先發拿下了六勝一敗，投手防禦率二點六三。我記得那時還想著，**「哇，大家也嚴厲了。」**我知道自己沒有拿出符合自己能力的表現，因為我目前的身體沒那麼健康。我也知道一旦你沒能拿出表現，波士頓球迷也會馬上對你飽以噓聲。

我得承認，這種變臉程度讓我完全沒有防備。

那天之後，我從未在芬威球場脫帽致意。無論投了場好比賽或壞比賽——既然他們沒拿出應有的尊敬，也就沒有互相尊重可言。

沒上場投球時，我是會跟球迷一起玩，跟他們閒聊並把泡泡糖丟給他們。不過從那天開始，我再也不會抬頭跟任何人打招呼。我會直接走進球員休息區。歡呼時舉手致意？當然，但要我脫帽表示敬意？別想。因為下一次我搞砸了比賽時我可能又會被噓，而我不會在面對噓聲時脫帽致意。我不想當個前後不一的人。今天一種態度，另一天又是一種態度？這不是我的作風。我無法理解或尊敬那些噓聲。

你噓我的時候，我就是你的敵人；你喜愛我的時候，我又變成了你的朋友？我是個始終如一的人。我愛那些球迷，大部分情況下都會尊敬他們，且永遠都會覺得若他們沒看到我沒付出最大的努力，他們就會噓我——這樣我沒問題。但我從來都是盡全力在投每一球，不應該受到噓聲的對待。

這些年來我幾乎沒讓球迷失望過。我在芬威球場出賽了九十六場——九十五場先發與一場中繼，拿下了五十八勝而且只輸掉十九次。在這之中面對我的打者打擊率平均只有二成一二。我在六百六十又三分之二局的投球中，防禦率是二點七四，三振八百零一次，被打了五十二支全壘打。其中有四支是一九九八年六月五號時被敲出去的。怎麼，大家上班時都沒有走過霉運嗎？在波士頓，這是無法饒恕的事。不是每個人都會用不可能達到的高標準看我，但總是有一兩個可悲的人這樣做。

這是我在波士頓經歷過最糟糕的一天，而且這事情居然發生在我到這裡還不到兩個月的時候。有人曾告訴我，泰德．威廉斯（Ted Williams）有一對「兔耳朵」，代表著他能從成千上萬的歡呼聲中，聽到隱藏在其中的一個噓聲。泰德．威廉斯在這一點跟我有相似之處，不過六月五號比賽結束後，我就馬上把我的兔耳朵用耳塞塞住了。那場比賽結束後，我還是會聽到許多噓我隊友的聲音，但我之後在波士頓的日子中，不記得有誰再一次直接噓我的。

我絕對不會忘記那個噓聲。

絕對不會。

成為紅襪人意味著喬．凱利根又變成我的投手教練了。他堅持我要跟其他人一樣在牛棚練投，而且他總是希望我出席每一次的投手會議。「我不要參加會議，我們上星期才跟這一隊打過，我幹嘛還要參加會議？」我會這樣問。我一直認為，這是因為他根本對於如何解決打者一無所知，而且他還會直接問我要怎麼樣解決打者這類的問題。這時我已經有自己的一套固定準備程序了，但我卻得為了參加這個會議中斷自己的節奏，還要聽喬問我說：「佩卓，你會怎麼料理這個打者？」

「喬，在場的各位都跟我不一樣。你是要我教威克菲爾面對這名打者時學我怎麼投嗎？」我們會像這樣不斷來來回回。我不覺得這樣很好玩。我不喜歡這個傢伙，我也感覺得到他仍然不喜歡我。

到了六月中，我終於覺得身體像是自己的了，我也又開始投得像是一九九七年的自己了。明星賽前最後四次先發，我以〇點九三的防禦率拿下了四勝〇敗。目前戰績是十一勝二敗，跟大衛．威爾斯一樣，同時我的防禦率是二點八七，低了他快一分。當時我的三振數也比他多了五十二次，一百四十二次對八十八次。

我會拿出威爾斯的數據，是因為當時我被選入了明星賽，而且我很有自信能拿下美國聯盟先發投手的位置。我飛到科羅拉多時就預期會是這樣發展了，但當時克里夫蘭隊的總教練麥可．哈格洛夫（Mike Hargrove）告訴我威爾斯將會擔任先發。哈格洛夫給的理由是說：「除了他上半季曾投過完全比賽以外，威爾斯還『很能投三振』。我覺得在全部的投手中，他可能是最能扛起明星賽開門戰這種壓力的人。他讓我們有機會拿下勝利。」

我幾乎每項投手數據都領先全大聯盟，我去年贏得賽揚獎，而且我還是帶著連勝進入明星賽，現在你跟我說威爾斯比較有機會幫美聯拿下勝利？

哈格洛夫的解釋無法讓我買單。

那時我決定就不出場投球了。呃，我的手臂感覺不太對勁。我跟哈格洛夫說我不能上場。「蠻痛的。」我說。

我其實不痛，只是氣炸了。我感到不受尊重，我也找不到任何得上場投球的理由。若他們需要我，那沒問題，我會上去投，但如果我沒法擔任先發投手，很明顯的，這裡沒有需要我上場的餘地。美國聯盟的官方人員找上丹・杜奎特，要他來勸我無論如何也要上場投球。

「你為什麼不去找總教練聊聊，跟他說他做錯了呢？別來找我，那個小鬼是聯盟最佳投手，先發是他應得的。」丹這樣說。我很感激他的支持。他認為讓威爾斯先發這項決定，就好像「把一頭公驢放在一堆賽馬面前」。他過來確認我的狀況時，我跟他說：「丹，我不覺得我得上場投球。」

「這是你的決定，我很高興看到你過來參加明星賽。」

哈格洛夫照他的劇本進行，用我的肩膀有點「小麻煩」來解釋為何我沒辦法上場投球。我被問到這件事時，我說我很好啊，不，對於這些已經過去的事情，我沒什麼好生氣的，我只是不想為了上場投個一局而打亂了我的出賽節奏。

明星賽過後三天，我對上金鶯隊時投了一場完投。接下來兩次先發則是要對上哈格洛夫的印地安人隊。我的手臂、肩膀、手肘跟整個身體都好的不得了。我的傲氣也恢復良好。

我下半季的投球表現跟上半季差不多好，八勝五敗，防禦率二點九一。八月時出了一點小意外，雙城隊的麥特・勞頓（Matt Lawton）在我球投到一半時站出了打擊區。這麼做與我的期待不符，因此我把球往他的膝蓋上丟。這麼做與他的期待不符。雙方板凳跟牛棚都淨空了，但沒真的打起來。

我以為自己下半季的總體表現已經很棒了，沒想到來了支火箭。「火箭人」羅傑．克萊門斯在下半季起飛了。克萊門斯在那年八月就滿三十六歲了，下半季代表藍鳥隊先發了十五次，戰績是十一勝〇敗。把原本三點五五的防禦率降到了一點七一，將三振次數從前十八次先發的一百二十次，提昇至後十五次先發投出一百五十一次。我不知道他是怎麼辦到的，真的不懂——這就像是有人對這支火箭施了魔法一般。後來我聽到有訓練員指控他使用類固醇，說一九九八年球季中，他親手將第一劑打在克萊門斯的屁股上。

我不在現場，因此我無法告訴你事情是否真的發生過。

我只知道那一年，火箭人贏得了賽揚獎。而我是第二名。

我們的先發場數相同，他比我多投了一局。他拿下二十勝，比我多一勝；三振比我多二十次；防禦率是二點八九對上二點六五，他比我低了〇點二四。

那一年要我投票，我也會投給火箭人。

數據騙不了人的，對吧？

第十五章　亡命任務

我可以點出為何我能在一九九九年球季繳出史詩級的表現，接著還能在兩千年重現同樣的表現，有四個理由。

1. 我能將曲球的控制力提升到跟我的快速球與變速球同樣的層次。
2. 當時我正值二十七、二十八歲，是所有棒球選手達到顛峰的年紀。
3. 我大哥也是最好的朋友雷蒙，來到紅襪隊與我並肩作戰。
4. 我的捕手變成了傑森·瓦瑞泰。

第四點是其中最重要的一點，促成這件事大部分要歸功於我和喬·凱利根那段令人作嘔的關係。

一九九八年時，我三十三場的先發中，其中有二十五場的捕手是史考特·海特伯格（Scott Hatteberg）。那一年的數據顯示出我跟他合作良好。史考特和我之間從未發生過問題，但後來發生了一些狀況。紅襪隊希望限制我在壘上有跑者時，使用揮臂式投球（slide-step）的次數。揮臂式投球是一種誘騙跑者的技巧，腿部的位移從伸展姿勢可以隨時踢向一壘位置，讓壘上跑者提心吊膽，害怕我隨時會牽制。紅襪隊的總教練吉米·威廉斯（Jimy Williams）不喜歡他的先發投手使用這個姿勢，因為他覺得這會干擾投手自然的投球節奏，也會導致受傷。因此若要我刪除這個遏止跑者的武器，那麼我希望若是跑者想盜壘，跟我搭配的捕手可以用強勁的臂力將他們阻殺出局。在這個部分，我偏好傑森的手臂，而非史考特。

我也偏好傑森接捕的能力，他傾向多配速球，有時候搭配一些變化球。

有一次我跟史考特之間發生了一些問題，但更大程度是因為喬太雞婆的關係，那次我上場投球時，他覺得這次他得開始幫我配球了。那是一九九九年四月，史考特配了一個我知道他配錯的球路。我不像一般投手只是微微的對史考特搖搖頭，而是相當目中無人、明顯的搖頭拒絕。但史考特還是繼續按照凱利根的指示配了同一種球路。那一局結束後，我問他究竟在搞什麼鬼。

「我只是做他們要我做的事。」史考特說。

「好，但別再這樣了。我是資深球員了，知道自己在做什麼。」

比賽時我想投什麼球，部分是反映了賽前我跟海特伯格，或所有跟我搭配的捕手事前一起做的準備功課，不過對我來說更重要的是從一局又一局的投球中，找出今天我投什麼球比較好或不好，並解讀對方打者且對我看到他們透露給我的信號，好指引我的投球選擇。

但喬一直幫我配球。而且史考特持續轉達他的指令，總是孜孜不倦地將板凳區傳來的暗號又重複了一次，所以我知道這個指令是打哪來的。

比賽結束後，我衝去找喬算帳：「這是他媽的由我主投的比賽，不用你幫我配球！」

喬忽視我。

配球的暗號也沒有停止。

這次我用別的方式來處理。

我雇用了傑森．瓦瑞泰。

一九九九年某天下午，我帶傑森到牛棚，喬也在場。瓦瑞泰當時二十七歲，跟我一樣大，比海特伯格要小兩歲，對大聯盟球員來說相對年輕了些。

「我想讓這個孩子接我的球，」我告訴喬，然後抬起下顎看著傑森，「我怎麼說，你怎麼做。」

那天傑森帶著他自己的捕手功夫走進牛棚，但接下來六年他都是用我的。這意味著他得放棄他在大學與小聯盟學到的技巧，重新適應我這套方法。一九九九年我第四次先發時，他開始擔任我的捕手，接下來我在紅襪隊的一百六十八次先發，有一百五十八場是由傑森蹲捕，佔了百分之九十四的場次。

我很清楚一九九九年與兩千年球季我的表現是多麼令人印象深刻，而且我在紅襪隊的七年表現都相當優異，但傑森理應與我共享這份榮耀。他將所知的一切都拋到一旁，乖乖蹲在本壘後方，變成我想要他變成的模樣。在我的眼中，這是極為無私的舉動，這個行為贏得了我的尊敬與感激。

前面我曾提過我對曲球的掌控度對比賽有多麼重要。一九九八年時算是不錯，但一九九九年有傑森在本壘板後蹲捕，讓我獲得煥然一新的信念。我知道該是配變化球的時候，傑森也會知道。他會毫不猶豫的打出變化球的暗號——開後門或是往後腳方向投，無論他想要我怎麼投，我都能把球送到那個位置。

一九九九年四月二十四，我第一次與傑森搭檔先發後，我的防禦率降到了三點〇以下，而且接下來一整個球季再也沒有高過二點五二。到明星賽時，我的成績是十五勝三敗，防禦率二點一〇，不過只算五月跟六月的話，數字則會降到二點〇。

一九九九年上半季可能是我成為紅襪人後最快樂的一段時光。我跟傑森聯手創造出了幾乎完美的成績。我覺得一切都在掌控之中，而且我喜歡這種感覺。

五月一日在奧克蘭，因為我是隔天才要先發，這一天我待在旅館房間觀看我們上一場比賽。這是一場拉鋸戰，到了第七局金．科西（Jim Corsi）在滿壘的情況下對上奧梅爾多．薩恩茲（Olmedo Saena）時，他特意將身體往前靠，用觸身球上壘賺到了一分。

隔天我在球場現身時宣布：「好的，大家聽好，奧梅爾多．薩恩茲這麼想被球砸嗎？看著吧！」

當我看到薩恩茲不在先發名單時，你知道我有多失望嗎？不過我的好運來了，他在第九局時以代打的身分登場。我投出的第一球，就不偏不倚的砸在他的背部中央。看上去就好像球是楔型的，然後像刀刃般插在他的肩膀中間，因為在他雙膝蹲地前，球好像花了幾秒鐘才緩緩的從他背上滾下去。

薩恩茲跟運動家隊沒拿這件事大作文章。當然，賽後我被問到了這件事，我也跟往常一樣否認自己是故意的，但我的回應有一半是事實。

「我沒有砸他的理由啊。但相信我，若你想愚弄我或是想做些讓我出洋相的舉動，我一定會砸到你屁股開花。」

到了五月中旬，我們慢慢漸入佳境並爬到了第一名。我試著用自己唯一知道的方式讓球隊保持輕鬆的心情，就是不斷的閒聊。在先發出場前的那四天，我從未讓自己的嘴巴閒下來。我擁有用不完的能量，要讓我停下嘴巴不說話可不是一件容易的事。捉弄板凳區其他打者是我的專長。這招曾經多次成功干擾其他球隊，這樣做我完全不會感到困擾。不過有時候也會干擾到我自己的隊友。六月時有一次，我們對上白襪隊時取得了大比數領先，我的閒聊聲太吵，也太常碎嘴了。我的隊友諾瑪看不下去了，就用白色繃帶把我纏起來，綁在球員休息區的竿子上。這還是在球員休息區前面加裝護網之前，而且我知道吉米對此不太高興，因為他認為這樣我就沒辦法保護自己不被界外球砸到。儘管後來我心裡是希望隊友會保護我，但當下我沒想太多。不過可能我太吵了吧，沒人想要保護我。我覺得這蠻有趣的，而且綁住我的天才忘了把我的嘴巴封著，所以我嘴巴還是沒停下來。諾瑪最後終於有氣無力的把我的嘴巴封起來，但當時大家對他封嘴的行為都笑的嘴不合攏。

有一場比賽我沒來由的只因為有一頂尤達大師的面具，就把它戴上，我覺得這超有趣的。同時還穿著金・科西的球衣以及瑞奇・賈西斯（Rich Garces）的球褲，這兩個人都是大隻佬。我悠游於這套球衣之中，不過只贏得了少少的笑聲，於是任務宣告結束。我們完全的放鬆，是段美好時光。

一九九九年明星賽是在芬威球場舉行，我心想這真是個美麗的巧合。這座球場、這個城市以及這支球隊將成為這項運動的中心。我也很清楚這次我不可能連續兩年被冷落，無法先發出場了。若是洋基隊總教練喬・托瑞（Joe Torre）敢挑別人不挑我先發的話，芬威球場外頭的街道一定馬上就發生暴動。

我很早就發現自己會是先發投手，這次參加明星賽，我很希望能夠在球迷與所有熱愛棒球的人面前好好的秀一下。

明星賽前一晚是全壘打大賽。那股氣氛十分帶勁，而且我們都非常愉快的放鬆心情站在草地上，觀賞這些大隻佬的表現，特別是國聯來的那個傢伙，把球全都砍得不見蹤影。馬克・麥奎爾（Mark McGwire）好像發瘋一樣，在第一輪時敲出十三支好高好高，然後飛過綠色怪物的全壘打後，我得為了全世界投手的利益著想做點事情。下一輪比賽前中間休息時，我往他走去，跟他索要他手上的球棒，並對他搖搖頭就像是在說：「**不能再這樣下去了**。」他把球棒遞給我，然後我就馬上跑走了。最後我還是把球棒還給他了，因為儘管馬克臉上笑笑的，但他的前臂跟我的大腿一樣粗，為了我自己好，還是讓他繼續打吧！

隔天晚上比賽開打，但這次的情勢比我過去參加過的三次明星賽都要更緊張許多。對我而言，我得好好利用這次的機會，在這一刻將我的技藝表現出來。對大聯盟來說，這次也無疑的幾乎是一次強大力量的展示。馬克跟山米・索沙（Sammy Sosa）在上一季雙雙打破了羅傑・馬里斯（Roger Maris）跟貝比・魯斯保持的單季全壘打記錄，而且到了一九九九年球季結束，他們的全壘打次數又再一次接近這個數字。這年的全壘打比賽就像場誇張的卡通秀，但明星賽就是一個看看麥奎爾和索沙能拿出什麼表現的合理平台。（貝瑞·邦茲沒參加明星賽，那年他以戲劇化的龐大身軀以及背瘡參加春訓，四月底他的三角肌腱就撕裂受傷了。）

喬·托瑞和他的妹夫在比賽開打前，跑到了吉米在芬威球場的辦公室。喬正在聽他的妹夫不斷說著國聯先發打線的砲火有多麼威猛，以及他們會打出多少隻全壘打。

「佩卓會把他們每一個人都三振掉。」喬對他說。

「啥？你到底知不知道對方有哪些球員？」

「知道啊，但我不在意——他會三振掉每一個人。」

喬幾乎說對了。

我將自己強化至過去幾乎沒達到過的層次。一般我會在站在佩斯基竿前面跟捕手做先發前的長傳球練習。每投一球我就會往後站幾步，一直退到中外野牆邊。這是我讓手臂放鬆並熱身的方式。每個投手都會這樣做，到現在仍然如此，但我絕對是投最遠的一個。賽前介紹「一百大偉大活傳奇」前，他們全都站在中外野露天看臺的正下方。其中一人，布魯克斯·羅賓森（Brooks Robinson）對丹·杜奎特提到說，他認為我今晚長傳球時似乎有些過度興奮了。我投球的時候實在太過緊繃了。我覺得自己還在控制範圍內，不過我跟國聯先發投手柯特·席林是今天場上唯二對於他們介紹那些傳奇球員時帶有負面情緒的人。那時壓軸的泰德·威廉斯乘坐高爾夫球車抵達現場，當那些「活傳奇」與目前所有的明星球員——席林和我，以及我們的捕手麥可·皮耶薩與「矮胖子」伊凡·羅德里奎茲（"Pudge" Ivan Rodriguez）除外，所有人都聚集在投手丘附近，圍繞在高齡八十的威廉斯身旁時，我從牛棚看得出來那是個神奇的一刻。公共播報員要求球員離開球場，這樣比賽才能準時開始，但他們忽視這項請求，這意味著比賽要比原訂計畫要晚上半個小時。除了雙方投手我跟席林以外，沒人會在意這種延遲的理由，我們總是將熱身的時間精準到以分鐘計算，因為延長熱身後身體又冷下來可能會造成不好的後果。席林說他在這場比賽以前就已經投太多了，球季後又因為過度使用，而得進行肩膀微型手術。那天晚上席林投得不是很好（投兩局、被敲兩支安打、丟掉兩分），但我如同自己希望的一般好好秀了一手。

矮胖子跟我一起熱身時，他說今天晚上我怎麼說，他就怎麼配合我，只要我覺得開心就好。我跟他說，那我一定是丟快速球的啊，我才不想丟其他球種呢。

第一局：貝瑞·拉金（Barry Larkin）、賴瑞·沃克與山米·索沙。三上，又三下，三次三振。拉金跟我演出一段強硬的對陣，跟我纏了八球，最後我投了一顆變速球給他，讓他揮棒落空。我的老隊友賴瑞看著我祭出九十七英里的火球塞進外角角落將他三振，山米則是攻擊我的九十六英里偏高快速球揮空，吃下了三振。

下一局一開始的麥奎爾則是追打我投出的一顆紅中偏高九十七英里火球三振。下一個上場的，是我原本在巨人隊的老敵人麥特·威廉斯，現在他已經轉到響尾蛇隊了。他說自己上場打擊時只想到要碰到球而已，然後我投出了第一球是變化球他就揮棒了。「我真的很開心。」後來他聊到那記羅伯托·阿諾馬沒處理好的「強勁滾地球」時，這樣說道。威廉斯因失誤上壘。沒能三振威廉斯，我沒有很生氣。我比較驚訝他居然可以把我的變化球打進場內——他通常會瞄準快速球打才對。傑夫・巴格威爾（Jeff Bagwell）揮打我的變化球吃下三振時，麥特也起跑了，矮胖子將球往二壘投刺殺了麥特，拿下了第三個出局數。

喬基於一點決定將我換下：我已經投出五次三振了。只要美國聯盟拿下比賽的勝利，我就會被選為最有價值球員。

比賽結束後，我的肩膀有點疼痛，但我覺得這只是一般的肌肉酸痛而已，不過在五天後的下一次輪值先發前，我都無法按照平常自己的例行程序進行訓練。明星賽後的首次先發，對手是馬林魚隊，肩膀實在是痛到不行，所以我只撐了三又三分之二局就下場了。我得待在傷兵名單最少兩個星期。當我耐心休息完回到球場，在八月時投了兩場短局數且都只掉一分的比賽同時，肩膀的狀況又變得越來越嚴重了。

這也是我在八月十四日下午，我歸隊後的第三次先發時，我會比平常先發日還要晚抵達球場的原因。我在家先做了一些伸展，並且做了些水中復健。我抵達芬威球場時，比表定的比賽時間要早了九十分鐘，但我在停車場花了很長的時間跟服務員喬說話。我已經做完全套的伸展了，可是距離比賽時間還有一個小時。我不喜歡等待，明明這段時間我能做的就只有換上球衣而已。不過喬・凱利根總是想要我早一點到球場，就喬與吉米的標準而言，我那天肯定沒有夠早出現在他們視線範圍之中。

我大概在比賽開始前四十五分鐘走進球員休息室後，吉米跟我說，今天我不用出場了。我整個呆掉了。我知道這是喬．凱利根幹的好事——他試圖要向我說明我的守時問題，但我認為這是我自己的問題，我總是有自己的作法。

「吉米，」我懇求說，「從我擔任先發以來，從未缺席過任何一次輪值，這會是我第一次跳過先發。」派．韓特根（Pat Hentgen）跟我正在競逐沒跳過先發的紀錄，而且我從一九九四年在道奇隊時就一直保持這個記錄到現在。我很在意這項連續記錄。將我這個記錄擋下來後，凱利根終於可以說自己曾為我做過一件事了。

我觀望四周尋找援手。

我抓來麥可．史丹利（Mike Stanley），他是資深球員的領袖人物之一。

「史丹利，」我說，「我向你保證，比賽結束後我會跟你好好解釋一番，拜託幫我跟吉米解釋一下，告訴他。你是我們的隊長，告訴吉米我得上場投球，而且我已經準備好上場了。」

我還在到處拜託人幫忙時，喬飄到我附近，而且在確保我會聽到的情況下，用他那含糊的費城口音說：「布萊斯．佛若瑞（Bryce Florie）我們走吧，準備先發。」接著喬就走出一片寂靜的球員休息室。我整個人頭暈目眩。此刻我只能試著將每次斷線暴走前那份不斷高漲的憤怒盡量遏止住。

我沒有敲門，直接推開吉米辦公室的大門。

「沒錯，吉米，我要上場。」

「你不會上場。」

「天殺的，我要上場！」

吉米的臉漲得越來越紅。他跟我一樣難纏，我看他一副絕不讓步的樣子，就問他要怎麼跟媒體說這件事。

「就你遲到啦。」

這句話讓我再一次發火。我又對他重申一次我沒有遲到，接著我們又開始互相大吼。史丹利聽到我們吵架的聲音後，說他這次不會幫我背書。這一刻我完全失去了對他的尊敬。我再也不喜歡他、不喜歡他出現在我的比賽之中。在當時，我是隊上最有貢獻的球員，而他那年表現的非常差，三振一堆卻能天天出賽——這樣的人居然背棄我，讓我完全無法理解。球員要互相團結起來才對，球員一邊、教練一邊。上場打球的是我們，不是他們。他們用腦、我們聽從指令，但實際執行掌握在我們手中。球員應該挺球員。假使比賽結束後史丹利要找我算帳，說：「佩卓，你投的一場糊塗，我要罰你十萬元。」我會心甘情願的掏錢出來，因為那是隊友告訴我，我將比賽搞砸了的肺腑之言。

但上述的情節這次沒有發生。

我走出球場，坐在牛棚裡看著佛若瑞熱身，無法理解為何這支球隊要用如此極端的步數對待我。比賽開始，我們很早就取得了領先，但佛若瑞在第五局就把燃料燒光了，在投完第五局取得勝投資格前，就需要中繼投手上場了。

電話響起。我們的牛棚教練約翰·坎柏蘭（John Cumberland）接起電話後跟我說，吉米想要跟我講話。

「佩卓，你做好上場投球的準備了嗎？」

「你怎麼這麼晚才打來？」

準備好前我就上場了，但我投到了比賽結束，包辦最後四局，被打出三支安打，丟掉一分並拿下勝投，這是我本季第十七勝。

我把球衣留在芬威球場然後驅車回家。

這裡是波士頓，棒球在此地擁有神聖的地位，當然，我的下一場先發受到了嚴密監控。一間本地電視台派了一位攝影，就站在球員停車場看我何時抵達，我看到那個傢伙時念了他一頓。這次我一走進球員休息室，就看到丹在裡頭，他也被我念了一頓。

「你是來這裡看我是否有在比賽前兩個小時抵達嗎？我可以進去那個操他媽的球場了嗎？」

我對於得要解釋自己的行為感到非常尷尬，因為我以為吉米應該處理好媒體這邊的事情，而不是把爛攤子留給我。這整件鬧劇是到目前為止我對吉米最不爽的地方。除了這檔事，我們相處得頗為融洽——我待在博覽會隊的時候他就跟我很熟了，當時他站在勇士隊三壘指導教練的指導區上清楚的看著我投球。

之後我們兩個也沒出過問題，但我從未理解為何他跟喬那一次會那麼粗暴的對付我。

我的投手防禦率相對暴漲了，從明星賽時的二點一〇，升高到八月中我手臂狀況漸漸穩定下來前的二點五二。

九月十日時，我已明顯的將受傷的問題解決了。

那天晚上是我這一季第一次在洋基體育場先發出賽，我感到十分焦躁不安、疲憊且狀況極差。儘管我們星期三在奧克蘭是白天出賽而且星期四在紐約先休了一天假，我仍然決定不要比球隊先一步飛到紐約準備星期五晚上對洋基隊系列賽的開門戰。

喬・凱利根要求我參加投手會議，但我還躺在水療池的漩渦中，試圖要放鬆並多伸展一下，好緩解所有肩膀的不適。

一如往常，喬・凱利根對我沒有出現表現出非常驚訝的態度。

「你不來參加會議嗎？」

「不了，我之前面對過那些傢伙了。還有什麼狀況是我沒遇過的嗎？」

「好吧，你最好自己能找出讓基特出局的方法。」

「喬，你跟基特為什麼不找個地方一起打手槍去？」

聽到這句話，他整個笑了出來，不過這個舉動讓我更暴躁了。

走上球場後，我發現自己的快速球投得相當不錯。體能上，我感覺沈重且遲鈍，儘管我是帶著怒意投球的，但我的快速球並沒有減緩速度，而且整個晚上我都把球控得很好。我投球的樣子就好像我想要有人過來惹火我一般。作為一名投手，有無數個夜晚你會探尋某人去做某些事，做任何能讓你進入狀況的事，那天晚上，我就是向洋基隊出氣。

當晚我投出的第二球就砸到了恰克・納布拉克（Chuck Knoblauch），但傑森將試圖盜壘的納布拉克刺殺出局。下一局兩人出局時，奇里・戴維斯（Chili Davis）猜到了我失投的快速球。這支全壘打讓我非常驚訝——我完全沒預期到會是這種狀況，而這一球也讓我更帶勁，繼續用這種態度投下去。

奇里這支陽春全壘打是我今晚唯一丟掉的分數。我完投九局。除了抓到盜壘的那個出局，後來九個出局數平均分成三個飛球、三個滾地球以及三個內野飛球。投完第四局後，洋基隊連支像安打的球都沒打出來。其他十七次出局都是三振——這是我生涯單場最多三振數，也是面對洋基隊的投手投出的最高記錄。

後來，我說：「拿下這個記錄我已經很滿意了。」我字字真心。

不過到了十月初，我食言了。

紅襪隊以外卡的身分進入了季後賽。

第十六章 佩卓來也

有些事情就是在一緊一拉之間產生——這就是我對上吉姆．湯米（Jim Thome）時投出第一球後最大的感觸。

那是一九九九年美國聯盟分區季後賽第一場時發生的事，我們在第四局時以二比〇領先。我的控球跟進球點都沒有任何異樣——那次受傷全然出乎我的意料。也或許是明星賽那次的疼痛所帶來無法預料的結果。我在場上待到了那局結束，不過我一跟吉米和喬說發生了什麼事之後，他們便馬上把我換下場，並找來一整個醫療團隊檢查我的身體狀況。

球隊宣稱我是持續性的背部緊繃，但其實是我的背闊肌扭傷了，而且沒人有辦法回答我，我的扭傷有多嚴重。起初，我很害怕最糟糕的狀況發生——我傷的很嚴重而且需要動手術。我這輩子從來沒有這麼痛過，至少在我慣用手肩膀下方的這個位置還從未有過，因此所有最糟糕的情況在我腦中演練過一輪後，我驚慌了一小段時間。

醫生們先用消炎藥和電療來減緩我的不適，並試著要向我保證只需要讓那個區域休息幾天就能夠康復。

同一時間，我們以丟掉原本的領先優勢，輸掉第一戰告終，而後我們又輸掉了第二場，球隊處於淘汰邊緣。雷蒙在第三戰的好表現讓我們獲得一線生機，並以二十三比七擊敗印地安人隊拿下了第四場比賽。關鍵的第五戰要回到進步球場（Jacobs Field）舉行。我在系列賽期間，會到外野輕鬆的投點球，但緊繃的感覺一直沒有消失。

然而，我不想就這樣乾脆的關上投球之門，因此我一直告訴所有人耐心等著我，讓我試試看到了第五戰時感覺會不會好些，那天是十月十一日，受傷後的第五天。

很明顯的，我沒有先發，不過有布瑞特・薩巴海根（Bret Saberhagen）坐鎮，我祝福球隊不會需要我上場。但我仍然準時到球場整理情緒，以免我能夠上場投球。

前往球場前，我跟丹・杜奎特在飯店電梯相遇，他順道載我到球場。

「佩卓，你得決定自己是否準備好上場投球了，」丹說：「你未來還有大好的職業生涯，但我也知道你整個職業生涯都在想辦法抓住這個機會。」

「我覺得自己已經準備好上場投球了。」

「好吧，用腦袋思考一下。你是聰明人，做出正確的決定吧。若你做好投球的準備，就跟總教練說你做好出場準備了，然後做你該做的事吧。」

我在下午兩點的時候走到外野做傳接球練習。我的背還是不太正常，覺得有些僵硬，但我還能投球。比賽開始前，我不想跟吉米透露任何事。不過比賽很快就變質了。布瑞特還沒投完第二局，就被敲出四支安打並丟掉五分。等到德瑞克・洛夫投完第三局後，我們以八比七落後。

目前情勢需要我做點什麼。我不是想當英雄，只是想聽從內心的想法行事。我不想以這種方式結束，儘管這樣會讓我的職業生涯陷入危險的境地，也不想無能為力的坐在場邊眼睜睜的看著球隊輸球——這就是我。

我走進球員休息區找吉米。

「吉米，我很抱歉，但我要去牛棚試著熱身，看看我能做什麼。」

「不，佩卓，若你能上場，也應該要最後上場，只投一局，最多兩局然後投十八到二十球就好。」

「吉米，是時候了。我很抱歉，但我要去看看我能做什麼，若是可以的話我就要上場。」

「去你老天的，佩卓，我不能讓你這樣做。我不想你把自己弄傷，而且如果我讓你這樣做，我的工作也要丟了。」

「沒得談，吉米，我現在就要上場。」

就跟往常一樣，喬．凱利根什麼意見也給不出。他就站在一旁，像是什麼都不知道一樣裝著白痴。

四局上半開打前，我往牛棚走去，在進步球場友善球迷的注目下，花了大約五秒鐘從球員休息區走出來。

快走到牛棚時，我聽到看臺上傳來：「操你媽的，佩卓，別走進去啦。」

羅德．貝克（Rod Beck）正在熱身準備上場。第四局上半，我們追到八比八平手，他應該是等著要在四局下半上場。

我知道吉米不會撥電話過來要求我上場比賽，於是我直接問貝克：「嘿，射手，假使我可以上場投球的話，你會把機會讓給我嗎？」

「當然阿，大仔，你是隊上的王牌，這不是明擺著的嗎？假使你能投，我就坐在這裡的板凳上看你表演。」

我開始熱身。我們的牛棚捕手達納．列凡吉（Dana LeVangie）非常擔心我的狀況。他看得出來我手臂舉得有多低，不比我的屁股高多少。

「只是確認一下你的狀況是不是可以上場。」他說。他的舉動很像雷蒙，就好像他是我牛棚裡的大哥一般。

「我的老天啊，小佩，你的力氣出不來，」達納說。「為了安全起見，假使有任何不對勁，你就給我滾出去。」

右外野看臺，客隊牛棚正上方處，整晚嘲諷聲都特別大。我聽到大家叫我「食豆人」（beaner）[1]，他們不是在說我是獵頭者，而是侮辱以豆類為食的拉丁美洲人。更糟糕的是，有個傢伙把身體伸到欄杆外說：「佩卓，如果你今天敢上場投球，就等著吃子彈吧！」

他這席話真的惹怒我們牛棚教練約翰．坎伯蘭了。

1 此單字也有專門瞄準打者頭部狙擊的投手之意。

「我會讓你知道誰要吃子彈，你這槍娘養的。」他說這話時，我們正在呼叫克里夫蘭的警察過來把那個傢伙逮住，後來讓他給跑掉了。我心想，「**我的天啊，這些人也太超過了吧，為了比賽還試圖殺人？**」過去我聽過很多人直接對著我罵了許多髒字，可是「等著吃子彈吧？」我覺得很擔心，不過看著坎伯蘭追在那個傢伙後面的樣子讓我笑了出來。我真的很感激他為我這樣做。

上場時我盡量保持智取，不要過度燃燒生命。腎上腺素開始作用後，我的不適感降到了最低。上場後第一局投球，印地安人隊三上三下。我能夠從打者臉上的表情，以及印地安人隊球員休息區裡球員的表情中，看出他們現在的心情。

走回球員休息區時，我站在階梯最上層，把釘鞋上的泥巴敲掉。當我望向坐在板凳上的隊友時，才發現他們都瞪大了眼睛看著我。我掛著一副比賽時表情的模樣，大聲宣布：「佩卓來也也也也——！」

雖然我沒直接聽見，不過有兩名隊友，內野手盧・莫隆尼（Lou Merloni）以及我過去的捕手搭檔史考特・海特伯格一直在討論說，只打到分區系列賽跟打進聯盟冠軍系列賽兩者的季後賽分紅差多少錢。他們覺得大概差了八萬美元。海特伯格跟莫隆尼說，假使我們拿下這場比賽並挺進聯盟冠軍系列賽，他就要把這筆錢拿去在他房子後面蓋一間收藏釣魚繩鉤的小屋子。

當我宣布自己重回球員休息區時，海特伯格正轉向莫隆尼說：「我要替自己蓋間小屋子。」

第七局時，特洛伊・歐雷瑞敲出了一支三分砲，讓我們取得了領先。

我撐完了比賽後面六局，沒送出任何安打。

第九局下半，拿下最後出局數時，是我棒球生涯中最令人欣喜的一刻。我的隊友衝上來攙扶我離開球場回到球員休息室，我們在那裡大灑香檳、抽雪茄，無比興奮的瘋狂嬉鬧。

兩天後我們在美國聯盟冠軍系列賽對上洋基隊，在布朗克斯開打。前兩場打完我們以二比〇落後，而第三場是我和羅傑．克萊門斯主投。媒體以此大作文章。《波士頓先驅報》的頭版下了「巨投對決」的標題，把這場比賽當成重量級拳擊賽般渲染。前一天，我被問到許多問題：「你的背傷狀況如何？你和羅傑誰的壓力比較大呢？你有多了解羅傑？羅傑回到波士頓出賽代表著何種意義？」諸如此類。

與對手投手比拚這件事，我只是輕描淡寫的帶過。投手就應該這樣，我強調自己不是在跟羅傑比拚，而是與洋基隊奇蹟般強悍的打線對決。我對九月時投出那場單場十七次三振的比賽記憶猶新，而且媒體用盡所有方法要將這場比賽導向羅傑與波士頓這座城市之間的陳年怨恨。

「羅傑得處理這個問題，但我不用，」我說，「我知道他們喜愛我，而且他們會給予我熱情的掌聲，無論我對哪個人投出了兩好球，他們便會期待我將對方三振，並在牆壁上貼上『K』。因此我沒什麼好在意的。我也不太在意羅傑跟本地球迷之間的互動。我幫不上忙。我只能顧好自己。就像我曾說過的，我只能盡力在投球丘上拿出最佳表現。走下球場，我就回家休息，我不希望你們或任何人跟在我屁股後頭，因為那是我自己的生活。無論羅傑跟這裡的球迷有什麼互動，這都是他的事。讓他自己去搞定吧。」

羅傑並沒有處理得非常好。

我們家那神奇的打線，在第三局首名打者從羅傑手上敲出一壘安打後，便順利將他打了下場，這時他已經被敲出六支安打、兩次保送並丟掉四分了。那天全場觀眾從頭到尾都用冷酷無情的態度面對羅傑。第一、二局他們不斷的吼著「羅——傑、羅——傑」。就算投不出犀利的快速球，我還是將封鎖對方七局，只被敲出兩支安打，並投出了十二次三振。

比賽接近尾聲時，嘲諷的口號變成了「羅傑——在哪裡？」後面接著「回家——洗洗睡」。

我們拿下了這場比賽，但不幸的是後兩場比賽我們都輸了，在第五戰結束這個系列賽。

去年我在賽揚獎票選拿到第二名，我的數據雖然跟羅傑接近，但都輸他一些。但今年不同，我在一九九九年投出的數據在大部分項目都獲得了長足的進步，與其他美國聯盟的投手都有一段顯著的差距。

我最後的成績是二十三勝四敗、防禦率二點〇七、三百一十三次三振、WHIP〇點九二三、平均每九局被安打數六點八、平均每九局被全壘打數〇點三八、平均每九局三振數十三點二、三振—保送比八點四六、ERA＋兩百四十三，以及九點七的WAR。

下一名跟我差了五勝、防禦率低了幾乎一點五〇，也比我少了一百一十三次三振。

那一年美國棒球記者協會（The Baseball Writers' Association of America, BBWAA）全票通過，讓我贏得了當年美國聯盟賽揚獎，這是我第二次全票通過，也是第一次在美國聯盟奪下這個獎項。

能拿下這座獎讓我非常愉快，而且獲獎的過程中沒有任何人駁斥或質疑我奪獎的合理性。差不多時間，美國聯盟最有價值球員的票選結果也將在幾天後出爐。我知道很少有投手能拿下這個獎項，不過七年前有名救援投手丹尼斯・艾克斯利（Dennis Eckersley）曾經贏得美國聯盟最有價值球員。羅傑也曾在一九八六年替紅襪隊奪回此一獎項。

我以排名第二作收，落後「矮胖子」十三分。棒球記者們採用一種計分系統來統計出最有價值球員獎項花落誰家，二十八名記者是由美國聯盟十四個城市中各選出兩名BBWAA成員，投下他們手上的十張選票。第一名選票價值十四分，第二到第十名的分數權重依序下降：第二名九分、第三名八分，以此類推。

矮胖子這個球季的表現極為優異：防守表現極佳，加上他還有二十五次盜壘、三十五發全壘打以及一百一十三分打點，打擊率來到了三成三二。

票選前五名，排在矮胖子後面的是我、羅伯托・阿洛瑪、曼尼・拉米瑞茲（Manny Ramirez）、拉斐爾・帕梅洛（Rafael Palmeiro），我們全都繳出了非常強大的數據。

我得到了八張第一名的選票、矮胖子得到七張，羅伯托、曼尼跟拉斐爾各得到了四張第一名選票。《紐約郵報》（*New York Post*）的記者喬治・金恩（George King）將他的第一名選票投給了洋基隊的戴瑞克・基特。

我還是篤信自己理應壓下矮胖子拿下那座最有價值球員獎，但時至今日，我也能理解一九九九年的得獎候選人各個都有得獎的理由。

他們確實有進行閉門會議討論此事。

當時我並不清楚且在後來幾年持續困擾著我的是，為何金恩和《明尼蘇達明星論壇報》

（*Minneapolis Star Tribune*）的尼爾三世（La Velle E. Neal III）會完全將我排除在他們的投票對象之外。在他們的眼中，我竟連第十名的資格都沒有嗎？就算他們將聯盟第十名最有價值球員的票投給我，還是不足以讓我得到第一名。我離最有價值球員獎還差了十四分。不過這兩名記者若投給我特定排名的票，像是第二跟第六名的票，或是第三或第五名，就足以讓我獲勝，不過這個數學問題從未真正實現。

很自然的，我會詢問個別記者為何不把票投給我。到了最近，在二〇一四年時，尼爾三世再次重申他當時的信念，即投手不應該得到最有價值球員的票，因為他們已經擁有屬於投手的賽揚獎。他說他後來慢慢改變想法，對這個議題抱持開放的態度，這樣讓他比較能將投手與其他守備位置的球員做比較，他也說到若他擁有二〇一一年的選票，那一次是底特律隊的賈斯丁·韋蘭德（**Justin Verlander**）贏得了最有價值球員，他也可能會把票投給韋蘭德，因為他或許會推斷出「他是最佳球員」的結論。

二〇〇〇年紅襪隊造訪明尼蘇達時，有人跟我說尼爾三世就在我們球員休息室裡正在進行賽前訪問。過去我從未見過他。他終於發現我在看著他時，便走上前來自我介紹。我往後退並用兩隻手指著他說：「你沒投票給我，就連第六、第七或第八名都沒投給我。」

「沒錯，佩卓，但我聽到有人引述你的話說你一點都不覺得沮喪，而且大家都有做出自己選擇的權力啊！」

我繼續盯著尼爾三世一陣子，他是非裔美國人。然後我說：

「而且這個人甚至看起來跟我有點相像。」

我說這句話時，還帶著微笑。

尼爾三世跟我說，那次投票後他收到了四百多封電子郵件，都是用不同角度闡述他們的憤怒與沮喪。洋基隊的球迷則是認為他幹了一件了不起的好事。他告訴我自己還收到了許多聽起來帶著濃厚東岸口音的語音留言，留言中多半都是對他烙下了辱罵黑人的髒話。投票後兩年，還有紅襪球迷四人組打電話給他，要他牢牢記住自己那次投票投得有多糟。

我仍然認為他那次投票投得相當差勁，但至少他的態度始終如一。

我不確定喬治．金恩是怎麼想的。

我認為喬治將第一名選票投給基特，是告訴所有人他來自何處的方式，若這還不夠的話，事實上前一年，也就是一九九八年，喬治的最有價值球員投票名單中，還放進了洋基隊投手大衛．威爾斯。

這裡有兩個讓人生氣之處使我很在意；他很清楚的讓我知道他對誰展示了忠誠；在他投完一九九八年的票後，他聽從了某人的話並決定若他再有投票的權力，他不會再把票投給投手。天才喬治聽信了一種說法，即一名投手一季大約有三十五次先發機會，只參與了球隊大概百分之二十二的比賽，因此他不可能有成為最有價值球員的機會。

投票結果宣布後，喬治隨即前往安圭拉度假，他要離開前當地遭受颶風侵襲，因此他推遲了回到文明世界的時程。

我們隔了很多年，到了二〇〇二年才見到面，我跟他說，我對於他最近報導說我的肩膀，而非腹股溝受傷這件事感到非常沮喪。他詢問我意見時，我們簡短的討論了一九九九年那次投票，他也把整段「先發投手不像其他守備位置的選手般具有影響比賽的能力」論調重複了一次。當時更讓我煩心的是，家人特地打長途電話來問我那不存在的肩膀傷勢，這比一九九九年的票選讓我更不開心。

時至今日，藉由觀察記者投票時的選擇，我懷疑其中擁有潛在的歧視問題。二〇〇二年，我在美國聯盟賽揚獎的票選中，以十分微小的差距輸給了貝瑞．齊托（Barry Zito）。

我覺得只要一遇到獎項，像是喬治或尼爾三世這種人投票的方式，就只是為了讓自己成為注目的焦點。我甚至懷疑這兩人一九九九年時根本就是合謀針對我來投票，不過有很多我信賴的人一直跟我說，不要陷入那些陰謀論之中。

好吧，不想了。

能說能做的我都處理完了，我相信一九九九年我曾遭受不公平的對待，我實在想不到任何合理的理由，讓我無法出現在所有二十八個投票人的名單之中。喬治與尼爾三世有自己的見解。可惜的是，對我來說，他們兩人的見解是錯誤的。

第十七章 藝術與技藝

作為一名投手，一次先發對我來說，是從上一次先發結束後開始算起。

我會先花幾天讓身體復原——不投球，單純跑步，在芬威球場球員休息室的跑步機上跑。我會一邊聽著多明尼加音樂，一邊看著無聲電視，我們的錄影統籌比利·布洛班（Billy Broadbent）會幫我找出一些投手的投球剪輯。我對其他投手做功課的興趣比對打者做功課的興致高，因此我會找一些風格跟我類似的強投最近的投球剪輯，像是提姆·哈德森（Tim Hudson）、尤翰·山塔納（Johan Santana）、羅傑·克萊門斯等人，看看他們遭遇我接下來的對手時，是怎麼投的。

打者是左打或右打者都無妨，這是很簡單的球速問題：他們能否應付我的快速球？若打者對上述三名投手的速球都會反應不及，那他也無法及時對我的速球做出反應。我的變化球投得比羅傑要好，不過當他狀況絕佳時，其快速指叉球擁有壓倒性的威力。我們的快速球實力則是相差不遠。我會看羅傑怎麼教訓對手。若他是用快速指叉球料理對手，我就會嘗試用變化球對付他們。越近的比賽越好。這個例行程序能讓我辨識出打者的癖好，像是打者會怎麼猜球、什麼球會放過、揮棒路徑為何。看完後就把這些資料裝進我的記憶庫。

若我在先發中間的空檔進行場邊練習，主要的目的，就如同我一直被教導的，要對我的劣勢下功夫，而非增加我的優勢。若我上一次先發在變化球的掌控上出了問題，那麼我就會想要調整投球機制，將姿勢調整正確。通常投完一球後，我就會馬上知道無法掌握進球點的原因。調整為正確姿勢，接著在場邊投球的過程中重複正確的投球方式，成了我的主要目標。

比賽當天，投球不會是我的第一要務。我會先把心思放在我的最愛——花朵上頭，把心思從比賽時間上拉走。在蒙特婁時，我習慣從公寓走到新月街，在一間戶外餐廳吃午餐，那裡的露天用餐區種了滿滿的玫瑰與花叢。在太陽的照耀下，我會坐在那裡凝視著那些花朵。我在波士頓牙買加平原區的住處後方闢了一個園地，讓我可以在那裡佈置一個花園。若是在大都會隊的主場出賽，我在紐約的威徹斯特擁有一個私人住處，那裡種滿了花。在先發當日早晨或剛過中午，我會投身於花盆與花圃之中，修剪枯死的樹葉、除草，並晃遊其中，直到我得前往球場為止。

到達芬威球場後，比賽開始前我和傑森會先坐下來商討今天的攻擊計畫。對我來說重要的是，既然我知道傑森有多聰明，以及他在捕手的技藝上下了多少功夫，那就學著聽從他的意見。他對每個系列賽、每個打線所有的強項與弱項都已蒐集好背景資料，而且不止是對我，他會按照每個不同先發的強項與弱項做出符合個別投手的指示。

我跟傑森從一九九九年球季初就達成了這樣的共識，我們會利用比賽開始前的空檔，用我們兩人對敵方九名打者的知識，共同制定比賽計畫。

一九九九年一開始我就達成了連續七場比賽都三振十名或十名以上打者的記錄。球季末，包含對上洋基隊那場投出十七次三振的比賽，我又達成了連續八場單場三振超過十一次的紀錄。

那一年我和傑森一起發現了許多細節。有很大一部分的打者似乎在等我在那一打席最後投出非速球，像是變化球或是變速球。當時我投起快速球就像是在投飛鏢，因此我們反其道而行，在最後投出快速球，不只是因為這不是打者得停止等球的舉動，也是因為我可以把快速球控在任何我想投的位置。

傑森也開始將他擺放身體與放置手套位置，以便隱藏進壘點的技術最佳化。他精通所有此類技巧。我囑咐他要小心自己的站位，因為他若是太靠外角，愛偷窺的人就會猜到進球點。當他移動時，那笨重的捕手裝備與他的腳步拖地移動的聲音，會讓善於觀察的打者察覺到你的位置，所以傑森學到了如何製造掩護位移與聲音，意圖要混淆打者。舉例來說，對上右撇子打者，他會移動左腳，看起來就好像他要往內角移動，但他其實是設定要我投外角球。或是有時候他會擺出要接快速球的姿勢，但其實是要接非速球。只要回去看看他配球前與接收我以及任何投手的暗號時在本壘後方的動作，就可以看出來他不斷的在窺視打者，看打者是如何站位，同時他會一直用他身穿笨重裝備的身體前前後後不斷改變位置，以達到讓打者對於他的位置一無所知的目的。

我也曾經因此被某些特定打者惹怒，像是伯尼．威廉斯（Bernie Williams）就會果斷叫暫停。伯尼會很快叫暫停，但他會回頭對著裁判提出暫停的要求。回頭時，他會窺探傑森的站位，讓自己多點優勢。若傑森往內角站，我最有可能的就是投內角快速球或變化球，因為我其他的球種，也就是變速球，會往伯尼的外角竄。我也可能投出外角快速球。假使你在等內角球，你也看到捕手往內角蹲，而你跟不上快速球，那你要等什麼球呢？這時只會出現兩種球路——內角快速球或曲球，因為曲球通常會在旋轉後往左打者的內角跑。假使我想要投一顆開後門的曲球，我就不會讓捕手往內角蹲。

擁有一個像傑森這樣的捕手能夠靈敏的在每個打席中做出微調，藉由讓打者察覺進球點的機率最小化，來最大化我投球的多樣性，便能讓我把所有心思都專注在如何解決打者的每個細節之中。

我的視力極為優秀。從六十呎、六吋外的地方，我可以清晰的看到打者的所有表情、握棒的手勢是放鬆還是緊握、任何細微的吞口水動作、屁股抽動、在打擊區前進或後退了一呎，以及呈打擊姿勢後棒子最細微的擺動。我不會只是把打者的一些小動作以及打者臉部的抽動，當成是一種隨機的行為，雖然他們之中有些人確實是隨便扭動好混淆我就是了。但我會將這些動作轉化為像是電腦的數位資料般內化並融會貫通。我能清楚的看穿並理解打者的意圖與他實際的動作。我確信自己知道該將球投往何處，以及此時需要投出何種球路。當一名投手能夠帶著確信投球時，等著看吧！

我知道並信任傑森也看到了我所看到的事情。當我在一九九九年與二〇〇〇年擁有如此程度的壓制力時，這近乎讓這項運動變成了一種不公平的競賽。

是的，我投得就是這麼好。

我擁有柔軟的四肢，非常柔軟，再加上經由鉤住投手板帶動我下半身的能量，我屁股的扭力讓我的上半身做出旋轉與往前伸展的動作，上述所有動作會生成力量，並將力量構成力矩，延伸至我的右手臂。從肩膀、經過手肘，接著將力氣送至手部，最終用如同鞭子般的彈弓指將球送出，球會在最後多持續幾公釐的旋轉，並多出幾毫秒的變化，這都是因為我那修長、有彈性的手指用指尖旋轉球而造成的。

我的右手非常享受與球之間的親密關係，這是一種身體與情緒的結合。想像一下丈夫對妻子那種無比透徹的了解。他充分感受對方的每一吋曲線，他知道所有堅實與柔軟之處，他清楚知悉讓她身體舒適的方式。這就跟我將棒球掌握在手中並用我的手指以完美的握姿將它牢牢掌控時的感覺相同。這顆球和我彼此相知相惜。我越是碰觸它，就越想知道更多；學到更多，我就能做出更好的回應。

我感受、覺察並傾聽。

若我無法感受到風在吹拂我的臉或身體，我會灑一些草皮找出風的方向。若是今天對投變速球或變化球有感覺，我會跟風對抗。我會知道自己能夠基於力量與風的方向創造出多大的變化。若風朝著我臉吹過來，我就能投出一種幾乎能在空氣中靜止的變速球，加上我還能照自己希望的做出額外的變化與位移——往右打者的內角跑、往左打者的外側跑。我會徹底的讓球旋轉，讓我能使變速球從左打者的身邊多往下沉個兩吋。假使風從我後方吹來，我便幾乎無法做出此類變化——我得強迫它變化。但好處是，從我後方吹來的風讓我的快速球更加強勁。儘管無法使出漂亮的變速球，我的頭號球路永遠都是快速球。

三種球路：內角偏高或是瞄準外角角落的快速球、或高或低；變速球，用跟快速球同樣的姿勢與速度投出，但比快速球慢了約十至十二英里，再加上帶著噁心尾勁往左打外角偏的軌跡，或是往右打者內角偏；以及我的變化球，我在一九九九年與二〇〇〇年時才能將控球力提昇至另一個層次，不過把它當成對付左打者時，一種從外角角落開後門跑進去的變化球，往往能取得不錯的成果。

每次投完後，我都能發現更多資料，並將之融會貫通至下一次投球中。有什麼反應呢？發生了什麼事？對到球了？揮棒落空？敲出界外球？打者是否猜到了？騙過他了嗎？眼睜睜看著球進壘？生氣的想朝我衝過來？

儘管我的控球力已經讓我可以非常精準的控制球，就如傑森常說的，我能用上述三種球路瞄準蒼蠅的尾巴，但我還是沒法每一球都準確的投到想要的位置。不過每次犯下的錯誤都是下一球最好的學習經驗。

「說到佩卓，他決定要投偏高的內角球，但他投偏了兩到三呎然後有個傢伙做出漂亮的揮擊時，」傑森說。「他不會像其他投手說：『喔，他做了一次漂亮的揮擊，下次我不會再這樣投了。』佩卓會意識到這件事，並說：『嗯哼，我投偏了——現在我會準確執行我一開始想要執行的球路，並以讓他完全揮不到球作為回擊。』他擁有這樣的意識，信賴自己的看法，並用他的本事讓比賽穩定下來，這樣的競爭意識讓他成為絕對的菁英。」

隨著比賽進展，傑森與我會更注意打線微調的趨勢，特別是像洋基隊這樣的球隊。

無論是投手丘上的會議或是攻守交換時回到球員休息區，傑森對於指出其中的細節非常在行，像是：「那些傢伙對上你時會等球，我們先投顆好球，第二球再投一個今天狀況比較好的球種，我們得試著讓他們入局。」

當他們試圖一開始就揮棒時，成功的希望就更小些。他們會先等球，等待最好的時機，所以我會先給他們一好球，再來是兩好球，他們只希望自己猜測我在下一球會投變速球或變化球的想法是正確的。這就是我和傑森在一九九九年時會轉換配球，繼續投出火球的原因，因為這不是那些打者所預期的結果。若我犯了錯誤，那一定會是很大的錯誤，就像奇里．戴維斯（Chili Davis）對我敲出的全壘打一般。

伯尼．威廉斯有一次曾對我說：「我無法一次等待你的三種球路。我得選一種等。假使你就是不對我投我等的球，那我整個晚上就都沒戲唱了。」

這就是聰明的打者會做的事——他們會等待自己要的球，若有其他的教訓，就是他們在確定要揮擊前，會等球進入打擊區，高或低、內角或外角。

「我的看法是，整場比賽都在等待某種球路的球隊，往往能給佩卓帶來一些麻煩，」傑森說，「因為假使你上場時，先試著對他投出的所有球種進行攻擊，整場比賽就都會被我們玩弄於股掌之間。假使你過度積極或極度被動，毫無比賽策略，那他就會將你摧毀。」

洋基隊的總教練喬．托瑞與他的打擊教練在比賽開始前，也曾表達過同樣的訊息。托瑞的看法是，「『抓準一種球路，並耐心與這個球路周旋』。這就為何大家對上佩卓時總是習慣等球的原因，對我而言，佩卓總是想要將所有球投起來看起來都像好球。其他人沒辦法，因為佩卓有能力做到這個程度，這是非常稀有的能力。我認為基本上我們只能試著盡量在場上跟他周旋久一點。我們不會試圖要一棒將他擊沉，只是盡量試著跟他周旋。他能夠搞得你很難堪，但就這樣吧——你不能在比賽的時候害怕做出難堪的表現。」

保羅·歐尼爾說：「我總是盯緊佩卓的快速球。對準變速球的話，就算他投出一顆很甜的球，你也很清楚自己無論如何也無法進行攻擊，因此你只能指望自己調整好心態面對其他球路。我總是盯緊快速球，特別是在芬威球場，在那裡他投內角球的比例特別高，因為右外野非常深遠，這也是他會做的另一個聰明選擇。他會在需要的時刻用快速球向你挑戰。就算你用力將球擊出，打的老高，那也就只是一個外野接殺球罷了。」

「但是，在洋基體育館的話，因為右外野距離較近，他只會在特定情況下投快速球。某些投手會投內角球給你，但不會投內角好球。佩卓就不會害怕這種事，我總是覺得你很早就能得到他的快速球，在比賽的第一個打席之類的，而我對這場比賽的想法持續到後來，才猛然發覺可能不是這麼回事。」

不幸的是，當我在投球時，我無法聽到那些打者像傑森那樣給予我回饋。

「真的假的？」是大家在變速球來襲時揮棒落空後，最常聽到的回應，傑森這樣跟我說。有時候會是，「他實在太下流了，」或是「喔很好，我們走著瞧。」

傑森認為裁判們也很享受這場秀。

「喔，每次你站上投手丘，那些人就感覺到他們有機會站在後面，參與某件特別的事情，絕對是這樣的，」傑森說。「尤其是，他們會很享受這一切，因為你會很快搞定比賽，你會連投好球，他們就不用花很多時間一直站在後面，而且還可以看到一些特別節目。我會一次又一次不斷聽到像是：『我今天又看到一些有趣的事情了。』的評論。」

站在投手丘上時，我也會判讀打擊者出局後的反應。他們常常會將自己的反應傳達給下一棒的打者，然後是再下一棒。有幾個特定打者完全對我沒辦法，他們的雙眼往往透露出惶恐或是完全的屈服。我現在可以想到的就是瑞奇・李迪（Ricky Ledee）與傑・布納（Jay Buhner）這兩個人。我看著他們站在打擊區時，看我的表情就像是在說，**我一點機會也沒有，天殺的我到底站在這裡幹嘛？**

我對他們所知甚詳，也知道他們沒法對我造成威脅。他們會試著不斷用力的揮棒，但後來就會變得越來越有氣無力。

同時，德瑞克・基特與艾德佳・馬丁尼茲（Edgar Martinez）對我來說是最難纏的兩個出局數。跟貝瑞・邦茲一樣難纏，但他對所有人來說都是最難纏的打者。

在一九九九年與二〇〇〇年，我跟傑森嘗試的所有方法幾乎都獲得了成功。

努力練習以及良好的化學效應，是的，還有很多東西說也說不完，特別是在那個打者優勢凌駕投手的年代。

不過當理論、知識與天賦造就了統治級的實際表現時，有些神祕與偉大也存在於比賽之中。

有時候棒球的魔力會偷走那一天的光彩。

第十八章 閃亮巨星

二〇〇〇年時，我是美國聯盟最閃亮的巨星。

我的控球力絕佳。我對每位打者瞭若指掌，知道自己能夠預期到會有什麼結果，也知道該怎麼做。任何需要做的，我都能拿出成績。

我終於適應波士頓了──我知道自己身處何地，也知道自己屬於此地。

當然，在二〇〇〇年球季進行時，還是遇到了一兩顆絆腳石，但大家都開始明白這是我成功的路上必定會出現的部分。我還是持續引來怒意與誤解，但我會將那些事拂去並產出成為頂尖的成果。

從我二〇〇〇年球季的數據中，可以告訴你一個完全不同的故事。

我在比賽時，完全不會去注意數據。我知道其他人會持續幫我追蹤，我也知道自己的數據很棒，但沒人告訴我究竟有多棒。

現在我了解到數據能夠怎麼樣幫我說明關於我的故事了。

觀察投手防禦率的方法有兩種：標準的計算法與調整過的數字。

我在二〇〇〇年球季的一般防禦率是一點七四，比一九九九年球季（二點〇七）要低了〇點二五，而且比最接近我的競爭者，多倫多隊的羅傑・克萊門斯的三點七〇要低了一倍。二〇〇〇年美國聯盟投手平均防禦率為四點九二——是自一九九六年球季（五點〇〇）以來最高的數字。你得回溯到一九三六年球季（五點〇四）才能看到更高的聯盟平均數字了，而且這其中還透露出一個信號。從一九九四年到二〇〇四年，這段時期也是大家熟知的「類固醇年代」，打擊者當時可說是橫行霸道，得分、全壘打、長打率、總壘打數——所有進攻數字就像手臂彎曲擠出的二頭肌一般整個漲了起來，聯盟平均防禦率也以按照這樣的比例膨漲。

這就是調整後的防禦率——也稱作ERA＋，如此便利的原因。ERA＋考慮的不只是當時大聯盟的平均防禦率，也顧慮到了投手在哪個球場投球。假使投手有一半比賽是在科羅拉多隊的主場庫爾斯球場這個對打者較為友善的場地出賽，跟比較常在對投手有利的球場，像是謝亞球場（Shea Stadium）出賽的投手有相同的防禦率，那麼那位有一半比賽在庫爾斯球場出賽的投手，其ERA＋會比較高（較為優秀）。ERA＋的基準點是一百。二〇〇〇年球季，我的ERA＋是兩百九十一，比一九九九年球季高了四十八，而且比一九九七年高了七十二。兩百九十一這個ERA＋數字，是現代單季最高記錄。比我高的投手只有提姆・基輔（Tim Keefe），他達到了二百九十三——這個成績是在一百二十年前的死球年代達成的，要回溯到一八八〇年了。

二〇〇〇年球季，我以兩百八十四次三振領先全聯盟，比一九九九年球季要少，那一季我投出了三百一十三次三振，不過我幾乎將保送數減少為原來的一半，從六十七到三十七次。二〇〇〇年球季我投了兩百一十七局，比一九九九年多了三又三分之二局。保送數的下降讓我的三振／保送率從一九九九年的八點四六提昇到了二〇〇〇年的八點八八。

我的被安打數也從一百六十降到了一百二十八，這也意味著每九局平均被安打數基本上從一九九九年的六點八降到了二〇〇〇年的五點三。

一九九九年球季我的WHIP是〇點九二三，這只比一九九七年球季的〇點九三二好的一點點對吧？二〇〇〇年球季，我將這個數字降低至〇點七三七。史上沒人單一球季的WHIP能比我還低，甚至連提姆．基輔（一八八〇年時的成績是〇點八〇〇）與其他死球年代的傳奇人物，像是華爾特．強森（Walter Johnson）（〇點七八〇三，一九一三年）與克里斯提．馬修森（Christy Mathewson）（〇點八二六八，一九〇八年）都辦不到。

二〇〇〇年美國聯盟打者壘上無人時平均打擊率為二成七六，壘上有人時打擊率是三成四九。對上我時，他們的平均打擊率降低到一成六七，上壘率則是降到了二成一三，兩項都是兩個聯盟史上單季最低記錄。打者的整體攻擊指數（OPS）對上我時只剩下〇點四七三。

在一九九九年球季投出五次完投後，二〇〇〇年時增加到了七場，其中有四場完封。一九九七年我在博覽會隊時有十三場完投，四場完封，但你要記得一件重要的事，當時我是在國家聯盟投球，打線若是少了一位指定打擊，代表對先發投手來說，他們可以更輕鬆的面對那個打線。

先發投手最難掌控的數據就是勝投，在看待我二〇〇〇年球季的數據時，還有另一個事實值得大家好好思考。因為某些原因，我們隊上的打者在二〇〇〇年球季時都在掙扎中渡過。那是一個大聯盟球隊平均每場比賽要打下五點三分的球季，是一九三八年以來次高的紀錄，但波士頓的打線只能打下四點八九分，是聯盟第十二糟糕的表現。而且我上場投球時，紅襪隊的打擊表現更是糟糕。一九九九年我的投手護援率（average run support）是每場四點五一分，比我出賽時球隊平均失分五點六八分還要低了整整一分。我在一九九九年球季的戰績是二十三勝四敗。二○○○年時直接掉到了十八勝六敗。其中六場敗戰，我們的得分差是六十三比二十，我平均單場投球局數是八局，繳出了防禦率二點四四的成績。

以上就是我的數據。這些數據造就了我第三次全票通過的賽揚獎，也是我生涯最後一座賽揚獎。二○○○年球季的尾聲沒有再上演一次美聯最有價值球員的肥皂劇了：球隊表現不夠好，而且有些鋒頭正健的球員讓我無法蓋過他們的優異表現。我但願能以上述所有的數據交換讓我這一年擁有一些季後賽的數據，但我的球隊正進入連續三年無緣參加十月季後賽的低潮之中。

二○○○年三月，紅襪隊與太空人隊在聖多明哥的奇士蓋亞球場（Estadio Quisqueya）進行表演賽。雷蒙和我各出場投了一局，不過這場比賽卻遠遠不如我所預期。門票的價格高到一般多明尼加人完全負荷不了，滿座一萬八千人的球場只來了四千名觀眾。大聯盟居然把這樣的大好機會變成了一件令人傷心的事情，我認為這恰好反映了以美國為中心的大聯盟有多麼的短視。

「我不認為多明尼加共和國能因此對波士頓紅襪隊擁有正確的印象。」賽後我這樣說道，「多明尼加共和國與美國最大的差別在於我們非常自由。我們完全放鬆，不會總是感到拮据。我們不會時時刻刻煩惱經濟問題。就算我們很窮，卻總是開心度日。」

二〇〇一年前四場先發我都拿下了勝投，在我取得第五場勝投的過程中，我遇到了對我投內角球抱有極為愚昧觀念的人。

我們回到克里夫蘭，並在前兩場球賽都以一分差輸掉比賽。我在系列賽最後一場比賽先發出場，與我上次在前進球場亮相時不同，這次我能夠妥善運用自己的快速球了。投完前七局，我沒丟掉任何分數，被敲出五支安打，三振掉十名打者，在麥可．史丹利七局上半從查爾斯．納吉（Charles Nagy）手中敲出了一發陽春炮後，我們取得了二比〇領先。

我在第七局下半時惹怒了艾納．迪亞茲（Einar Diaz）以及其他印地安人隊的球員。迪亞茲前兩個打席都敲出了二壘安打，我覺得他在打擊區裡頭有點太過安逸了。因此第一球我就對他投出了曲球，要把他逼退後一些。下一球他打成了界外球。後來我就用一顆靠近他下巴的快速球要讓他再後退一點，只是公事公辦罷了。比賽再次開始前，我們互飆了一些垃圾話。球數來到兩好兩壞，迪亞茲在我做好投球準備後叫出了暫停，裁判也接受了。這讓我真的發火了，然後下一球我就投了一球內角近身快速球，他被三振出局。走回球員休息區時，迪亞茲不斷碎念著詛咒我的話。

儘管我沒砸到迪亞茲，不過當納吉第一球就砸到第八局首名上場的打者荷西．歐佛曼時，我並不感到驚訝。但荷西一定覺得相當驚訝，因為他往一壘走了一兩步之後，他就轉身走向納吉。他並沒有走到納吉身旁，但點燃了沒有肢體衝突的爭執，最後便因投手對打者投出觸身球的零容忍政策生效，對雙方板凳席都做出了警告。

一名印地安人隊的投手史考特・卡米恩尼耶奇（Scott Kamieniecki），對於「鬥毆」發生時一開始我卻留在球員休息區感到極為不悅。

自然的，我得做出回應，我也希望自己的回應像是個職業選手。我檢視了一下印地安人隊八局下半時即將上場的打線：羅伯托・阿洛瑪、曼尼・拉米瑞茲、大衛・賈斯提斯（David Justice）、吉姆・湯米以及崔維斯・佛萊曼（Travis Fryman）。

羅伯托與曼尼是我的朋友，但我認為若是我跳過了他們兩個找上了賈斯提斯、湯米或佛萊曼，大家會認為我是刻意跳過拉丁人，特意找美國人的麻煩，這樣的話就太不專業了。因此我告訴自己：「**你知道嗎？他們砸了我們的二壘手，我也要砸他們的二壘手！**」

我不擔心自己的完封或是我們只有些微的領先——我得捍衛我們家的打者。所以我用快速球往羅伯托的屁股上砸。完美的時機、完美的位置——我那天控球絕佳。儘管羅伯托後來跟我說我做了正確的事，他和其他印地安人隊的球員當下還是大聲唉著我故意砸他，我也立刻被驅逐出場。

當年主管懲戒的是法蘭克・羅賓森（Frank Robinson），我也引起了他的注意。他對我處以禁賽五場的懲罰。說到頑固以及好鬥——沒人比球員時期的法蘭克・羅賓森還要頑固與好鬥。但誰叫他當時正掌握著我們的裁罰權呢，而且他對我比對其他人要更加嚴苛。我是把球往羅伯托的屁股上砸沒錯。但這樣做不對嗎？這樣不夠有職業水準嗎？我得保護我家的打者。這就是棒球比賽的運作模式，或者說至少道義上我應該這樣做。

對印地安人隊做出什麼懲罰對我來說不怎麼重要。我心中有兩個想法：我很驚訝自己遭到懲罰，但確實，這只是又一次某個人誤解我的舉動，認為我心胸狹窄，破壞了棒球的規矩。印地安人的總經理約翰·哈特（John Hart）也指控我是把迪亞茲當成觸身球的練習標靶。在一個去年十月我才被人對我說要對我開槍的城市裡，這樣的評論我只能說……不意外。

五月二十八日時，我再次對上了羅傑·克萊門斯，這次是在洋基體育場比賽，而且這次羅傑的表現比一九九九年美聯冠軍系列賽在芬威球場投球時要好得多。那天早上我一起床就發了高燒。我一整天都沒吃，站上投手丘時整個頭痛欲裂。我的鼻子充滿鼻涕，投了幾球後，整張臉就被鼻水弄得一團糟。

一直到第九局雙方都沒能拿下分數。進行到這裡時，羅傑被敲出三支安打，我則是四支。他投出十三次三振，我投出八次。一直到第九局兩人出局時他被托特·尼克森敲出兩分全壘打前，他的投球表現都要優於我。九局下半換我表現了，一開始我就砸到了恰克·納布拉克，接著又被基特敲出一壘安打，不是個前途光明的開場。不過後來我成功的讓保羅·歐尼爾與伯尼·威廉斯出局，然後基特又盜上二壘，再來我又對荷黑·波沙達投出觸身球造成滿壘的局面，最後才讓提諾·馬丁尼茲（Tino Martinez）打出滾地球結束了這場比賽。

這是二〇〇〇年球季我總共面對到四次滿壘局面的其中一次。無論哪一次，我都沒被敲出安打。

我的左胸腔到了六月底還是非常緊繃，導致我被放入了傷兵名單。我不想被放進去，不過吉米與丹將我的申訴駁回。七月時我回到球員名單，歸隊後的第三場先發我投出了一場完封，讓我的防禦率降到了一點三八，並將戰績提昇至十二勝三敗。

後來我肩膀的毛病又復發了，那個緊繃的感覺再次湧上，也讓我在八月中一場比賽只投了四局就被換下場，不過包括我在內，沒有任何人對之後可能發生的問題感到恐慌。

我還是按照排程的先發時間，在輪到我的下一次比賽中先發出場，仍然是在堪薩斯市比賽。這次面對皇家隊打線的成績可說是慘不忍睹：八局的投球中，被敲出八支安打，丟掉六分，不過這場比賽還有比這些數據意義更深重的事情發生。

這是我的職業生涯中，最驕傲的一次先發。

我先發前三天的幾場比賽，我們把所有牛棚投手都燒光了，而吉米事先告訴我球隊實在很需要你能投越多局越好，最好是投到第八或第九局，這樣的話牛棚才有喘息的機會。

剛上場時我並沒有將這項任務做好。這是我生涯先發最糟糕的開局之一。第一局最開始我就被敲出六支安打丟掉五分。但我在經歷了九名打者終於拿下第三個出局數後，我才了解到：今天我就是上場來被狠狠教訓一頓的。我知道自己就是要盡可能的多吃一點局數。

我們在二局上半拿下了一分，我告訴自己只要放鬆，相信自己的本事，加上我的配球，並仰賴我對打者的知識就可以了。

第二局我被敲出一發全壘打，但之後我開始戰鬥，最後贏得了這場仗。我撐了八局。後六局我完全沒失掉任何分數，而且只被打出了一支安打。這場比賽稍微傷害到我的防禦率，從一點五三升至一點七七，這沒什麼大不了的——我獲得的比這些付出要多上許多。

「我只記得他是如何丟掉那些分數的，但他走回板凳席時，並沒有狠狠的丟他的手套，他只是走回來靜靜坐著，」吉米說，「然後我就看他繼續上場投球，他投起來就像是雙方打成平手或是我們取得領先一樣。而我們最後也重新回到戰局之中了。儘管我曾看他對紐約洋基隊投過單場十七次三振，以及在季後賽對上印地安人隊那場比賽，但這場還是我看他投過最英勇的表現之一。有時候在一個人事情進行的不順利時，你才會真正認識他。他從來不會垂頭喪氣，他只是不斷的投、不斷的戰鬥，並解決所有的打者。」

我沒有太多時間細細回味對上皇家隊的那場比賽。

下一場先發是在純品康納球場（Tropicana Field），投到第四局時，我用一顆九十四英里的快速球砸到了魔鬼魚隊打者傑拉德·威廉斯（Gerald Williams）的左手腕。我確定那一定很痛，不過當他朝著一壘走了一兩步後，我就沒把那份疼痛放在心上了。我從未對他投過觸身球，我們過去也從來沒有過節，在這個情況下我沒有理由故意砸他。

我往前朝裁判走了幾步，舉起手套示意要他給我一顆新球。威廉斯一直低頭朝他的左手臂看，就好像他在看手錶上的時間一般，接著他又轉過頭來看著我。威廉斯又看了手腕一眼後，就馬上往左轉朝我衝來，看起來就像是他想盜上二壘一般。我看到他這樣做的當下，心想：「**他真的要衝上來揍我嗎？**」他的眼睛告訴我他想要讓我受到非常嚴重的傷痛。但我當場僵住了，感覺好像一瞬間過了許多年。我還沒準備好要接招，他的右拳就招呼上來了，揮出漂亮的一拳直擊我的臉，接著是下一拳，打在我的屁股上。我們的三壘手盧·莫隆尼（Lou Merloni）衝過來將威廉斯拉倒在地，同一時間傑森也衝上來從威廉斯的背後要將他拉起來。威廉斯被夾在他們兩人之間，然後他們三個人就用力倒在人工草皮上，由於力道太大，莫隆尼還因此產生腦震盪的跡象。

這場鬥毆比一九九六年麥可．威廉斯跟我發生的那場要更真實，也更激烈。這次是真的揮拳了，而且他們還繼續扭打。威廉斯在人堆最下方不斷憤怒的吼叫，不過傑森緊緊的把他釘在地上，他一點爬起來的機會都沒有。我被用力推向他。我聽見威廉斯不斷尖叫並哀號著：「別讓他們揍我啊，我在流血了，別讓他們揍我啊！」當他倒地且流了些血的當下，我想說自己應該可以用我的釘鞋踹他一下。

喬．凱利根把我拖離那裡，在魔鬼魚隊球員與教練加起來共八人被驅逐出場的情況下，比賽終於得以繼續進行。

我留在場上續投，但我現在只想隨便揍誰一頓。我氣炸了，但雷蒙跟我說很多要我冷靜下來的話。「別衝動。」他一直這樣對我說，而我的隊友也勸我不要放棄比賽。我們跟魔鬼魚隊不同，還有競逐外卡的機會，我也終於恢復情緒，了解到報復回去無論對我或是球隊來說都是一件愚蠢的事。我聽進去了，他們是對的。

一切都很明朗了，傑拉德喚醒了一頭沈睡的雄獅。

我將所有的怒意都轉化為球技，當我投完一局又一局，心中也越來越平靜，也更有自信。前八局的投球中，我再也沒讓威廉斯以外的其他人站上壘包。我的怒氣平息後，魔鬼魚隊就失去了應有的鎮靜。他們一直要砸我的隊友布萊安．多巴克（Brian Daubach）跟卓特．尼克森這兩個真正的

toro loco（狂牛），但大多都沒砸到，不過我隊友也是盡其所能的保持狂怒的氣氛。有一次，尼克森揮棒時故意脫手，讓棒子朝投手飛去。

投到九局上半，我還是保持無安打的狀態。

約翰．佛拉赫提（John Flaherty）磨到了兩好球兩壞球時，我注意到原本圍在脖子上的項鍊突然斷掉了，而項鍊上的白金十字架也掉在投手丘上。我原本想說要戴回去，但我對自己說：「**不，說不定這是神希望我現在把它脫下來呢？那我就不戴回去了。**」我把它塞到我後口袋裡，接著投出的下一球，就被佛拉赫提打成了中間方向的一壘安打。

約翰．佛拉赫提這個傢伙，根本就不是能自己打出安打的人，卻把我投出的九十七英里外角快速球敲了出去，還打到了右中外野。真想不到會是這種狀況。若是約翰．佛拉赫提能在二○○○年時毀掉我的無安打比賽，而五年前光是畢普．羅勃茲就能糟蹋掉我的完全比賽，那麼我的履歷表上面沒有這些記錄也沒有什麼該沮喪的理由。就我的例子來說，就只是這些記錄不該發生罷了。

比賽結束後，我外表仍舊保持鎮靜，但內心的怒意還是持續激盪。

後來我接受訪問時，還不忘嘲笑傑拉德，提醒他與所有沒聽到的人「打棒球沒有人在哭的啦。」而且假使你要揍某個人後來又哭著說：「別讓他們打我啊！」那你也只是個愛哭鬼罷了。「別急著哭，當個頂天立地的男兒吧。」

賽後，吉米坐在辦公室裡，有人告訴他有幾名魔鬼魚隊的人有話想對他說。吉米便走出辦公室，走進有一個隔間的球員休息室，有三名魔鬼魚隊的人站在玄關，分別是傑拉德．威廉斯、葛瑞格・范恩（Greg Vaughn）與鮑伯・史密斯（Bob Smith）。

「我們想跟佩卓聊聊。」

「你們要聊什麼？現在不行。想跟佩卓聊要等明天。」

「不行，我們現在就要跟他聊。」

「這不可能，」吉米說，他提高嗓音說道：「給我滾出去，滾回老家吧！」

沒過多久魔鬼魚隊的總教練賴瑞・羅斯柴爾德（Larry Rothschild）便跑了過來，吼著叫他們的球員回去他們自己的球員休息室。吉米對於羅斯柴爾德讓魔鬼魚隊的投手整晚不停想砸我們家球員非常氣憤，但吉米沒有當面對他抱怨，而是回到我們的球員休息室亂砸東西。

多巴克被載到附近的醫院，因為他的左手肘在他參加混戰時倒地扭傷了。當他走出車子時第一個看到的人就是傑拉德・威廉斯。多巴克的手肘還是很痛，不過他只看了威廉斯一眼，什麼話也沒說，威廉斯也沒有追上來，不過當多巴克回到我們的球員休息室這個安全的庇護所後，他說：「佩卓，你得小心點，他們還在附近，而且想找架打。」

這時所有的拉丁人——荷西・歐佛曼、曼尼・亞歷山大（Manny Alexander）、威爾頓・維拉斯（Wilton Veras）齊聲說：「他們想開打嗎？來打啊，我們走！」

我們肩並肩走出大廳，像支軍隊般經過威廉斯與葛瑞格・范恩跟魔鬼魚一壘手佛列德・麥格里夫（Fred McGriff）在內的閒雜人等。沒人張嘴說話。他們用壓抑的眼神瞪著我們，不過擦身而過時沒人說話。我們走向球隊巴士時，還是一直牢牢盯著他們，魔鬼魚隊的隊員還是一動也沒動。這是他們聰明的部份。我很確定他們覺得事情很棘手，而且他們的感覺是對的，若是他們敢來惹這堆拉丁人，一定會有人受傷的。我們想開打，只要一有人開口對我們挑釁，拳頭一定馬上飛出去。如果你想跟同一隊整群的多明尼加人過不去，你可以儘管上來跟我們開打，我們一定是全員出動。

球季結束前，印地安人隊來我們主場比賽，其中一場比賽開打前曼尼・拉米瑞茲和我在右外野閒聊。曼尼快要成為自由球員了。

「佩卓，跟你們總經理說，我想在這裡打球。」

這完全出乎我的意料。當時我不是非常確定曼尼是怎麼想的，總之他不是在開玩笑。他說他想換到一支好球隊，而且他也想跟我在同一隊打球。我去找丹跟他說這件事。

「丹，你知道曼尼跟我說什麼嗎？他希望你今年冬天跟他談談。他想在這裡打球。」

丹露出微笑。

「真的嗎？」

「是啊，他很認真。我想你應該試試。」

丹沒有多說什麼。

當時，我們球隊正開始崩壞。

二〇〇〇年球季後半，丹與吉米之間的關係開始變質了。我們那個情緒不穩的中外野手卡爾・

艾佛瑞特（Carl Everett）開始鬧脾氣，可是丹卻護著球員，而不是跟總教練站在同一邊，這讓吉米不太好受。

我並沒意識到這件事，不過運作失調與消極的情緒開始將整支球隊捲入漩渦之中，而我也是掉入漩渦的其中一員。

第十九章　結束的開始

二〇〇一年球季開始前，球隊跟我都很清楚，我肩膀的傷勢就像顆定時炸彈一樣滴答滴答的在倒數計時。我們就像緩速動作的防爆小組，要開始拆炸彈了。二〇〇〇年球季結束，我要返回家鄉前，球隊第一次對我下了明確的指令：一球都別投。我讓肩膀休息了一陣子後，就開始進行體能與肌力調整，加上最低限度的投球。我不需要死守著不能投球的命令。

在我二〇〇〇年球季那些耀眼的數據背後，是在持續不斷的扭傷與精神壓力下度過的，我的肩膀一直有種令人煩惱的疼痛，有時候甚至會變成刺痛。有些日子會特別嚴重，儘管沒有花太多心思去思考或擔心傷勢，但我知道自己的身體出狀況了。我現在知道那是因為我一直以來工作量都太大了，從我一九九五年在博覽會隊擔任先發開始就一直是這樣，那年我投了一百九十四又三分之二局，接下來連續五個球季，我每季平均投球局數是兩百二十四局，所以疼痛才會在二〇〇〇年時找上我。

二〇〇一年，炸彈爆炸了。

六月初，在我第十二次先發前，我的戰績是七勝一敗，防禦率為一點六六，被打擊率是一成八六，數據維持在我一九九九年與二〇〇〇年的水準。從外表看根本看不到出問題的信號。

不過在五月下旬，連續三場面對洋基隊先發出賽，讓我精疲力盡，我的肩膀也開始咆嘯。六月九日，我繼續在主場先發，這一場我投了七局並丟了五分，球隊宣稱我是肩部肌腱炎，並將我放入傷兵名單。

後來大家都知道原來我是肩旋轉肌袖撕裂。球季剩下的時間我都耗在療傷，最終還是無法歸隊投球，為球隊出力。

六月之後，這一年對我來說除了純然的傷痛外還有一些苦難。

我與球隊處境相同之處不只是球隊也是四分五裂，也因為受傷以及我那致命的個性，讓球隊考慮要將我兜售出去。

紅襪隊正要迎接一連串巨大的改變，但首先我跟球隊都得經歷過這個只拿到八十二勝的球季，從頭到尾都像是一場恐怖電影。

三月時紅襪隊的新隊友，三十八歲的老將大衛·孔恩走過一群記者時，他叨唸道：「我以為布朗克斯公園已經很厲害了，沒想到這裡更是他媽的有夠精采啊！」他這段話十分精準。

二〇〇一年對所有人來說都是一場考驗。

雷蒙離開了，他重新跟道奇隊簽約，我不同意他這樣做。「如果我是雷蒙，我還寧願為了十分錢去蒙特婁打球，也不要為了一百萬元替道奇隊打球。」我這樣告訴《美國運動週報》。（春訓結束前，道奇隊就將雷蒙釋出。他又跟海盜隊簽約，接著就以三十三歲的年紀退休了。）在一月舉行的棒球記者協會晚宴上，我將自己的第三座賽揚獎獻給雷蒙，前一年同一場晚宴上，我也將自己的獎杯獻給了璜・馬瑞科。不過這一次殘酷無情的媒體將我團團包圍，因為外界流傳說我想要談延長合約，事實上並沒有，但這種誤解越演越烈，主要是因為波士頓的媒體運用心解讀我的話，或者至少用點心思幫我轉譯成正確意思的能力都沒有。我那破紀錄的合約早早就被其他人拋在後頭了，一九九九年球季開打前，凱文・布朗就跟道奇隊簽了一張七年總值一億零五百萬的合約。二〇〇一年冬天，艾利克斯・羅德里奎茲跟遊騎兵隊簽了一張十年總價值兩億五千兩百萬的史詩級合約，而丹也以八年總值一億六千萬美元的代價將曼尼・拉米瑞茲簽進紅襪隊。

以我目前一年一千兩百五十萬美元的年薪，還有一些議價空間。多明尼加的媒體問我說，對於我現在的薪水跟曼尼與艾利克斯這樣巨大的差距，我有什麼想法。我說除非我現在是紅襪隊的老闆，不然我不會在合約到期前協商新的合約。

「我就說了這麼多，我沒說我想協商，或是想要更多錢啊。」我跟那些記者說，「等我成為自由球員或是快要成為自由球員，那時候丹就可以來跟我討論這件事了。我的合約還有三年要走，這三年可是長得很。」

「我已經很有錢了，我不在乎。我不是為了錢而打球的。當我走上球場，是代表自己的真心、自己的名字、自己的國家、自己的驕傲，以及自己的球隊而打。」

那天冬天，我打了通電話給曼尼，向他解釋波士頓的狀況，並鼓勵他跟我們簽約。跟曼尼簽約之前，丹也試圖要簽下自由球員麥可・穆西納，但穆西納最後跟洋基隊簽約了，他們這個約簽得很棒。丹想要加強進攻能力，我不怪他，不過我總是希望投手輪值裡有另一個王牌投手跟我一起並肩作戰。我得再等上幾年才能實現這個願望。

二〇〇一年二月，我的兒子出生了，這也延後了我參加春訓的時間。這不是什麼新聞，我從沒提前抵達春訓地點過，不過我也從未比大聯盟或紅襪隊規定的時間還要晚到過，更從沒因為這件事惹上麻煩。吉米．威廉斯也從未把這件事放在心上，對此我相當感激他。一九六八年，吉米還是小聯盟球員時，他曾看過年輕的彼得．羅斯（Pete Rose）在球季開始前兩個星期才在紅人隊的訓練營露面，而且已經做好迎接球季開始的準備了。只要我露面時體重正常，身材健壯，已經準備好上場投球了，而且我總是這樣，他就從來不會對我何時才在邁爾斯堡出現有任何意見。

卡爾．艾佛瑞特與吉米冬天時在達拉斯有過一場十分和平的面談，不過他們在三月春訓練習賽開始前發生了衝突。卡爾在一次客場比賽時遲到了——僅僅一分鐘，而吉米便命令巴士直接開走不等他了，這只是他們發生的其中一次衝突。曼尼剛到新環境，一開始跟大家都不熟，於是他就躲進了自己的殼裡，並製造了一些騷動，原本他在印地安人隊是鎮守右外野，但他暫時收回簽約前曾同意過要為了紅襪隊改守左外野的約定。

不久後諾瑪則是上身赤裸的出現在《運動畫刊》（Sports Illustrated）的封面上，後來又在三月初傷了手腕。一開始他先在小聯盟調整，但在開幕賽前就接受了需要休養整季的大手術。

然後，在六月初，傑森也因為手肘斷了而無法在球季剩下的比賽中出場。

我們隊上有許多經驗豐富的球員，像是丹堤．畢許、荷西．歐佛曼與麥可．藍辛（Mike

Lansing），他們都想要更多上場比賽的機會，但吉米卻沒那麼常派他們出場。我們的先發球員名單不斷更動，主要是因為太多人受傷了，幾乎每天都不一樣，於是那些能夠正常出賽的人便開始抱怨這樣不斷更動名單的狀況。有一次藍辛走進球員休息室後，看到他的名字沒有出現在公告欄的先發球員名單上，就舉起雙手對那張紙比了兩個中指。這股氣氛令人不快，而吉米變成了主要的病灶。

這股動盪不舒服的氣氛也滲入的我的心中。

前兩個月我的投球數據很不錯，但我的肩膀感覺不太妙。我感覺到自己的身體正朝著危險的方向前進，這讓我的心裡有點不安。

五月一日，在對上水手隊的比賽中，我不小心將變化球砸在了艾德加．馬丁尼茲的頭盔上。就跟對傑拉德．威廉斯投出的那次觸身球一樣，我絕對不是故意的要這樣投的，再者那只是顆非速球啊。那場比賽還沒人得分，而且那是連賽的第一場比賽，所以還沒有什麼過節需要處理的：那就是一顆沒控好的球罷了。不過聯盟不這樣認為，聯盟從上季開始就對於觸身球確認了零容忍的政策，我砸中艾德加這球變成聯盟要給我一點教訓的絕佳機會。

隔天我對記者大吐苦水。

「感謝上帝，我很快就要離開大聯盟這個是非之地了，比那些人想像中的還要快，這樣他們就可以把棒球拿去用，想怎麼投就怎麼投。我要回去我的家鄉安享天年了。」

我覺得他們在針對我，就像春訓開始前時，大聯盟就不辭辛勞的告訴紅襪隊，我再也不能把球衣袖口割開，好讓我在投球時擁有自己想要的舒適感。我開始考慮要訂做把袖口作成三角形的球衣，好讓衣服夠寬鬆，而且我也曾收到聯盟對我手套上有紅色綁線的抱怨，說這對打者又是一種困擾。當然，我們回到一九九九年，當時打者無法打到我的球，一定是因為他們被我自己寫在球帽上的「TIA MARIA」字樣給閃瞎了的關係吧！

我覺得聯盟是因為對手總教練的抱怨而不得不來反映，他們總是會尋找任何可用的武器來打擊我在球場上剋制打者的能力。

新的好球帶應該能讓投手更輕鬆的投出偏高的好球，但對於愛投內角球的投手沒什麼幫助，為了戰勝對手，我得完美控好內角球才行。

「他們在我身上花了不少功夫，」我說。「但有件事他們絕對無法辦到，就是感謝我為棒球作出的貢獻，以及我下球場後的表現。」

「他們沒有了解到一直以來我得克服多少事情，才能以一名多明尼加人的身分，成為棒球賽場上的明星。他們完全沒有想到這些事，這樣就算了，現在他們居然還盡想著要找我的缺點。」

他們這樣作並不只是讓我感到他們在針對我並且毫不感激我的貢獻。當時這些事情再次讓我覺得自己又遇到了棒球運動上一股無法跨越的高牆。難道我所做的這一切全都是錯的嗎？

我相信大聯盟的人視我為一種威脅，一種來自外國的威脅。

羅傑·克萊門斯在二〇〇一年球季前拿過五座賽揚獎，葛瑞格·麥達克斯有四座，而我贏得了三座。二〇〇一年原本我正順利的朝向第四座賽揚獎邁進，此時我甚至還沒有三十歲，如果我沒有受傷的話，下一年我也很有可能拿下賽揚獎，那就會是我的第五座賽揚獎。這會讓我提升到克萊門斯與麥達克斯的高度，我不相信大聯盟希望我達到這樣的高度。當時，我並不屬於美國。我相信他們認為我即將以非美國的人身分成為美國運動界的歷史象徵這件事，是一項真實的威脅。

當時的我比現在還要沮喪，但儘管後來我成為美國公民，也從來未能拋下那股我並沒讓人感受到，並視為是成功的大聯盟投手的失落感。

過了幾天後，當我去找支持我收到這些警告的法蘭克・羅賓森時，我的火氣還是很大。

「將您的尊臀移駕球場，投個幾球再來說好嗎？」我說。

當大聯盟將原本五月底要在紐約進行，後來因為大雨延賽的補賽排在六月四日時，不禁讓我懷疑起這樣安排比賽跟直接打有什麼差別呢：我得在五月二十四日、五月三十日與六月四日連續三場對上紐約洋基隊。跟洋基隊比賽向來都是最嚴酷的考驗。與洋基隊的打線對抗就像是要獨自使出全力戰鬥一般艱苦，不過波士頓與紐約媒體也都很善於把我搞得精疲力盡。前兩場我都是對上了穆西納，而我們打成了平手。這幾場球都擠滿了大量的媒體人員，不過風向在我於二十四日時在紐約投了一個完投敗（投了八局，失掉兩分附帶十二次三振）後，便轉向了。

儘管我投得不錯，但賽後他們總是把焦點放在我的負面新聞上，說就我前五場出賽對上洋基隊時，紅襪隊都輸球，證明我根本拿洋基隊沒辦法。這份看法讓所有報紙跟廣播秀到五月三十日我再次對上洋基隊與穆西納之前，都有東西可報。

這場比賽期間，芬威球場下了可怕的狂風暴雨，而我讓洋基隊吃了鴨蛋，只被敲出四支安打，送出十三次三振和一次保送。

這場勝利讓我們距離美聯東區領先者洋基隊只有半場勝差了。

賽後我被問到的第一個問題是：「這樣就足以證明你擁有打敗洋基隊的實力了嗎？」

我略過了這個問題，但當總是知道如何惹火我的波士頓廣播記者強尼．米勒問我，是否我覺得「貝比魯斯魔咒」真的存在時，我實在無法克制了。

「不，我不相信什麼詛咒，」我這樣說，但後來我又被問了一次貝比魯斯魔咒的問題時，「我開始痛恨談論洋基隊的事情了。」我說。「這個問題實在太愚蠢了。這是在浪費我的時間，這問題已經被問到爛了。」

「我不相信什麼混蛋詛咒。你們去把那個混蛋貝比魯斯叫起來跟我當面對質啊。也許我會揍到他屁股開花，請原諒我的用詞。」

下一場出賽又是面對洋基隊，我別無選擇，不過我們還是輸掉了比賽，而且我在六局的投球中丟掉了三分。我在六月九日還有一次先發，不過我的肩膀此刻已經很脆弱了。球隊決定我應該跳過一次先發前，先幫我做了所有能做的檢查。六月底我進入傷兵名單前，還上場投了兩場短局數的比賽，後來他們說我是旋轉肌袖發炎。

事實上，旋轉袖受了撕裂傷。我飛到洛杉磯照MRI並接受路易斯．尤康醫師（Dr. Lewis Yocum）的評估。大家都希望我的肩膀能休息一陣子，所以我飛回多明尼加並在不使用肩膀的情況下，盡最大的努力保持體態。我回到家後，多明尼加媒體對我緊追不放，偷窺我的公寓並散播大量認為我需要動手術的不實消息。幾個星期後，到了七月中我便回球隊報到。我們認為應該休息夠了，不過我一嘗試投球，就知道傷還是沒好。他們又讓我休息了五、六個星期。

我的健康狀況是這個夏天受訪時最主要的話題，而我也開始感受到沈重的壓力，而且紅襪隊內部也開始有希望我儘快回歸的想法。丹因為吉米在我上次先發主投洋基隊時，只讓我投了六局，用了九十球後就將我換下場而對他有所責難，說吉米欠球迷一個解釋。這樣對吉米公開放話，可以看出他們兩人那時的關係有多麼的緊張。八月中，我繼續在多明尼加休養時，紅襪隊將吉米開除了，而且是由喬·凱利根接替他的位置。

聽到誰是新任總教練的消息時，我真慶幸自己不是待在球隊裡或者是正好在接受訪問，但我發誓絕對不要讓這件事拖慢了我的復健進度。我不會為了迴避喬而擺爛。我領悟到了一件事，既然他當投手教練的時候我可以對他視而不見，他當總教練時，對他視而不見應該也是小事一樁。

無論喬的身分是總教練或是投手教練，我都不是唯一跟他處不來的人。

八月時，我還沒歸隊前，喬就告知蝴蝶球投手提姆·威克菲爾說，當我歸隊後，他就得回到牛棚。他遞給提姆一張上面列出數據的紙張，用以說明為何這個布局是正確的。提姆連讀都懶得讀，他整個崩潰然後把紙丟到喬身上。提姆擔心之後會很常跟喬起衝突。我試著安慰他，我知道他有多麼的生氣。喬又做了另一個錯誤的布局。總之，要找到討厭喬的人實在是太簡單了，大家都認為喬在球隊的主要目的，就是把別人成功的功勞攬在自己身上。

到最後他變得跟吉米一樣不受歡迎，我仍然沒遇過哪個隊友認為喬是更好的解答。喬建立團隊的想法就是把球員休息室的沙發搬走，關掉電視，並幫曼尼與諾瑪等強打者找來打擊教練。

我在夏天結束前回到球隊時，隊上充斥著反動的氣氛。卡爾．艾佛瑞特原本就沒喜歡過吉米．威廉斯，但他更討厭喬並告訴我是喬陷害吉米的。說喬跑去辦公室偷偷跟老闆說吉米的壞話，讓吉米被炒魷魚好讓自己能夠上位。這消息聽起來相當可靠，我也很快就發現到不只是提姆跟卡爾不樂見喬，就連我也有同樣的感觸。

某天下午我照著自己的時間表，抵達芬威球場與克里斯．科瑞提（Chris Correnti）一起進行復健，喬也在一旁等著我。依照他的規定，我已經遲到了，而且此刻他想讓我知道誰才是老大。

「佩卓，到訓練室後面來一下，我們得聊聊。」

那個儲藏室沒有窗戶且堆滿雜物，不比一個大壁櫥大多少。丹也已經在裡頭了，我在他旁邊坐下。

喬要克里斯．科瑞提跟我們一起進來。

「克里斯，佩卓今天復健有遲到嗎？」

「佩卓從來沒有遲到的問題啊，喬。我就是配合他的時間。」

「克里斯，佩卓今天是在表定的下午一點三十分到的嗎？」

「不是，但喬，無論什麼時間，只要佩卓方便，我就方便啊，我整天都待在這裡，而且——」

「克里斯，夠了！佩卓，你又遲到了。我們這些排程是有理由的，而且——」

「喬，我知道自己在幹嘛，克里斯也知道我在幹嘛。我們合作愉快。就算我沒有在表定的時間出現，也不是什麼了不起的事——」

「不是什麼了不起的事?」喬假笑說。「佩卓，你以為自己排的時間表比我排的厲害嗎?在蒙特婁這樣做有效，剛到波士頓不久的這陣子也有效，不過這種狗屎事再也不會在我的隊上發生了!」

「喬，你下地獄去吧。你在蒙特婁以及在波士頓對我做的那些事，還不夠證明你的無能嗎?」

喬和我開始往前走，眼看著就快要發生肢體衝突了，不過克里斯和丹把我們兩個拉開。

「我只是想讓這些大男孩可以團結一致，」丹說。「不過我在這方面做得沒有很成功。」

八月底歸隊後，我先發出賽三場。很巧的是最後兩場又是對上洋基隊，一場是九月一號在芬威球場，再來是九月七號在洋基隊體育場。

雖然我在九月一日的投球內容看起來頗為體面，總共投了六局，被敲出兩支安打沒失分，投出六次三振，沒有送出保送，不過我的身體有種對投手丘相當陌生的感覺。我知道自己投球的樣子跟以前不一樣了。這是必然的，我得為了自己的傷做點修正，這意味著我得調整投球機制。有一個明顯的差異，就是我的放球點沒有跟以前一樣超過頭，而是更往側邊一些。這跟我在一九九九年分區季後賽第五戰在克里夫蘭那場比賽修正比賽策略，只投變化球的情況不一樣。這次我可以投快速球，不過卻投得猶豫不決。投球時，我做的每一件事都變得十分躊躇。

同一時間，丹持續對外聲明說，他相信我本質上是健康的。

我對他說的話感到非常震驚。當時所有人都知道我的旋轉肌有輕微的撕裂傷。

「我沒有想到丹會說我是健康的，因為去他媽的，這並非事實。」我說。「我會盡我所能來幫助球隊。我不需要誰來激勵我。若你想的話，我可以把他媽的支票還給你。你把支票收下，然後我會回老家讓肩膀好好休息，不用對任何事抱有罪惡感。」

「他不會冒著風險把我推上場的。如果受傷了，我就是停止出賽而已。」

我還有一次先發。假使我在芬威球場都投得畏畏縮縮，六天後在洋基體育館的表現就更糟了。賽後，我幾乎快哭出來，說我感覺好像是在「拿我的職業生涯冒險」。

「我覺得不太對勁，我不覺得自己好到可以投球。」

丹、喬和我在紐約討論後，大家都同意我沒有理由在後面的消化比賽中出賽（我上次先發之後，我們已經落後十一場勝差了）。

我們在紐約的最後一場比賽表定是九月十日，不過因為下大雨，我們得在拉瓜地亞機場（La Guardia）的停機坪等候大約幾個小時，等到暴風雨平息之後，我們就可以在相當晚的時間離開此地，前往坦帕。

九月十一日早晨，當我們開始不斷接到家人打電話來要我們打開電視的時候，大部分的人都還在旅館的房間裡睡覺。我看著翻騰的煙霧從雙子星大樓倒塌的瓦礫堆中冒了出來。我告訴《波士頓先驅報》的記者說我在看著這段悲劇時，還一邊尋找看看有沒有「溫和的音樂、溫和的聲音」。「這看起來像是部電影，一部恐怖片，一場惡夢，有種你突然醒來，然後感覺有東西在你身後，然後你會開始尖叫，但你卻沒看到身旁有任何人。」

後面幾天我們都待在旅館，等待大聯盟宣布何時，或者是球賽會不會重新開打。與魔鬼魚隊的系列賽取消了，因此我們轉搭巴士與火車前往我們下個系列賽的比賽地點巴爾的摩，後來我們搭乘了九月十一日之後首度授權起飛的班機，前往羅德島的普羅旺斯，那時波士頓的羅根機場還是處於關閉的狀態。抵達後我們乘坐巴士返回芬威球場。這場回家的旅程相當漫長。

一直到九月十八日球賽才恢復正常。這段期間我們就在芬威球場練習，這時喬和我起了最後一次的爭執。

我很清楚之前喬與卡爾在重訓時因為種族衝突對罵到幾乎要打起來的事。我不知道我現在還跟球隊一起行動究竟有什麼好處，但喬希望我穿著全套球衣來球場。我覺得這實在太荒謬了，但我還是把球衣套在我平常穿的衣服外面，然後走去球場。

喬一看到我，就叫我去牛棚指導正在進行場邊練投的德瑞克・洛夫和布朗森・阿若尤（Bronson Arroyo）。

當下我整個爆發了。

首先，我跟他說，你要叫你的新投手教練羅夫・卻烏爾（Ralph Treuel）去觀察洛夫和阿若尤的投球狀況，我不是投手教練。

「喬，我不需要到球場來，我不會做任何練習，什麼也不會做。我可不可以待在家就好？這對我來說絕對是超沒意義的啊。我今年確定完全停賽了。」

「不可能，如果大家都得到場，為什麼你可以待在家裡？」

「喬，我們剛剛搭了二十一個小時的火車，而且我還有傷在身。我什麼都不用作，我不會去做重訓，我也不會在球場上做任何練習。為什麼你就是不讓我回家？」

「因為你可以幫上忙，你可以幫忙照看在牛棚練習的投手。」

就在那時，我站在內野把整套球衣脫下來，把上衣丟在他腳下。我絕對是不應該做出這種不尊敬紅襪隊的事情的，但我想對喬不敬，我想告訴他，我不要再替他打球了。我大聲的對他說：「我要離隊。」

喬跟丹報告這起事件，當時丹正在左外野的座位區觀察其他球員的練習狀況。

我走上看臺的座位去找他，跟他說：「你知道嗎，丹，你現在可以把我釋出了，讓我成為自由球員吧，你可以把剩下的錢留著，反正我就是不要替喬打球了，對不起。」

「佩卓，我們不用走到這一步的。」

最後我們說好了隔天在芬威球場開個會。

我打了通電話給我的經紀人費南多．庫薩，事先警告他說我強烈考慮要跟球隊提出要他們釋出我的要求。

他一直要我冷靜考慮一下，不過當我跟丹會面時，我說：「我希望你將我釋出或是把我交易出去。」

「我不會把你交易出去，更不會將你釋出。」

「我會在釋出同意書上簽名的，你也可以把剩下的錢留著。」

「不要啦，我不會這樣做的，佩卓。」

不過丹知道我是認真的。

「你是真的、真的很沮喪吧，佩卓。」

「不是，我只是受夠了而已。」

最後，丹越過喬直接做出決定。

「佩卓，離開這裡。回家去，復健、休養，照自己的安排的課表訓練，做你該做的事，明年給我健康的回來。你還需要什麼？」

我告訴他我想要我們的訓練員瑞奇・扎瓦克奇（Rich Zawacki）跟我一起回去，指導我的訓練員該對我的肩膀做什麼，然後我還要體能與肌力調整員貝克（B. J. Baker）跟我一起回去。

丹對我開出的條件照單全收，然後我就從波士頓飛回我的老家多明尼加。我整個是歸心似箭。

第五部

2002-2004

第二十章　醜陋的一章

相信我，我覺得自己是使用類固醇最完美的人選。

時間要回到我剛進入棕櫚營，還是個骨瘦如柴的十六歲小鬼的時候，我身邊所有人都不斷跟我說，我實在太小隻也太瘦了。

「佩卓，你不想投出成績嗎？」

這是什麼問題？當然想啊。

一九九二年球季開始我到達阿布奎基隊時，第一次有人提供我類固醇，我真的很想試看看。首先，我聽他們說。

「來一針吧。」一個隊友這樣對我說，他沒有使用「類固醇」這個字，只說了「來一針」。

「然後你就可以進去健身房，只要你想舉多重，就能舉多重，接下來你就會變得越來越大隻，越來越強壯了。」

這聽起來對我來說只有好處，完全沒有壞處。

儘管如此，我還是如同火箭般在小聯盟直線往上爬，並以十九歲之齡爬到了三Ａ，我仍舊對自己的身材很敏感。我還沒升上大聯盟，但我急著想登上大聯盟的舞台。我大概五尺十一吋，還是個矮子，而且應該不會再長多少了。可是變壯呢？我還有變厚的空間。

雖然我的防禦率比佩卓·艾斯塔西歐還要低，但比我大隻、高挑、強壯的他，季中就被道奇隊徵召上大聯盟了。

我則被困在了新墨西哥。

那份誘惑剎時變得十分真實。

我太小隻，也太脆弱了。

要說誰有使用它的正當理由，那必定是我。

但聽完他們的說法後，我還有一些疑問。

「會有什麼狀況嗎？我是說會發生什麼壞的影響嗎？」

「你的奶頭可能會長大，奶子也可能會變大，」他說，「或者可能會傷到你的生殖器。」

第一種副作用就夠糟了，但第二種則更嚇人。

我可不想那樣。

我當下就拒絕了。

一九九〇年代中期時，大聯盟沒有警告我們類固醇的危險之處，或是它對於骨頭、肝臟與大腦造成的副作用。然而很明顯的，球員還是一直在使用它。我周遭球員的身體，都好像充了氣一般，變得越來越大隻。我從來沒看過有人長出胸部，不過他們長了很多痤瘡，特別是他們的背上。我也注意到有非常多人在被三振或是打出深遠的高飛球被接殺後，有易怒的傾向。那些日子，走進通往球員休息室的通道時，都可以看到許多斷掉的球棒。我甚至無法想像，要是我使用類固醇後，會出現什麼反應。我生下來就相當容易發怒了。我一定會每天跟人打架，因為這裡沒人比我更容易發怒了。

無疑的，我知道自己的隊友跟對手都有人使用它，不過當時我並不知道，或者至少不確定他們實際使用的是什麼藥。後來米切爾報告（Mitchell Report）[1]和其他調查報告列出了一大串名字，且越挖越深後，我才開始根據之前觀察到的事情做出推論。無論發生了什麼事，大部分都是在偷偷摸摸的情況下做的。沒有人會在球員休息室邊逛大家邊喊著：「大家來喔，來打些類固醇喔！」

一九九四、九五年我待在博覽會隊時，我有好幾次都看到大家互相幫彼此注射。我是眼睜睜看到那些場面的，而且那確實是常見的景象，但我不好說針筒裡面到底裝了什麼。我不能確定裡面就是類固醇。我從沒看到或聽到「類固醇」之類的字眼跟那些針筒和工具產生任何連結。我真心認為那是止痛藥或是某種他們用來止痛或消炎的東西。我知道現在聽起來很天真，但當時我無法確定，只能隨便猜猜。我不可能走到某個上面擺滿小藥瓶的桌子旁，然後挑出裡面裝著類固醇的瓶子，因為我完全不知道他們怎麼稱呼這個東西。

米切爾報告出爐，並列出被指控使用增強體能藥物（PEDs）的球員名單時，我大為震驚。

---

[1] 大聯盟主席委託前聯邦參議員喬治・米切爾調查球員禁藥使用狀況的報告

在我心中，報告中列出的那些球員，像是羅傑・克萊門斯、貝瑞・邦茲、傑森・吉昂比（Jason Giambi）、蓋瑞・謝菲爾（Gary Sheffield）、馬克・麥奎爾、拉裴爾・帕梅洛（Rafael Palmeiro）、安迪・派提特，這些都是非常優秀，很了不起的球員。後來曼尼・亞歷山大的名字也出現在名單之中。曼尼可能是其中讓我最為失望的人。一開始我拒絕相信這件事，我們總是混在一起。再者，為何曼尼這種天資優異的打者會需要使用這種東西呢？像保羅・羅杜卡（Paul Lo Duca）這種總是無精打采的萬年小聯盟球員，他的名字出現在米切爾報告之中，他可能會為自己辯護說：「**我毫無機會，這是唯一能夠讓我登上大聯盟的方法了！**」他是個矮小且毫無長打能力的捕手，我可以理解類固醇對這類人的誘惑有多大。

可是曼尼？

當我聽到警察在曼尼・亞歷山大車廂儀表板下的置物箱發現了類固醇時，我驚呆了。曼尼・亞歷山大非常高大，而且紅襪隊其他內野手也從原本如同皮偶般細瘦的身材，整個漲大起來，變成了強打者，但我從沒懷疑他們做了什麼事。後來我才想到，「**老兄啊，不會連他們也都打了吧。**」

事實上，有許多多明尼加球員也都與類固醇及其他增強體能藥物畫上等號，這讓我對他們非常失望。我過去曾合作的訓練師，外號是「納歐」的安吉爾・裴欣諾（Angel Presinal）在二〇〇一到二〇〇三年突然爆出一些新聞，後來接著是被懷疑有十年的時間他一直提供類固醇給某些球員，像是璜・岡薩雷茲（Juan Gonzalez）與艾利克斯・羅德里奎茲。對於納歐，我只能說，對，一直以來他訓練過我們這些球員，而且他在多明尼加球員之間是位熱門的訓練員。不過說他替我們注射類固醇？我從沒看他這樣做過。他從沒提供給我過，假使他真的提供，我也不會去用。

我離開小聯盟後，沒人提供類固醇給我過。

重要的地方是，我在大聯盟時，身邊使用類固醇的狀況極為猖獗。當時我不覺得大家都有使用，直到我看到他們出現在疑似使用的名單上後，我也只能在心裡猜測他們究竟有沒有使用了。

不過這件事讓我回到了二〇〇三年季後賽美聯冠軍系列賽第七場，當時傑森．吉昂比以失去平衡、單手持棒的狀態，將我的變速球直接敲到了中外野去，真了不起。

我也想到了路易．岡薩雷茲。二〇〇一年時他敲出了五十七發全壘打，到底是怎麼打出來的呢？布拉迪．安德森有一年敲出了五十發全壘打，但隔年只剩十八支？咦？這些數字都相當有趣。現在我知道，這些年來那些球員都有使用禁藥，我有一大堆疑問，我也不斷的猜想到底有誰在使用呢？

我的訓練過程完全公開。我會驅車前往聖多明哥中部的奇士蓋亞球場，跟很多小鬼一起進行訓練、使用彈力繩、慢跑與衝刺，進行每項訓練時，大家都可以看到我在幹嘛。同時，那些球員之中有某些人會前往亞歷桑納，在一個遠離大眾目光的祕密設施之中進行訓練。然後突然間，他們在亞歷桑納的訓練結束後，他們就會以多了二十磅肌肉的身材出現在春訓的場地。我增加最多體重的一次是多了六到八磅，那是二〇〇一年球季結束後，快要進入二〇〇二年的時候，當時我特意增加肩膀的肌肉量，好保護旋轉肌讓它不要再次撕裂。

我都在公開場合訓練，而且完全沒有什麼祕密，但我不會隨便亂說其他人是不是有使用藥物的事。我知道很多人都使用了增強體能藥物，相信我，大家多少都會認識一些有在用的人，不過我不會精確的說出誰使用了類固醇，因為我真的沒看到過。

我知道的就是，當我日復一日的在球場上比賽，我從未停止思考究竟是出了什麼問題。不過想像一下若我可以回到某些時間點，像是二〇〇三年美聯冠軍賽第七戰，傑森・吉昂比對我敲出的那兩支全壘打。還有我在一九九〇年代與二〇〇〇年初的防禦率，想像一下，假使當時大家都是以正常的水準出賽的話，會是什麼樣子呢？

不過另一方面，我不認為自己希望事情不是以現在的方向前進。你無法選擇自己會在哪個年代打球。我總是希望能面對到最強的打者，而數字顯示我投球的時代，當時的打者是最具危險性的。我們彼此的顛峰時期互相重疊了，而我的顛峰能力顯然更強。但願再也沒有投手會面對到用藥的打者，就如同我但願再也沒有打者會面對到用藥的投手，或是因此失去出賽的位置，因為這樣會讓其他隊友有樣學樣。這些人選擇使用增強體能藥物的決定，改變了比賽結果，也傷害了比賽的乾淨與純潔，我無法寬恕這樣的事情。

我很高興自己身處這個年代。我總是在最強大的戰鬥中出賽以檢視自己的能力，而我認為自己身處的年代將會是棒球史上最具挑戰性的時期。

這是一種負面教材嗎？

對棒球來說，是的。

對我來說，這是正面的教材。

今時今日，我擁有一個普通的身體，是一個上了年紀的人的普通身體。我會服用一些安舒疼（Advil），僅此而已。

那些棒球記者現在有適合他們的工作了。他們得決定我這個年代有哪些球員應該被選入名人堂。那些年讓人有種烏雲蓋日之感。我覺得那幾個特定的體育記者得好好處理他們投票的責任，他們之中有好幾個人都沒有善盡這項責任。而我給他們的建議是千萬要小心。

對我而言，邦茲與克萊門斯在他們的名字與類固醇連在一起前，是有足夠的機會進入名人堂的。不過他們是多早以前就開始用藥了呢？我不知道，我也不確定會有人真的知道。這是個兩難的問題。而我確信那些記者和我都同意這事有個唯一的前提，即類固醇事件非常醜陋。我非常痛恨談論這件事。

若我把話題拉回棒球上，大家會介意嗎？

第二十一章 寶刀未老

我人生第一次擁有六塊肌，牛仔褲看起來很棒，胸部也練得很大──喔，媽媽咪呀，佩卓來也！

「我把大家都幹掉了！」二〇〇二年春訓，我走進麥爾斯堡後這樣宣布。

我以為自己在贏得球隊最佳體脂肪獎上占了有利地位。

這個冬天沒人比我練的更兇。我每天花六、七個小時，跟不同的訓練師一起健身，不只是做平常的核心、腿部鍛鍊與跑步，還加了上半身重訓：伏地挺身、九十度伏地挺身、坐式划船、米桶訓練、對牆投沙包、飛鳥、滑輪下拉、直臂下拉、三投肌下推、啞鈴彎舉、俯身臂屈伸、單臂彎舉──所有項目都是為了要保護我的肩旋轉肌，並用大量肌肉將它包覆，使其能夠撐過整個完整球季不再撕裂且不會造成疼痛。二〇〇二年二月時，我的體重來到了一百九十一磅，比我正常體重要多了六至八磅。所有新增的肌肉都集中在腰部以上。

但我的名次掉到了第三名。我的體脂肪是百分之八，我個人最佳記錄，不過有幾個愛炫耀的內野手，諾瑪跟瑞．桑契斯（Rey Sanchez），他們的數字是荒謬的百分之四。

我看起來相當時髦，而且心情非常好。二〇〇一年整個冬天遠離紅襪隊的大災難，讓我精神大振。沒人覺得我得考慮動肩膀手術，我也致力於消除所有動手術的可能性。雷蒙以三十三歲之齡離開了大聯盟。我們兩人都有不同狀況的旋轉肌撕裂傷，但他在手術後只又繼續投了兩季就退休了。過了冬天我就三十歲了。對某些人而言，三十歲是一個很大的里程碑，不過對投手來說，它標示了一個職業生涯的轉折點。對之後的生涯來說，三十歲的投手必定得要做一些額外的鍛鍊來保持身手，並延遲身體那無可避免的老化狀況。

二〇〇一年球季我只出賽了十八場，投了一百一十六又三分之二局，明星賽後我只先發三場，總共投了十三局。

即使我的名字上掛了三座賽揚獎，但我還是不想讓二〇〇一年的紀錄變成大家對我最後的印象。

我無法忍受道奇隊知道我在三十歲前就發生狀況後，感受到某種小確幸的可能性。我絕對無法接受他們的判斷可能是正確的，而我居然是錯的。任何努力鍛鍊自己的人都知道，當你獨自思索並尋找讓你繼續下去的動機時，需要抓住一些想法作為觸媒。

我有自己的觸媒，而且非常明確。

紅襪隊換了新的東家。我可以感受到空氣中瀰漫著改變的氣氛，而我喜歡目前事情的走向，但我得確保自己不會跟他們正在處理的問題沾上邊。二〇〇二年二月二十七日，球隊交易的事情敲板定案後，他們便在二十四小時之內將丹解雇了。看到丹離開我覺得很難過。他兩次為了得到我進行了交易，而且我們總是能把彼此不同的論點開誠佈公的提出來討論。我總是能感受到他對我的謝意，並在我背後支持我。

我最熱切期待的改變不到一個星期就發生了。從我走進春訓營開始，我就完全不理會喬．凱利根。後來，到了三月五日時，新的老闆就對他下手了。

有流言指出紅襪隊會雇用菲利普．阿魯作為他們下一任的總教練，我很喜歡這個消息，不過我的首選是除了喬以外的任何人。當老闆走進球員休息室，跟我們介紹新任總教練葛雷迪．利托（Grady Little）時，隊上所有人都發出了歡欣的吼叫並起立大聲鼓掌歡迎他，那股掌聲大到球員休息室外頭的記者都聽的到。葛雷迪在一九九八與九九年時擔任吉米的板凳教練，而且相當受到大家的歡迎，是個鎮定自若，我們都很熟悉並且值得信賴的人。

沒人比我更開心了。我全身脫光，跳上椅子大聲吼著：「葛雷迪，歡迎登艦。」用搖擺我的雞雞來表達我對他的敬意。

後來，葛雷迪說他對我的舉動感到無比光榮。

「我將那些舉動視為是一種對我表示敬意的姿勢，並告訴了我一個事實——即他真心對於我的到來感到高興。」葛雷迪說。

當葛雷迪看到我的舉動時，他能做的，就是不斷的大笑。

「小佩，你實在太瘋狂了，我的小老弟啊。」他說。

雖然，我上半身肌肉的增加能夠作為緩衝，但卻讓我在投球的控制力上有些退步。我的球速沒問題，還是可以輕鬆投出九十三、九十四英里的快速球，不過控球與壓制力卻變得很恐怖，完全是飄忽不定的狀態，幾乎是壞球連發。

而且當我投完球後，我雙手手臂肌肉都會有種刺麻感。那些肌肉讓我有種他們接管了我的身體的感覺，而且會讓我投球時身體搖晃。

「克里斯，這不是我，我以前不是這樣的，」我跟我的訓練員克里斯．科瑞提說：「我得降些體重，身體這麼重我沒法投球。」

我在春訓的練習狀況非常失敗。我當時並不知道，不過營運部門那邊給克里斯很大的壓力。他們認為克里斯可能進行了一種過度強調重量訓練，具有瑕疵的課程，並將我的準心給奪走了，這對我和球隊來說都是明顯的挫折。

我們都不確定是否真的犯下了大錯，但我們都同意我得停止上半身的重量訓練，回到我平常的例行訓練程序，專注在維持體能與柔軟度。回到原本的程序兩個星期後，我的控球與壓制力漸漸開始有了進展，我也甩掉了一些體重，降到一百八十五磅，這個球季剩下的時間我都維持在這個體重。

德瑞克．洛夫，我比較喜歡叫他「大鳥」，二〇〇二年他第一次被派入了先發輪值中，當他問我能否指導他時，我覺得很開心。他問了我球的握法、手指擺放的方式、手指的力道等一大堆投球實際的竅門。不過我幫助他最多的，是先發時的心理建設。他會開我玩笑說：「我沒辦法跟你一樣投出九十五英里的快速球，而且我會非常想在沒有好球兩壞球的時候對右打者投出外角偏低的變速球，不過若是用一到十分來看的話，你的變速球是十分，我只有四、五分。」

「大鳥啊，沒關係的，我們來聊聊你的優勢。你可以做什麼、你過去曾嘗試過什麼以及那些方法奏效了？試著想想。最差的情況會是如何？有個傢伙敲出了一支全壘打？那又如何？」

「你得要更無所畏懼並完全相信自己投出的球，別擔心結果，什麼都別去擔心。」

當我們在傳接球或是站在球場兩端拉長球時，我示範給他看，要他知道不要只是單純的傳接球，他應該在投球上多放點心思，並能夠不斷重現正確的投球方式。

「觀察球飛行的狀況，當你調整握姿時，注意球的變化，讓投出的每一球都有價值。」

我的投球課程變成了他的課程。他得在每隔五天輪到他上場主投時撐起比賽，但他在先發與先發之間，沒有不精進實力的理由。若他提起說肩膀疼痛或是背不太舒服，我會跟他說要繼續撐下去──除非是很明顯的疼痛，不然就不能打破規矩。

投手的訓練課程，無論是春訓或季賽開打後，一天都只是幾個小時而已。時間並不長，因此你不用時時刻刻都以超人般的努力來保持精神集中、刻苦練習，並抹除一切雜念。要常在練習過程中擠進一些樂趣，別忘記棒球的有趣之處，我會這樣告訴他，不過還是要認真看待你的訓練。我努力試著要傳授他這件重要的事：內在的堅強、自信以及隨時保持奮戰精神。

接下來十年的時間，德瑞克都是擔任全職先發。他從未錯過先發，或是進入傷兵名單，但他後來的成績也沒能超越二〇〇二年的表現。他以二十一勝八敗、防禦率二點五八以及〇點九七四的WHIP作收，是他生涯成績最好的一年。

儘管我的數據沒有反應出來，但我處於慢熱的狀態。

我在主場擔任開幕戰的先發，不過我搞砸了：被敲出九支安打，兩次觸身球，丟掉七分。葛拉迪在我的第一場比賽，投到第四局兩人在壘時就把我換了下來。

比賽結束後，所有人都很關心我的狀況，但我能做的就是要大家有點耐心。《波士頓環球報》（Boston Globe）體育專欄作家丹・山奈西（Dan Shaughnessy）提出一個論點，即自從我去年用貝比魯斯魔咒詛咒自己之後，我還沒贏得比賽過。當我在巴爾的摩下一次先發，投了六局只被敲出三支安打，沒失掉任何分數後，在球員休息室看到他時我感覺非常開心。

我在一顆球上寫著「第一勝（〇二）（我只相信上帝）」，然後將球丟給他。

「送給你的，山奈西。」

上半季我對於重新習慣跟過去一樣連續先發出場有點無法適應，每隔幾場我都會突然失去準心且無法快速恢復正常。更重要的是，事實上我的肩膀感覺非常好，而我也開始相信自己的身體。我開始找回身體的感覺，而且重新感受全新的自己。我上半季的數據蠻不錯的：十一勝二敗、防禦率二點七二、WHIP〇點九六〇，被打擊率是兩成〇五。德瑞克上半季的成績比我更好一些：十二勝四敗、防禦率二點三六、WHIP〇點九二四，被打擊率是一成九八。

等到進入下半季後，我覺得狀況越來越好了，好得讓我有心情可以開德瑞克的玩笑。

「德瑞克，你最好上緊發條啊，因為我要追上來了。」我警告他。

克里斯對我使出嘲諷：「這就是賽、賽、賽三屆賽揚獎大投手的作風喔！做好心理準備吧，德瑞克。」

過去我總是跟德瑞克說，上半季結束後要先整理好你的精神，而且要不斷保持同樣的態度。德瑞克下半季並沒有出現大崩盤的狀況，但還是丟失了幾場，戰績是九勝四敗，附帶防禦率二點八三、WHIP一點〇三三以及二成二五的被打擊率。數據還算不錯，但我下半季的成績則是跟過去的佩卓相差不遠：九勝二敗，附帶防禦率一點六一、WHIP〇點八七三以及一成九八的被打擊率。七月下旬到八月初這段時間，我投出了生涯最多連續局數無失分，共三十五又三分之一局。

然而，我們的成功對球隊的影響微之甚微。我們在六月中將美聯東區的領先地位拱手讓給了洋基隊，而隨著球季的進行，我們被拋得越來越遠。我們在七月時得到了我在博覽會隊的老隊友克里夫．佛洛伊德，不過依然無法取得任何進展。到了九月初，我們落後了七場半，而葛雷迪在紐約開了一場球隊會議。

葛雷迪並沒有拉高他的音量，但他反覆抨擊我們沒有盡責的努力準備比賽，比賽時也沒有拿出應有的態度，用拚戰的精神在場上努力。

這時，我們都很喜歡葛雷迪，但我覺得自己應該站出來為球隊說話。現在是九月，而且我們還得讓人提醒什麼時候要出現在球場，我們沒有隨時保持緊繃的態度，有些人若是今天沒有出賽的話，他們會等到比賽前一個小時左右才慢慢走進球場。我告訴他，你不能放縱球隊一整季，然後到現在才要我們把皮繃緊，已經有一點點晚了。

「葛雷迪，我不覺得你需要說成這樣，我們這一季都打了這麼久了——你應該從帶隊第一天就掌控全局。」我這樣說。我認為葛雷迪應該要在第一季建立起他的領導風格，因為到了二〇〇二球季結束時，我個人雖然對自己這一季的表現感到非常驕傲，但這是我們連續第三季沒能進入季後賽了。

葛雷迪沒有把我突然插話放在心上。

「我喜歡老將站出來說話並展現領導才幹的樣子。」他說。

我以高調的成績結束這一季。當我在巴爾的摩贏得第二十勝時，我在旅館的房間裡辦了一場派對：香檳、食物、年紀比較小的傢伙都要出席，來了之後，他們想去城裡晃晃的話也請自便。我還記得那時我跟凱西．弗薩姆（Casey Fossum）一起廝混了好一陣子。我覺得他是個不錯的孩子，跟我以前一樣乾癟，可能還更瘦小些。

我總是希望成為大聯盟最棒的投手，這一季我把自己拉回到那樣的高度了，不過紅襪隊的戰績又一次位居分區第二，只能抬頭仰望洋基隊。我球季後的日子又一次圍繞在獎項投票的混戰之中。

這一季結束時，我在三十次先發中，拿下了二十勝四敗，投了一百九十九又三分之一局、防禦率二點二六、ERA＋二〇二、兩百三十九次三振以及〇點九二三的WHIP（幾乎與一九九九年完全相同）。

我的防禦率、ERA＋、WHIP、勝率、勝負比、每九局三振數（十點〇八）、每九局被安打數（六點五）與三振四壞比（六點〇）皆領先全聯盟。

奧克蘭的左投手貝瑞・齊托（Barry Zito）則是在勝投數（二十三）與先發數（三十五）領先聯盟。他也以兩百二十九又三分之一局的數字，在總投球局數上勝過我。

齊托贏得了二〇〇二年美國聯盟賽揚獎。我則是排在第二位。

我認為自己應該贏得這座賽揚獎的，但這不代表我認為貝瑞不值得這座獎，我希望大家能理解這兩個想法是可以共存的。貝瑞這一季的表現確實有目共睹，而他謙遜的提到這點，說賽揚是個像我一樣的右撇子投手，而非跟他一樣是左撇子。

但沒有，我還是沒能贏得二〇〇二年的賽揚獎。

又是第二名。

第二十二章 脾氣不好罷了，就這樣。

當古斯．干索．葛瑞格森看到我的眼神中出現了退出比賽的信號，他整個人驚呆了。二〇〇三年在芬威球場這場二度因雨延後比賽的開幕戰中，他和全場三萬兩千零二十九名越來越焦躁的球迷們最不想看到的，就是我把帽子脫下來又重新戴上的景象。到了第五局，金鶯隊打了一個七分的大局，而我毫無反擊之力。我在第一局就掉了三分，但我之後三局都沒失掉分數，我想說自己應該找回投球的感覺了，但接著第五局就來了。金鶯隊很快就拿下了兩分，而我在道奇隊小聯盟時的好朋友干索，今年接替我們隊上正在跟癌症對抗的投手教練湯尼．科羅尼傑（Tony Cloninger）來到紅襪隊，他很快就走出球員休息區來到我身旁，不悅的皺著眉頭。

「這是我第一次看到一名投手自己想要走下投手丘。」干索說。「我看著這個孩子的眼睛，記起了他十七歲時曾跟我說過，他比這裡所有人都要厲害的事。他說當他站上投手球時，就連面對上帝他都會勇敢與之對決。」

那天不算。我那天一點鬥志都沒有，控球或壓制力從一開始就沒能發揮出來。

他不像普通投手教練會用雙臂拍拍我，跟我說「佩卓，撐下去。」，而是開始對我大吼大叫。

「佩卓，你有兩個選擇——要不是現在就退下來，不然就把場子給要回來。」他說。

我低下頭，點了點頭，踢了幾下泥土。此時無聲勝有聲。千索和體育場內所有的人都等著看我拿出點鬥志給他們看。

他們看到我先是投出四壞造成滿壘，然後又被敲出一支兩分打點一壘安打。

千索再度走上投手丘。我今天的比賽已然結束。有人跟我說，我下場時全場噓聲震天，但我恍若無聞。我在芬威球場唯一聽到過的噓聲，是一九九八年對上大都會的比賽，而且當天沒人知道我正在與胃痛問題奮戰。五年後，觀眾會這麼生氣是因為他們知道太多我的事情了。

「嘿，這就是那個我們花了一千七百五十萬留下來的人呢。」有個球迷大聲喊道，提醒我五天前紅襪隊選擇執行我二〇〇四年價值一千七百五十萬的球隊選擇權。當我走到球員休息區的第一個階梯時，我停下腳步並給他了一個，我通常會保留給剛剛漂亮的將我的變速球敲出去的打者那種瞪視。

「我只是想靠近一點看看說那句話的人，」當時我這樣說。「我希望自己有天能看到他幫我鼓掌，而我會再看他一次，只是把他當做一個人而將他記住。」

我從沒投過比二〇〇三年四月十二日更糟的比賽。在四又三分一局的投球中，被敲出九支安打、投出四次保送並丟掉十分。這個成績實在很難突破，感謝上帝我也真沒能突破了。

但一切都發生在第五局——我眼中露出退出比賽的信號、無禮的提醒我現在的薪水，這些事情定調了我今年會是個以暴躁不安的表現為基礎，並混合了因為易怒與消沈而不斷產生衝突的球季。

二〇〇三年季後賽那份暴躁整個提升到了另一個層次，不過從春訓開始，我就被我個人的困境給吞噬了。有好一段時間我都無法把心思放在自己以外的地方。

我的合約是在二〇〇三年球季到期的，但球隊擁有我二〇〇四年的選擇權。他們可以等到很久以後，到二〇〇三年球季結束，一直到十一月再決定，但我不想等這麼久。我知道我得等，不過我認定自己應該值得讓他們打破這個規則。

技術上，我知道紅襪隊現在什麼都不用作。

但我深深認為他們在對我的尊敬與邏輯上應該做這件事。

我知道若我無法確定這是不是我在紅襪隊的最後一個球季，一定會讓我分心，這是一件我絕對無法忽視的大事。

事實上，我要的比二〇〇四年的選擇權還要多。我想要紅襪隊不只是執行我的選擇權，還要再延長我的合約到二〇〇七年。

春天時我們進行了許多次會議：有一個晚上我們在紅襪隊主要股東約翰·亨利（John Henry）的遊艇；一次是在邁爾斯堡鬧區的老式餐廳維蘭達（Veranda）用午餐，還有一次是在紅襪隊總裁與執行長賴瑞·盧奇諾（Larry Lucchino）的家，他跟我住在同一個社區。那天晚上，他還帶上了他那甜蜜的母親蘿絲到用餐室來。

我假裝自己被冒犯了。

「喔不，你不能在談判的時候帶上自己的媽媽，這太不公平了，對你們的優勢太大啦，我可沒辦法在餐桌上抵擋你母親的攻勢。」我說。

「佩卓，她只是來跟你打聲招呼而已。」

「那麼，我就當成是中場休息吧。」

我們在賴瑞家進行過幾次面談。有一次費南多報告了一次我們的延長合約計畫想法後，紅襪隊也透露了他們對我未來的想法。紅襪隊總經理西奧．艾普斯坦（Theo Epstein）告訴我，他認為我手臂的角度掉下來了，而且球隊很關心我的耐久度，然後賴瑞就開始說明他們跟我的延長合約想法不同之處，主要是紅襪隊想要確保他們的利益，以防我太快衰退。

我感覺這次面談雙方沒有對延長合約達成共識的機會。費南多、賴瑞與西奧在春天必定還得在開個六、七次會。紅襪隊希望我高抬貴手，不要把討論的內容在媒體上公開，這沒問題。

我們這一季是在多倫多開始，那天球隊告訴我，他們決定執行我在二〇〇四年那張一千七百五十萬元的合約，我將會以史上單一球季最高薪的方式，回到投手薪水榜的頂端。

球隊放出他們自己的聲明，說：「這對我們擁有一個開心、專注的佩卓．馬丁尼茲上，有長期的利益。」球季後，球隊會繼續與我協商，來達到讓我回到紅襪隊的「共同目標」。

我們這邊也發出了聲明：「我非常感謝並樂於見到他們執行了選擇權，我也感謝雙方都為球季結束後，在十一月時的協商開了一道門。希望接下來我們能夠將合約底定。我很高興合約的事情告一段落。現在我希望能專注在比賽上。」

就如同我職業生涯中發生的所有事情一般，這結論來的相當簡單。

我不認為有人會對延長合約與選擇權的討論內容感到興奮。

西奧覺得營運部門失去了這份球隊選擇權的價值，因為理應要等到我證明自己的健康才執行，賴瑞察覺到我對於沒拿到延長合約而感到不開心，我也完全不感謝媒體報導紅襪隊執行我選擇權的方式。他們讓這件事聽起來像是我不只是個受到父母溺愛，愛發勞騷的小孩，而且我還不斷埋怨沒拿到延長合約。

當我回到芬威球場，並聽到球迷說我不值得那份薪水時，我也暗自做出算計。我得緊緊將嘴閉上。我得遵守對球隊許下的諾言，但結果就是，因為媒體的推波助瀾，球迷堅信我是以某種方式恐嚇紅襪隊，強迫他們執行選擇權的。

我張開大嘴巴說明狀況對我有什麼好處呢？

主場開幕戰後，我通知媒體說，我再也不會跟他們聊到合約的事情了。

「我不是要抱怨誰，我只是不想再說了，就這樣，」我跟他們說。「我累了，而且我只是不想這樣做而已。」

有個自以為聰明的人想知道誰會是他們跟曼尼之間的聯絡人，這是曼尼從去年開始封閉自己後，我一直擔任的角色。

「現在呢，你們自己想辦法找曼尼聊吧。」我說。

這項禁言令是沒有期限的。

「反正不是現在、可能不是這季結束，也許不知道什麼時候。」

或是直到六月初為止。

我們二〇〇三年新的大物選手，要等一陣子才慢慢浮現：大衛．歐提茲（David Ortiz）。二〇〇二年聖誕節前後，我打電話給西奧與賴瑞，建議球隊簽下大衛，他才剛被雙城隊釋出。「他是個非常棒的球員，在多明尼加時廣受好評，他是個好球員，只是被雙城隊給愚弄了。」我告訴賴瑞。

最終，到了一月，大衛跟我們簽約了。

原本一壘手與指定打擊的工作，是新來的傑瑞米．吉昂比在做的，但到了五月底，他還是無法將打擊率提昇至超過兩成。大衛雖然在有限的上場時間內不斷產出成績，不過他也開始對自己當初跟紅襪隊簽約的決定感到後悔。我跟總教練葛雷迪說，除非大衛跟我一起出現在先發名單上，不然我就不投了。葛雷迪聽到我這樣說他很開心，他一直希望能讓大衛多打一些，不過營運部門那邊有一些人是傑瑞米的死忠球迷。

後來，大衛的棒子贏得了所有人的肯定。

在五月中旬，我因為突然發生的背部問題，又得進到傷兵名單。我沒有排斥這個決定，但也沒發現這是個警訊。我其實是扭傷，但不是很嚴重。當時，我的戰績是四勝二敗，防禦率二點八三，被打擊率二成〇五。這個數據離我一九九九與二〇〇〇年的成績還差很遠，不過時間還早。我最後拿出的成績單還是很不錯，不過六月初時，我在接受媒體訪問時又爆發了，當時山米．索沙被逮到使用了夾心棒。山米和我並非親密的好友，但我基於幾個理由，跳出來為他辯護。事情暴發出來時，大部分的媒體都決定照他的說法將他自己用英文說出的話直接播放出來，而且是用非常粗糙的方式處理，因此他聽起來就像個文盲。而之後那些媒體攻擊山米的方式也極為凶殘，讓他的聲音聽起來就像個罪犯。那個夏天我的心情已經很差了，這件事讓我的怒氣一次就升到頂端。

當我看到這則新聞時，我就知道這是一種種族歧視。

以英文發音播報的媒體，沒理由在引述山米的話前不先清稿。我感到非常侷促不安。媒體在播出某個人侷促的用第二外語說明事情的報導時，是要對他們塑造出來的形象負責的。你會因為自己會說英文而對不會說英文的人自吹自擂嗎。我認為這是種冒犯。我在匹茲堡時，把一張椅子放在球員休息室中間，然後站在上面，還拿了張漂亮的圖片，彎下身子[2]，嘲諷這些國際媒體，讓他們知道儘管他們現在讓我們多明尼加人看起來像個笨蛋，他們之後就是得彎下身子，嚐嚐我們的味道，因為我們會持續壯大，並統治大聯盟——沒有任何方法可以阻止我們，棒球比賽沒有我們是玩不下去的。

「我們可能是拉丁美洲人、是少數民族，但我們不是蠢蛋，」我說。「我不是要護著他，因為夾心棒本來就是非法的，」但假使這發生在馬克・麥奎爾身上，我指出，「這仍然會是一件大事，但

---

[2] 同中文「撿肥皂」的指涉。

不會跟山米一樣嚴重。」

我希望在山米其他的球棒經過X光掃描，證明其他棒子都不是夾心棒後，會有一陣平反媒體對山米所做的毀謗的活動。

紅襪隊的媒體那天在匹茲堡似乎都很高興看到我再次開口了，因此他們便持續圍繞在我身旁，而我就繼續對媒體報導這部份，揭開福斯（FOX）與ESPN頗為自喜的播報天賦。

「這兩個（ESPN）記者，你們可以解讀到嫉妒、可以解讀到羨慕，也可以解讀到憤怒。甚至這個傢伙在福斯時，這個傢伙說：『嘿，我們開始吧，笑一個』就像這好像應該是一件很有趣的事情一樣。狗屎！我好想走過去把那個傢伙直接撂倒。」

「有個傢伙臉整個漲紅了，他看起來就像一隻龍蝦，一隻蒸熟了的龍蝦。」

我後來稍稍冷靜了一下，在我繼續說我的事情前，先把話題帶回山米身上。

「我打從心裡了解山米，我也知道山米也是個凡人，而他不知道如何好好的表達自己，也不知道要怎麼樣好好與人溝通。但我了解他，也知道他能正常說話，我打從心裡明白他想要說些什麼。」

「那些媒體應該有人將山米真心說出來的話、他的感受好好翻譯出來。我知道我們現在身在美國，我們無法順暢的用這裡的語言說話，但我們盡最大的努力闡述自己的想法。我不是要護著他，因為那（使用夾心棒）是非法行為。但我從未作弊過，還不是一直被你們他媽的搞了！」

我要說的就是齊托去年贏得賽揚獎，以及一九九九年矮胖子贏得最有價值球員的事。

「我也被搞啦，而且沒人站在我這邊。賽揚獎可能會有任何結果，可是有些人卻選擇完全不投票給我。為何沒人要幫我平反？」

「假如我是羅傑．克萊門斯，齊托去年還能贏得賽揚獎嗎？我希望有人能站出來替我說話。」

我拿來作為參考對象的齊托是一個可愛、會彈吉他的高加索白人，在他身後幫他歌功頌德的那群人，跟攻擊山米的正好是同一群人。

最後，我從椅子上走下來。

山米的故事漸漸消聲匿跡了。自從山米的名字被放在麥奎爾、邦茲和克萊門斯旁邊，一起被指控為類固醇的使用者後，對於他在其他地方不會作弊的事情，我似乎看走了眼，但我還是強力辯護西班牙文與英文翻譯這個議題。拉丁美洲球員總是怨恨一件事實，就是球隊會替日本球員雇用翻譯，但不會為西語球員雇翻譯，他們只能自生自滅。像我這種很快就學會英文的人，這不是什麼問題，但這對大部分拉丁美洲球員來說會是大問題，而且在我之前沒人抱怨過這個問題。我很感謝大聯盟球員工會聽到我說的話，並創立了一個新規則，即任何拉丁美洲球員在接受訪問時若是需要翻譯，是可以提出請求並得到翻譯隨同。

六月十一日，我離開傷兵名單，我有預感最後檢查的結果一定沒有大礙了。球隊悄悄的將我放回先發輪值之中，且球隊換來戴夫．華勒斯之後，球隊的運作就變得更順暢了。他是另一個我喜愛的前道奇隊教練，當我跟雷蒙快要登上道奇隊大聯盟球隊時，他對我們非常好且幫我們很多。

投手教練總是跟著正在進行場邊練投或是隔天出賽的先發投手行動，他到波士頓報到的第一天，走進牛棚時，正好就是我在做場邊練投。

我給了他一個燦爛的大笑。

「跟在大瀑布鎮一樣，是不？」內角快速球、外角快速球、變速球、再回到外角快速球、來幾顆偏高的變化球，輕鬆溜溜，學習投球機制、學習送球、感受手上的球、控制球——這全都是戴夫一九九〇年到大瀑布鎮指導我時傳授給我的，自從那時起，我的練投程序就沒換過菜單。

戴夫跟喬·凱利根完全不同，總是能得到我的信賴。就跟蓋·康提和干索一樣，戴夫知道何時且如何啟動我的開關。我覺得有些教練會很害怕靠近我跟我說話，特別是我要上場投球的日子，因為我臉上總是擺著「離我遠一點」的表情。戴夫花了一些時間問我我大哥和我所有家人的近況，所以他將主題換到棒球上時，那個轉變是極為自然的。

二〇〇三年時有一次我在德州出賽，那天我特別拚命。到第六局我就投了一百一十一球，戴夫到板凳最末席來找我，當時我正坐著且眼睛直瞪前方，眼睛用力到幾乎要在德州阿靈頓棒球場的外野上烙下印記。他用雙手環抱我，並說：「你可以儘管對我發脾氣，不過我們現在要做的，是要把你帶離當下的情緒。這對你有好處。」

我知道他覺得我沒聽進去。

「感謝你，戴夫。」

若我信賴你，其實我沒辦法真的對你發脾氣。

六月初時，又是一次對上洋基隊的系列戰。我會在系列賽的最後一場出賽，又一次對上麥可·

穆西納。我先發前兩天，羅傑·克萊門斯對凱文·米拉（Kevin Millar）祭出了觸身球。我不是很在意羅傑究竟是不是故意的。他砸了我們的球員，其他就沒什麼好說的了。我把這件事放在待辦事項的第一條。

而且我馬上就可以把這件待辦事項劃掉了。

第一局首位上場的打者是阿方索·索利安諾。他被球擦過了，但我發誓那球只是一顆普通的內角偏高速球。索利安諾總是把身體往前靠，而且他被我引誘到，出棒了。他被打到了，不過裁判判定是三振出局，所以我過關了。

下個上場的打者是基特，當球數來到兩好一壞，其中包含一顆界外球後，我往他手的方向投出一球，不偏不倚的砸到他的手。索利安諾和基特都提早離場，去附近的醫院照X光。記者還沒靠過來訪問我，我就先否認一切事情，我告訴隊友：「至少我幫他們的救護車費打了折——兩個人坐一輛就夠了。」我知道自己這段評論讓洛夫大感意外。他告訴我，自從我再也不宣布自己接下來要做什麼，事後也總是否認之後，他領悟到了，我會對打者投出觸身球，有百分之九十的時間都是意外。他百分之百弄錯了。一九九七年後，當我對打者投出觸身球，有百分之九十都是故意的。我總是認為盡可能的讓大家猜測我的想法，是一種較高尚的作法，就連對自己的隊友也不例外。

「這個行為讓我極為震怒。」洋基隊總教練喬·托瑞說。他非常確定我是故意砸索利安諾和基特的。

當然，當洋基隊的老闆喬治·史坦布瑞納被問到這件事時，他仍然維持一貫的大砲風格。他沒有直接用殺人狂魔來稱呼我，不過他強烈建議大聯盟應該對我這些邪惡的行為進行深入的調查。

當我聽到這則消息時，我告訴記者：「淘氣喬治啊，他可能有辦法買下整個聯盟，但要買來恐懼，並將它深植我的心中的話，他的口袋還不夠深。」史坦布瑞納從沒在公開場合對我的回應表達意見，然而一年半後他在說服我跟洋基隊簽約時，讓我知道他看法了。

不過在當時，那就只是在某個時間點福至心靈，以純粹的英文做出的回應。回想起一九九九年，我曾聽到吉米．威廉斯叫喬治「淘氣喬治」，我覺得這聽起來超讚的，不過後來就沒放在心上了。但對於金錢與恐懼的那番言論，就變成我講的話之中獨一無二的回應，有時候無論身邊有沒有拿著錄音器材的記者，像這類的話就是會自己冒出來。我好希望自己能先把這些想法寫在紙上再好好思考。

儘管我不是傻子，但我知道有時候我的措辭或對他人輕浮的回應，會惹怒他人，甚至是自己的隊友。

這一季有一次，威克菲爾在佛羅里達州聖彼得堡的純品康納球場先發主投，跟平常一樣，看臺上相當冷清。就連時常會跟我們一起到客場的紅襪隊球迷都選擇跳過這個系列賽，因此這裡就是一片死寂。這天我有點過度亢奮，比平常還愛碎嘴，我就真的不停的對魔鬼魚隊的打者哀哀叫。每看到一名打者，我就一遍又一遍不斷叫著他們的名字。當天實在是太安靜了，我猜自己的聲音應該讓人感覺相當大聲吧，而且我這麼做開始吵到威克菲爾了。他在某次投球時，直接停下來望著我。走下球場時，他要我不要在繼續碎念了。

我大笑起來，我覺得自己是在幫助球隊，不認為這是什麼需要認真看待的事情。「若你聽得到我說話，你就是不夠專心。」我說。「你應該要能夠把我說的話隔絕在外。假使全場六萬名觀眾一起嘲諷你，那你要怎麼辦？」

德瑞克・洛夫說威克菲爾不是隊上唯一覺得我很煩的人，不過後來大家都知道該怎麼做了。「佩卓發作時，喔天啊，你最好拿副耳塞，因為那將會是沒完沒了的碎念。」洛夫說。「所以有些人會開些玩笑，像是『嘿，老兄，要不你乾脆去哪裡健健身？』試圖要他離開球員休息區。不過他非常受人喜愛，而且非常外向——這就是他的個性。他是個無拘無束的人。他只是喜歡找些樂子。我不是說他不用尊敬他周遭的人事物，像是威克菲爾投球的時候，不過他應該沒想那麼多吧。」

威克菲爾和我這樣拌嘴，就是球季中偶而會發生的事情。我們相處融洽。我也跟曼尼處的不錯，儘管他還是讓大家對他摸不著頭緒。雖然我們是隊友，但這不代表我們比其他人更了解曼尼。這就是他最大的魅力。沒有曼尼破天荒的表現，很多時候就會覺得少了些什麼，他會不斷讓我們猜想他下一步要做什麼。他接下來會怎麼戴他的假髮？為何他要把大半瓶古龍水噴在我身上？為何他會問我：「嘿，你知道有一群人現在正出發前往月球嗎？」

有一次，他到我的置物櫃，穿上我的襪子和內褲，接著又跑到大衛・歐提茲的置物櫃，拿他的內衣穿在自己身上。

「曼尼，你幹嘛要這樣做啊？」

「我也不知道，你知道為什麼嗎？」

「不知道，我真的不知道。」

「你知道我的腦袋裡有三個小人日以繼夜的辛勤工作著嗎？今天他們需要穿點不同的衣服。」

我猜這是曼尼打發時間的方式，就像是在打理自己的花圃一般。

不過他用自己的方式全力提昇自己。他會去影片室找比利．布洛班，找些他即將面對到的投手影片。他會坐在裡面跟我或比利說些讓人聽不懂的話，同時把電腦的滑鼠甩來敲去，就像在敲邦哥鼓般，一邊看著影片，接著再跳到下一部影片，嘴巴一直說著無意義的笑話。

他就像個小孩，讓我想要多關心他。前往客場比賽時，他有時候會害怕自己一個人睡覺。他會跑到我的房間，這時我通常會跟大衛以及幾個隊友一起廝混。過了一會我們往旁邊看，就會看到曼尼在我的保護下，全身穿戴整齊的打著鼾入睡。我的套房總是會另外準備一張床，因此我不用擔心他會不會在我這裡過夜。曼尼就是在做他自己。

到了八月，我面對媒體的心情因為咽喉炎與胃痛問題被送到醫院後再度惡化。大家都在懷疑我的病有多嚴重，同一時間曼尼也患了咽喉炎，我們兩個同時拖著笨重的身軀一起掛病號。

我在後二十場先發投的不錯：十勝二敗，防禦率一點九二，在一百二十六又三分之一局的投球中拿下一百四十四次三振與兩成一九的被打擊率。整個九月，我拿下四勝〇敗，防禦率只有〇點二〇。這一季我們的牛棚採用無固定角色的模式，特別是在我出場的那些比賽之中。

而這一季我在賽揚獎的投票中拿到了第三名。這次沒什麼好抱怨的。

二〇〇三年球季，我們球隊的表現非常優異。我們最終以九十五勝六十七敗作收，落後洋基隊六場，不過還是足以讓我們拿到美國聯盟的外卡資格。

二〇〇三年季後賽就在眼前。

看上去就像是今年紅襪隊終於步上軌道了，而我也希望能藉此將季中發生的那些鬧劇與歡樂通通掃到一邊去。

我的願望實現了一半。

第二十三章　抱怨遊戲

Repete、repete。

尊敬啊，尊敬。

從我大到能聽懂「尊敬」這個字後，我的父母和他們那一輩的人就從沒停止跟我耳提面命這個字。要尊敬長輩。我不能抬頭瞪他們，對長輩不能大小聲，若我與他們發生爭論或對他們的想法有異議，我絕對有責任記得要保持良好態度，並將還沒被打的那半邊臉頰對著他們。

我只希望在二〇〇三年十月十一日時，有回想起他們對我的教誨。

正當高齡七十二歲的唐．季默（Don Zimmer）高速衝向我，一邊說我是「狗娘養的」，並舉起左手要揍我時，我但願他沒有被絆倒並朝我的方向倒下，而我也沒有抓著他的頭往芬威球場的草地上蹭。

我但願當他直線衝向我時，我先退兩步，再持續往後退，讓這頭「狂暴的沙鼠」自己像個追撲邊線穿越安打失敗的野手般在地上滑行。不過假使他設法站了起來，且修正路線繼續朝我奔來，我希望自己轉頭就跑，快到讓他只能跟在我腳後，就像古老卡通的畫面般——一個漲紅著臉，圓滾滾的老人在三萬四千名觀眾的注視下，緊緊追在一名大步逃跑的棒球選手身後，讓所有人笑的合不攏嘴。

不過在那個激動與混亂的時刻，我做出了錯誤的決定，一個我到今日仍然在付出代價的決定。有些日子裡，我感覺還有很多人只記得我這個憤怒的年輕人曾經把一個毫無防備的老人壓在地上，而不是記得我是一名拿過三次賽揚獎，贏得一次世界大賽冠軍且曾締造過許多亮眼成績的投手。

作為一名棒球選手，在我整個職業生涯中，我對唐·季默對我的攻擊所作出的反應，仍然是我生涯中的一個，且是唯一的遺憾。

一旦大衛成為固定的中心打者，旁邊伴隨著曼尼與諾瑪，強尼·戴蒙（Johnny Damon）擔綱第一棒的職責，以及其他像是比爾·穆勒（Bill Mueller）、凱文·米拉、卓特·尼克森、陶德·渥克（Todd Walker）與傑森·瓦瑞泰，這是他進攻上表現最好的球季之一，只要在大家身體都健康的情況下，我們就擁有聯盟最能產出打點與最具強打能力的打線。大鳥、威克菲爾、約翰·博基特（John Burkett）和我是投手輪值的四大王牌。我們的牛棚曾經實驗過採用無固定角色的出賽方式，最後球隊終於把這個策略跟傑瑞米·吉昂比一起丟到垃圾桶裡去了，還花了好一段時間調整狀況。到了六月，我們交易來了救援投手金炳賢（Byung-Hyun Kim），他幫助球隊將比賽後段時牛棚的問題穩定下來，同時麥可·提姆林（Mike Timlin）、艾倫·安布瑞（Alan Embree）與史考特·威廉森，隨著球季進行的過程，也穩定的在進步。牛棚的戰力在下半季有了大躍進，讓他們從球隊的不利因素轉換為有生力量。

二〇〇三年球季，只有洋基隊與運動家隊的戰績贏過我們。季後賽第一輪，我們最後還是對上了運動家隊，他們拿到了九十六勝，比我們多一勝。

他們的先發陣容是由提姆．哈德森、馬克．穆德（Mark Mulder）與貝瑞．齊托所組成，加上他們還有一名真正的救援投手，即將成為自由球員的凱斯．佛克（Keith Foulke）。他們的打線實力低於聯盟平均水準，不過投手陣容相當堅強，而且在西岸舉行的前兩戰，他們讓我們的打線總共只攻下五分。在第一戰，也是我自從一九九九年美聯冠軍賽第五戰後再次於季後賽亮相，我投的非常吃力，只投七局就丟了一百三十球，送出四次保送與六支安打，失掉三分。比賽打到了第十二局。我們在第一戰只攻下四分，第二戰則只攻下一分，我們回到芬威球場時，就跟一九九九年一樣，不贏就得回老家了。

二〇〇三年的紅襪隊跟過去的我們，或者任何我曾加入的球隊都有些小小的不同，但有一點除外。

二〇〇三年時，我們正處於「再接再厲」模式之中——凱文．米拉將完全無拘無束的精神感染整支球隊，並幫助我重新點亮這一季陰暗的情緒。那部在芬威球場計分板上播放的「逆轉卡拉OK男」（Rally Karaoke Guy）影片，讓米拉看起來超級可笑，不過那股氣氛相當棒。那一年米拉是比我還要誇張的小丑。他完全不介意大家嘲笑他，因為他玩得越瘋，我們就贏得越多。

第三戰開打前，米拉舉行一場全隊剃頭的活動，我拒絕參加。比賽時，艾瑞克．伯恩斯（Eric Byrnes）與米格爾．特哈達（Miguel Tejada）各做出了一些菜鳥才會犯的跑壘失誤，使得卓特得以在第十一局敲出再見全壘打。我們也拿下了第四戰的勝利，隔天將回到奧克蘭進行關門戰，而我會是這場比賽的先發投手。

媒體想知道我乘坐橫越全國的飛機回到奧克蘭時的狀況，但我仍然拒絕跟媒體接觸。

「我們昨晚在飛機上沒有耽誤他太久，」葛雷迪說。「我們希望確保他在這段航行中完全舒適自在。在這段旅程中，我將他安排在飛機最後面的位置，他可以整個人躺在三個位置連起來的位置上，用個帳棚把自己圍著。跟你說實話吧，那樣子看起來就像是我孫子在客廳玩耍的模樣。他把所有位置都用帳棚蓋起來，我也不想去打擾他。他看起來也對我的安排相當滿意。」

在幾個場合中，紅襪隊媒體關係部那些人還不錯的員工詢問我能否跟媒體說點話，但沒人能說服我為何我應該這樣做。

貝瑞・齊托和我在第五戰同場較勁，而我投的比較好。到了第八局，我們還以四比二領先，但我馬上就又丟掉了一分。葛雷迪在我投到一百球時就果斷的將我換下場。艾倫・安布瑞在沒人出局、一人在壘，超前分站上打擊區時上場：他很快就讓兩名打者出局，接著由麥可・提姆林讓第三名打者出局。

到了第九局，運動家隊滿壘兩人出局，泰倫斯・隆（Terrence Long）站上打擊區，而大鳥投出了我看過他投出最刁鑽的一球：一顆甩進內角削過內角好球帶，往隆的膝蓋前方飛過的二縫線快速球，隆整個僵住了。三振出局，系列賽結束。是時候洗香檳澡接著坐飛機凱旋而歸，前進東岸，又一次在美聯冠軍系列賽對上了洋基隊。

羅傑．克萊門斯和我出賽的排程相同，意味著我們十月十一日系列賽第三戰開打時，會在芬威球場一起先發出場。前兩場在紐約進行的比賽打完後，雙方戰成平手，圍繞在又一次佩卓與羅傑對決上的狂熱達到了一種近乎瘋狂的程度。我們的球迷與媒體都聞到了血腥的味道。我仍然盡可能的與媒體保持距離，完全不想對那個被問了一百萬次的紅襪洋基世仇對決問題給出任何真誠的回應，這次也不例外。

上一輪季後賽經歷了四次波士頓到奧克蘭這種橫跨全國的旅程，現在又要回來跟紐約洋基隊對決，讓我比平常更加感到精疲力盡。上一輪第五戰開打前一晚那整晚難以安睡，也是感到疲累的部份原因，而且在紐約也沒能好好休息。

第三戰開打前，我覺得全身虛弱且時差還沒調過來。這樣的情況下我不可能還能接受媒體採訪，因此我便不去參加我第三戰先發前日的媒體採訪，只留下葛雷迪獨自回答記者對我的投球狀況以及我在媒體前惜字如金的問題。

「我們就這件事跟他溝通過，不過當他在季中時進入自己的模式，並同時開始在投手丘上取得相當優秀的成果後，」葛雷迪說。「我認為若是時機對了，他就會再一次對媒體暢所欲言，不過此刻，他想要繼續依照自己一直以來的方式行事，並試著不要打破他的業力（karma）。」

我的業力壞掉啦，我投的好累。

我們一開始就取得了二比〇領先，不過第二局時卡林．賈西亞（Karim Garcia）就從我手中敲出了一分打點，接著是第三局德瑞克．基特從我手中敲出了全壘打，將比數追平。到了第四局，我一開始就保送了荷黑．波沙達，這個打席是我自己的問題，接著又被尼克．強森敲出一壘安打，然後是松井秀喜（Hideki Matsui）的二壘安打將波沙達送回了本壘。洋基隊取得領先，我不能再丟掉分數了，而且一壘壘包是空著的。當時我對於失去領先的憤怒，蓋過了擔心賈西亞是否會受傷的憂慮。傑森配了一顆低球，要我投內角偏低的位置，但我卻意圖要投內角偏高。

我做了一件差勁的事。我花太多精神在二壘的松井秀喜身上，而且我投球時腳太早落地了，這意味著我的出手點比平常更高。這球進壘位置非常高，但因為太過偏內角了，所以球往賈西亞的頭盔後方飛去，大約在頭盔後方六吋的位置。當下他馬上下蹲閃球，而球也擦過了（勉強可以這樣說）他的左後肩。賈西亞一開始只覺得驚訝，但接著他低著頭狠狠的瞪著我，我看得出來那一瞬間他整個火冒三丈。

傑森與本壘審都很快就站到我前面，以確保他不會做出像是往我衝過來這類愚蠢的事。傑森走上前來跟我說話，同時我繼續瞪著賈西亞。裁判最後確定賈西亞被我砸到，並對雙方板凳做出警告，說之後若有近身球他就要直接判出場了，賈西亞上一壘。

記住，一壘是空的，不過二壘跟三壘上都有跑者，而我們現在落後一分——系列賽目前戰成一比一平手。

卡林．賈西亞，我正常投的話就只是個出局數，一個第八棒的打者，他覺得我會為了塞滿壘包故意對他投觸身球？

卡林．賈西亞？

卡林．賈西亞是哪根蔥？

哈囉？有事嗎？誰幫我搖醒賈西亞好嗎？來個人提醒這個小鬼，站在投手丘上這名投手血統純正而且擁有足夠的經驗，讓他再想想好嗎？「嘿，把心放在比賽上，別自己一頭熱啊。」

我不知道賈西亞這樣爆氣是不是意味著他正被類固醇給影響了，不過這讓我回想起當時有人曾經提過的「攻擊性暴怒」。他當時到底在想什麼？耶穌基督啊！當時完全沒有、完全沒有需要我做出報復行為的事情啊。若是真有，現在就是我告解的時刻啦，因為我正在為其他事情告解，但不是這件事。這只是個意外。他的反應讓我懷疑他是不是整套都是演出來的。他和洋基隊是不是計畫要對我投出的任何內角球都大作文章，試圖要讓我被趕下場？我得將心思拉回比賽上，儘管洋基隊似乎不想讓我這樣做。接著，我對賈西亞的觸身球讓季默整個震怒。下名打者阿方索．索利安諾上場前，季默一直不停對著我碎念。索利安諾後來擊出了一支朝游擊手諾瑪跑的犀利滾地球，他跟二壘手陶德．渥克聯手完成了一次雙殺守備。但這代表對方得了一分，洋基隊取得了兩分領先，不過這個兩出局數非常重要。

問題在於體育場裡的每一個人都看到賈西亞在明顯晚一步的情況下，硬是在滑向二壘時用釘鞋攻擊渥克來發洩他的不滿。我就站在他們後面的投手丘上，因此我很清楚的看到了這一幕骯髒的伎倆。他試圖要傷害渥克。當他退場時，他開始對我大吼大叫，要我不要砸他。我用西班牙文很明確的告訴他：「我沒必要砸你，你這個草包。你沒看到現在的比數嗎？手腳乾淨點！」

這時波沙達走出了球員休息區並開始劈哩啪啦亂罵。他試著要替賈西亞出頭，這是任何一名隊友都會做的事，但他的口不擇言，讓他這個隊長顯得有些太超過了。他詛咒我的母親。他操了我媽。「我們會把你揍得找不著北，操你媽的！」他用西班牙文說道。還說我若想打架，就過來跟他打啊。我沒有要跟他打架的理由。我跟波沙達從來就沒有過節。我是曾經開他玩笑，叫他「阿傻」，因為他的耳朵相當突出，但這只是鬧著玩的，純屬玩笑話。

不過他居然詛咒我媽？

這對我而言是無法寬恕的罪惡。棒球歸棒球、家人歸家人，對我而言，這兩者不能混為一談。我提供他一個建議，不收諮詢費的。

「別忘記你剛剛說的話，因為我不會忘記。」我一邊指著我的頭，一邊大吼道，我會指著頭是因為我的大腦長在這，而大腦是我記憶事情的地方。我不是唯一一個擁有這樣身體構造的人類。當我指著自己的頭時，我說：「是的，下次我會用力的把球扔到你身上，因為我會記得你怎麼說我媽的，到時候你若是想打，那就來打吧！」

當我指著自己的頭時，我並不是說下次要把球往他的頭扔，不過有少數洋基人不是這樣想。大部分的洋基人，除了基特以外都從椅子上站了起來，有幾個垃圾人跟波沙達一樣開始大吼，甚至吼的比他還大聲。

電視播報員提姆·麥卡佛（Tim McCarver）沒聽到我們說了什麼，就跟大部分不會說西班牙話的洋基人一樣，不知道波沙達說了些什麼。麥卡佛只看到我指著自己的頭，這意味著提姆用看圖說故事的方式了解了全部的經過，並且能告訴上百萬名在家裡觀賞比賽的觀眾，我有多麼卑鄙無恥。

麥卡佛宣稱我是在說：「『我會把球往你頭上砸。』我的意思是，少來了。如果這不是引戰，什麼是引戰？」

洋基隊總教練喬・托瑞不認為我的意思是這樣。他認為我只是想說：「思考一下。」這比起其他任何說法都更接近真相。

包括克萊門斯與季默在內的整群洋基隊隊員，那時都非常激動，全部站在球員休息區前。雙方板凳都接到警告，而托瑞則是和他的教練團成員提姆・麥克里蘭（Tim McClelland），努力在為他的隊員辯護。過了幾分鐘後，我們繼續比賽。過去與我八次對決敲出七支安打，面對我時生涯打擊率有四成七六的安立奎・威爾森（Enrique Wilson），打出了一支往渥克守備區域跑的小飛球，結束了這一局。

到了四局下半，輪到曼尼與羅傑的對決。曼尼球數兩好一壞落後時，羅傑投了一顆內角偏高，但不是那麼靠近曼尼的球。我不覺得那球有什麼問題，不過因為曼尼的神經或其他地方繃得太緊，最後出事了。他進攻了！他邊吼著邊指著羅傑並朝他走了幾步，之後就**轟**——比賽就像掉進了汽油桶一樣的爆炸。雙方板凳區的人馬都高速衝出球員休息區，就像剛剛有人按下了一百公尺比賽起跑的信號槍一般。現場沒發生太多拳打腳踢的場面，不過每個穿制服的人都躺在草地上滾來扭去。我很謹慎的走出球員休息區。我不認為自己走到衝突的中央是件聰明的事。我讓那些大個子去處理打架的事。我就是站在這裡，穿著紅色夾克好保持手臂溫暖，這時我的眼睛瞪得老大。

我的天啊，唐・季默直線朝我衝來。我過去曾在投手丘上被追打，但從沒在場下遇過，而且這次是個七十二歲的老人朝我衝過來啊！

天殺的這是怎麼一回事啊？

他一邊碎念一邊離我越來越近，等到他真的很靠近我時，他剛好詛咒到我媽。

「我要給你點顏色看，你這個狗娘養的。」

「啥？」他靠到我極近的距離時，我這樣說，他也舉起了左手，但同時他也失去平衡。我只是讓他摔得更快而已。

一開始我以為他若是朝我衝來，我就試著抓住他然後將他控制住就好，不過他卻想朝我揮拳，而且他說了那句話，因此我得往後退一步並確保他挨近我。純然的直覺。我知道他會跌到地上，但我也覺得他應該不會傷到自己。

安迪・派提特走過來後便開始大笑。

他說：「老季，你在幹嘛啊？」

波沙達就在我前方不遠處，而我恭候他做或說些什麼，從沒將目光離開他。他什麼也沒做。當大家都跑過來看照季默時，這場群毆也宣告散會，他兩眼中間有些擦傷，幸運的是沒什麼大礙。

麥卡佛的反應是：「太可怕、太糟糕了。這實在是太糟糕了，你們是逗著我玩的吧。」

後來，季默告訴我，他當時一心想著我的態度真是「滿嘴胡扯」。季默曾被球擊中頭部，他覺得我已經「打破賈西亞的頭，接著又用一種『下一個輪到你』的態度對待波沙達，說我已經等這一刻等了三年了。」他說。「這個傢伙是最精於此道的投手。大家都衝了出去，而我是唯一還待在球員休息區的人。我可不能當個儒夫，所以我走出球員休息區，要找的只是佩卓。可是他不在球場上。接著他走出了球員休息區，我試著過去找他。然後我的腿不聽我的使喚。他沒對我做什麼壞事。假使我像隻鬥犬般朝你衝過去，你也會試著把我撲在地上——對我做些事，這就是他做的事。假使任何人跟我一樣朝我衝過來，我也會做出跟他同樣的反應。」

這整個季默事件讓喬．托瑞覺得很傷心。他記得自己曾告訴季默混亂發生時要好好待在球員休息區，但他發現當時季默並沒有把他的話聽進去。後來經過思考後，托瑞認為我「處在一個非常難以處理的情況之中，因為是季默朝他衝過去。」

《紐約郵報》說我們這個美聯冠軍系列賽從「老人拳」變成了「重傷罪」，而我成了「芬威混混」。小報紛紛將我站在季默身上，而他臉朝地，我的手臂壓在他身上，活像是鬥牛士快速甩動披肩然後殺掉一隻公牛模樣的照片放在頭版。

在波士頓近郊長大，正在進行改選的市長麥克．彭博（Michael Bloomberg），將我描述為一名罪犯。「這種是若是發生在紐約，我們一定當場逮捕這名罪犯。」他說。「沒有人應該將一名七十歲的老人摔到地上。一旦你這樣做了，很快你就會把六十一歲的老人摔到地上，而且我有很大的既得權力可以處理這件事。」

「你不能襲擊任何人，就算是在棒球場上亦然。」

我的朋友，長期以來一直擔任波士頓市市長的湯姆．米尼諾（Tom Menino），跳出來幫我說話，我很感激他的舉動，但我聽到彭博這樣指責我並未審先判讓我很難過。等到終於有人告訴他是季默攻擊我時，他試著要跟我道歉。對於他事後的舉動我完全不意外：紐約有非常多多明尼加人握有投票權。

彭博也為接下來發生的事定調了。

第三戰結束後不久，我開始收到第一批死亡威脅，這跟過去在紅襪隊的日子中收到的警告大不相同，讓我感到擔憂。一九九八年我剛在波士頓亮相時，就收到了帶有攻擊性字眼的信。裡面有各式各樣的「你這個欠操的多明尼加人、欠幹的拉丁人、你不能來美國把應該讓我們賺的錢都賺走、你不屬於這裡，滾回你的老家吧！」——類似這樣的內容。我把信拿去管理部門，他們說會調查字跡，不過我從沒聽到有任何後續。我問莫・范恩與諾瑪・賈西亞帕拉，收到這樣的信很普通嗎？莫說他也會收到這類的信，不過他跟我說那些人只是嫉妒我們。諾瑪跟我說：「沒事的老兄，別把這事放在心上。」

不過這次完全不一樣。這次是明確的威脅，同時警告我跟我的家人，說若我踏上紐約就會遭到殺害。警察看到這些威脅消息時，他們認為其可信度相當高，建議我將家人送離紐約，且當我不在他們身邊時，需要派人隨時護衛他們的安全。

我到紐約時，沒有像彭博原本想要的那樣將我關進大牢裡，不過我也差不多就像是個在市中心的旅館中服刑的囚犯了。我沒辦法跟往常來紐約比賽一樣去晨邊高地晃晃，現在我只能被鎖在自己的房間裡頭。我們在旅館以及我這層樓額外布置了警力，我連一次都沒有出過大門。除了客房服務外什麼都沒法叫，吃進任何東西前還要小心確認食物有沒有問題。

要搭巴士前往球場時，警察與護衛人員的排場是前所未見的盛大。

到了舊洋基體育館，球隊巴士停在洋基隊球員停車場，球員們得走過約十呎由球迷圍起來的通道才能進入體育館。這時有個意圖動私刑的暴民在等著我。

「操你的，佩卓——季默的事還沒完。我要揍扁你！」

還有個人已經病到沒法救了。

「來啊，你這狗娘養的——我恨你，你這個欠操的廢物。滾出紐約啦，我們不想在這裡看到你！」

至少沒人往我身上扔東西。走進球員休息室時，我感覺就像走進了紐約市除了我旅館的房間外，唯一的安全天堂。

我沒有真的很害怕，只是當時有些草木皆兵而已。

在我先發那天，我總能在上場投球前，用好幾個小時的時間待在我自己編織而成的保護繭之中。我會熟練的將我的上衣與褲子掛起來，充分按摩我的背與肩膀，然後一絲不苟地慢慢穿上球衣。

二〇〇三年十月二十日，我感覺自己極為容易受到攻擊。我的繭似乎太過陳舊且一戳就破。我從未在如此大的壓力下出場投球，我總說壓力是因為你對自己能否完成這件事缺乏信心，不過這天環繞著我的影響與棒球毫無關連。我感覺自己的人身安全受到威脅，比一九九九年分區季後賽對上印地安人隊的第五戰還要嚴重。那晚的威脅只是在我開始熱身那段時間而已。四年後，從我把季默推到地上後，就像有把鉗子將我牢牢的夾住。到達紐約後，有好幾天的時間我只能待在旅館的房間裡無事可做，也無法將這股不安感從心中驅離。

在我踏上那漫長、暴露在眾人目光下那走向外野，開始進行拉長球與牛棚練投前，我請求我們的現場護衛人員艾迪・多明格斯（Eddie Dominguez）走在我身旁。在球場上時，投手無法獲得警方戒護。但那晚從頭到尾我都有護衛陪伴。球場上半滿的觀眾無時無刻不在對我展現敵意與狂暴的態度。第一局下半開始前，當我走上投手丘開始熱身時，我環顧整座體育場。在我開始思考如何對付阿方索・索利安諾前，不誇張的說，我得先停止思考自己會不會與約翰・甘迺迪（John F. Kennedy）遭受到同樣的命運。

我開始投球了。我將索利安諾三振出局，而比賽也正式開始。我的擔憂慢慢減輕。我們距離進入世界大賽只差一場勝利，投完四局後，我們以四比〇領先，距離打倒洋基隊只剩下十五個出局數。我投出了四次三振，送出一次保送加上兩支安打。同一時間，羅傑投完三局就打包下場了，被敲出六支安打送掉四分。

我在第五局被傑森・吉昂比敲出了一支陽春全壘打，不過到了第六局我面對三名洋基隊的打者，只花了十一球就把三個出局數握在手中。那場我平均每局用球數是十三球，用球數非常省，我們也取得了三分領先。無疑的，第七局時我會在已經投了七十九球的情況下上場投球。不過到了第七局洋基隊開始抓到我的球了。在我開始褪色前，我確實很快就用七球拿下了兩個出局數。吉昂比又敲出了另一發全壘打把比數追到了四比二。安立奎・威爾森與卡林・賈西亞接連擊出了兩支一壘安打，洋基體育館的觀眾也醒了過來。他們聞到了血的味道，不過我在這一局的第二十二球用再次三振索利安諾的演出讓大家閉嘴，球數也來到了一百球。

我已筋疲力盡。

我輕拍胸部並且雙手高舉指向上帝，感謝他讓我保持健康，且讓我能夠上場投球。體育館中的每個人都知道我的意思。在牛棚裡的提姆．威克菲爾知道，板凳上所有人也都知道。克里斯．科瑞提已經走到葛雷迪．利托旁並告訴他：「他沒戲了，他已經把力氣花光了。」

我先在走進球員休息區的臺階上敲敲釘鞋，把泥巴敲掉，然後跟我那些面帶微笑的隊友或擊掌或握手後，便走到球員休息區最末席重重的躺下去。我閉上雙眼，深呼吸，並大口喘氣。從上個星期開始累積的一切壓力與狗屁倒灶的事情都慢慢從我腦中褪去——死亡威脅、季默、賈西亞、與運動家隊進行系列賽時那些跋涉，以及分區系列賽第一戰那場投了一百三十球的比賽都跟氣球消氣般，從我的身上消散。

我張開眼睛時，看見葛雷迪站在我身前。

「小佩，你可不可以上場去解決掉下一名打者尼克．強森？安布瑞從來就拿他沒辦法。不過今天你投他投得很棒。」

嗯，這蠻讓人吃驚的。不過我說好。我還能說什麼呢？我得上緊發條再解決一名打者。這不是我第一次下班後又被叫回場上投球了。這種事不常發生，不過遇到了就是遇到了。我們現在有兩分的領先優勢，只剩六個出局數，而我的總教練說他還有整個牛棚當我的靠山，已經準備好上場了，然後他需要我解決掉下一名上場的打者，於是我就出場了。

我開始重新熱機時，大衛．歐提茲在第八局時敲出了一支全壘打，讓我們取得了五比二領先，多了一分的緩衝，我希望自己用不到這分，不過很開心能有這個空間。

第八局我回到球場後，盧．莫隆尼跟道格．米拉貝里（Doug Mirabelli）以及克里斯．科瑞提一起坐在板凳席上，盧說：「操，我們現在是怎樣？他要回到場上？」米拉貝里說：「希望這次只要再投一個就好。」

「走著瞧吧。」盧說。

強森跟我纏鬥了一陣子，不過我在投出第七顆球（這場的第一百〇七球）時，讓他敲出了一支游擊方向的小飛球。

我很快的看了一眼球員休息區。

葛雷迪在裡面，而他沒有出來找我。

雖然我們沒有白紙黑字約定好，不過我現在沒時間思考為什麼。我沒有往牛棚看，不過葛雷迪剛說了他們已經準備好了，我也知道他們在整個季後賽都是不錯的助力。反正沒時間擔心，接下來要面對基特了。基特敲出一支越過托特．尼克森的右外野二壘安打。好的，下一棒是伯尼．威廉斯，他打出帶有一分打點的平飛安打。我們的領先優勢降到兩分，還有一個出局數，然後是葛雷迪走過來了。他上來的時間比我想像中還要晚一點，不過他終究來了。

他又給了我一次驚喜。

「小佩，再一個，投完松井秀喜就好——你還有子彈再對付一名打者嗎？」

決。

「好啊，葛雷迪，為何不？」

在他步上臺階前，原本已經跟投手教練戴夫．華勒斯討論好要叫安布瑞替換我來與松井秀喜對決。

但葛雷迪改變心意了。

我被松井敲出了一支場地規則二壘安打，將伯尼送上三壘。兩人在壘，一人出局。

荷黑．波沙達上場，我仍然在場上投球。

西奧．艾普斯坦坐在看臺上，他開始焦慮了起來。

他在第七局後段時看到我的身體語言時，就已看出我已經完全耗盡力氣了。

「這個景象令人毛骨悚然，就像是以慢動作觀看火車失事的畫面。」西奧說。「他以無比的勇氣投了七局，也解決掉應當解決的打者了。我為佩卓感到傷心。」

牛棚裡，安布瑞與麥可．提姆林已經熱身完畢，提姆．威克菲爾也已在裡面待命。

沒人說出口，但他們都不知道牛棚的電話鈴聲為何沒有響起。

「我心想，**現在是他媽的怎麼回事？為何那些傢伙還沒上場投球？**」威克菲爾後來說道。「**到底是怎麼回事？他們得要把他換下場啊。**」

他們還沒這樣做。

直到此時，我都能成功的解決掉波沙達，但他敲出了一支越過二壘手陶德．渥克的軟弱無力二壘安打。比賽打成平手。

葛雷迪最後一次上投手丘找我。

「戰鬥，小佩，我們還在戰鬥——該死的，別擔心，下一局我們會將他們拿下的。」

米拉也過來了。

「我們給你靠！下一局我們就拿下他們。來吧，我們下一局會得分啦，啪啪啪啪——我們幾乎要贏啦。」

幾乎，就是一場空歡喜。

亞倫．布恩（Aaron Boone）在第十一局從威克菲爾手中敲出了再見全壘打，終結了我們想結束紅襪隊連續八十五年沒拿過世界大賽冠軍這悲慘章節的夢想，並將我們送入我人生中進入過最陰鬱的球員休息室。我想哭，但棒球比賽中沒有哭泣二字，特別是在比賽結束後。其實我心中那股「神啊，我非常沮喪」的感受讓我很想發飆。

我們全都非常震驚，但我們察覺到威克菲爾的那份難過，他正坐他的置物櫃前，頭就埋在他的雙手之中。

我們一個接一個走到威克菲爾面前，輪流抱抱他。

「嘿，老兄，這不是你的錯。」

我沒辦法說自己跟威克菲爾一樣難過，但也相去不遠。我的感覺就好像自己讓這個絕佳機會從我手中溜走。我總是覺得自己要對這場比賽的投球內容負責，這份責任幾乎要把我壓垮了，特別是因為我知道這對威克菲爾來說是多麼令他難過的事，他輸掉了一場不是由他先發的比賽。

當時我身處困境之中。

投完第七局下場時，我知道自己的用球數已經來到了一百球，但更重要的事，我知道自己已經使出了渾身解數，幾乎已經使不出力氣了。

我不知道的是，比賽開始前西奧曾找葛雷迪確認大家狀況如何。葛雷迪手上有西奧與他營運部門的助手提供的，關於我在投超過一百、一百零五球後對手的OPS會顯著上升的數據。西奧問說：「那今天的劇本就是——佩卓先吃六局，接著是提姆林、安布瑞和威廉森嗎？」而葛雷迪告訴他說：「是的，我認為他會投出一場精采的比賽，但我不認為我們要把他逼得太緊。我們讓他拿下漂亮的六局，接著牛棚會繼續投出精采的好投。」

我知道葛雷迪做了錯誤的決定，但儘管我知道自己累了，大家也都知道我累了，知道我今天已經乾了，而且大家也知道我後來的遭遇，但我不能埋怨我的總教練造成了這樣的結果。錯誤的決定不總會導致錯誤的結果。波沙達最後揮棒敲出去的那球，我還是投到了九十四英里。這意味著只要我能確實投好球，我還是可以輕易讓打者出局。但事與願違。我沒解決掉他們，他們逮到我了。這是我的責任，這代表著不是葛雷迪的錯。我沒能確實把球投好，這也讓葛雷迪丟掉了工作——也讓我們丟掉了進入世界大賽的機會。

這不是葛雷迪的錯，也不是威克菲爾的錯。

責難全歸於我。

第二十四章 若你偷偷溜進我家，我會斃了你

「再也沒有『甜蜜的卡洛琳』。一局與一局之間只剩下騷莎舞。」

丹·山奈西在他《波士頓環球報》的專欄中不遺餘力的批評我，而這只是他在二〇〇三年夏末最新的一篇諷刺，對於要怎麼樣才能讓我開心覺得好奇。他也曾說過我「正式變身成為黛安娜·蘿絲」。他也叫過我「護照佩卓」與「多明尼加名伶」。《波士頓先驅報》的蓋瑞·卡拉漢（Gerry Callahan）說我「瘦到前胸貼後背，好像可以一眼看到他身後去」。這個擁有獅子心的男人，還對兔子般靈敏的耳朵。

我在七月時特別向球隊請假，回到多明尼加，為的是要擔任泛美運動會（Pan Am Games）火炬接力的一員，而許多人察覺到二〇〇四年球季後，我會用最快的速度逃離波士頓——對當地媒體來說，這是個不可多得的話題。我不看報紙也不聽廣播，但是就像大多數運動員以及總教練會說的，我身邊圍繞著會去看去聽的人，他們一定會將媒體寫的或說的消息傳遞出去。

無疑的，那個夏天我的狀況不穩定，不過媒體對我的認識卻極為荒謬的扭曲、錯誤且負面，而我知道試圖辯解或捍衛自己是徒勞無功的事。

我想自己也應該被當成笑柄吧：到八月底，我的戰績是十勝三敗，防禦率二點二九，在一百四十九又三分之二局的投球中，拿下了一百六十六次三振。蠻差的對吧？我懂。

不過，嘿，如同我常說的，就像騷莎舞是來自古巴而非多明尼加共和國，沒有理由讓事實妨礙他們說俏皮話啊。

一九九九年球季之後，我先是在明星賽受傷而得休息一段時間，二〇〇〇年時也是如此，我得採用跟其他投手完全不同的訓練菜單。二〇〇一年受傷之後，我就再也回不去了。當然，戰力還是在，有時還能拿出統治級的表現，不過把時間拉到二〇〇二年球季與之後的職業生涯來看，其實受傷之後，我的身體就從來無法恢復過去的狀態了。我再也無法投出九十英里中後段，閃電般的快速球了。我得適應現狀。我的訓練、表現與恢復對我來說變成了越來越得用心打理的問題。我顧了一個貼身訓練員，這意味著我做的每件事都會跟其他投手完全不同。

是的，我有特別的程序。我有自己做事的方式。

當我在投球時，我絕對不會說自己跟許多人對決時，正處於不利的條件之中。我絕不會說他們全部的人，或是大部分的人都在用類固醇，但是有些人確實有用。我沒有，所以我無法得到他們那些人能夠獲得的額外助力。其他的差異是我的身體無法駕馭太強的消炎藥，而幾乎所有投手為了撐過眼前的先發都會使用，更別說是要在不服用消炎藥的情況下度過一整個球季了。我希望自己能夠服用一些藥效更強的東西。我有嘗試過，我曾在費城服用過一種強力的消炎藥，而當我服下後，我覺得自己就像喝醉了一般。我的嘴唇、舌頭、手與腳的末梢都變得麻木沒有知覺，還有內出血的跡象。這是我第一次，也是最後一次服用強效藥物。安舒疼與奈普生，這沒問題，我還撐得住，不過也就只能吃這幾種藥。我的特別治療方式就是休息。我需要額外的復原時間。若我超過正常負荷，就需要十五天，有時候需要二十天的時間來恢復。

因此當我聽到自己被人說是名伶時，我也只能吞下去。我知道自己的狀況，我從不會懷疑自己的勇氣。

若是我想跳過一次對上洋基隊或其他球隊的先發，除非我是真的沒法上場投球，不然我不會這樣做。我不會承認自己身上有傷，以至於球速掉了，或是我不能再多吃任何消炎藥了。假使我將這些事情都說出來，或是我的訓練員把我的治療計畫公諸於世，洋基隊和其他球隊的打線就會想辦法在我勉強上場的情況下佔我便宜。我得守住這個祕密，結果便是說我是名伶以及我有很多規矩的雜音不斷增加。

這跟他們在完全不知道事實真相，就對我產生一種「獵頭者」的印象沒什麼差別。在我的腦袋與心中，重要的只有比賽以及我在比賽之中的表現，其他的都是噪音。我也會負起噪音不斷增加的這份責任，因為我總是對於媒體的提問給予最真誠的答案。我的答案都非常直率且難忘，而這常會讓我陷入麻煩之中。當我在意的只有投出一顆好到足以愚弄打者的球時，從我嘴巴說出口的東西往往會變成一些能夠大作文章的故事。

「佩卓在回答問題的時候，都只是想盡量真誠罷了。他是用第二外語在陳述想法，而且他會說出一些失禮的話。」《普羅維登斯日報》（Providence Journal）的史提夫．克拉斯納（Steve Krasner）

說。「這真是令人遺憾，而且他的真誠反而會導致他被人誤解。當這種狀況發生時，他也就更容易受到媒體的攻擊。」

那些觸身球、那些鬥毆、那些引述、說我是名伶的舉動──對我而言，這全都是負面的，而且所有媒體，特別是波士頓的媒體更是喜歡緊抓著負面的消息窮追猛打，而非報導一些正面的消息。

佩卓又投出一場完封，而且再次拿下了兩位數的三振，這樣呢？

哇，這樣很棒。

佩卓對於球隊執行他一千七百五十萬的選擇權，聽起來毫不領情？佩卓又飛回多明尼加了？佩卓失去了對球隊未來的想像？

老兄，球隊不是越來越棒了嗎？

忽視好的，過度強調壞的──這就是波士頓媒體在我待在這裡的最後兩個球季檢視我的大方向。

一九九八年我剛來這裡還沒看過報紙時，莫．范恩就一直不斷警告我。我很快就知道他為何要這樣耳提面命了。有一天我走進球員休息室，莫和丹．山奈西就站在莫的置物櫃前有一陣激烈的爭吵。莫的手上拿著一根球棒，並不斷亂揮，對著置物櫃揮了好幾棒，我以為莫只是跟山奈西鬧著玩的。「幹掉他啊，莫！」我笑著說，不過當我走近他們兩人想找些樂子時，我看到莫的雙眼發出憤怒的火光。我馬上就懂了。紅襪隊媒體關係部的職員在有人受傷前，趕緊過來把山奈西帶出去。這時我才意識到波士頓媒體的力量有多大，以及他們有多容易把棒球選手給惹惱。

一年後，吉米把我拉下先發那一次，我看到媒體裡到處都是我的敵人。這也幫助我將所有情緒釋放出來。若不是我在球員休息室因為丹沒幫我說話而對他大吼，那麼我就不會知道這對媒體而言是多麼有價值的故事。

後來我冷靜下來了，不過山奈西可沒那麼輕易就放過我。他寫道：「這就像是紅襪隊在那他小小的屁股上射了一記鎮靜針。」

我毫不感激這個評論。我不希望山奈西討論我的屁股。我認為他話中有話，不過他解釋說那只是一種表達方式。我不太確定他說的是實話。

在波士頓，少數是在紐約，有幾次事情都因為媒體的過度渲染而變得無法控制，而我對這些事情已經厭煩了。比賽已經無法滿足他們。媒體會緊緊抓住任何從我舌頭流出的隻字片語、任何不合的暗示、任何表達異議的文字。若我在比賽以外陷入了任何麻煩，像是捲入鬥毆或是因為酒後駕車或是其他不負責的行為而被警察攔下來，他們這樣對我，我覺得很公平。但是這些事情從未發生。我是球員的典範，然而媒體卻總是能找到方法將我塑造成危害社會與傲驕的人。

若我曾有過浪蕩的日子，我會說：「我嗑過一些，老兄！就是這樣。」

「不過為何呢，佩卓？為何、為何啊？」

「唉呦，我就是嗑過一些，純粹就是嗑過——我的名聲超臭。」

但假使我過去表現良好，卻又總是察覺到記者希望我說：「喔，我虧欠他們，我殺了那些傢伙。」這樣他們就可以用這些負面的引述做文章。

在紅襪隊的時候，這個小鎮實在有太多太多的記者了，而且他們有太多時間與空閒要打發。有好些記者我都很喜歡，那些人通常都是會把話題放在棒球問題上，很聰明的棒球問題。「你從什麼時候開始覺得這場比賽的勝利從你手中溜走了？轉捩點是那個時候呢？」或是「為何你在滿壘時會使出這一連串球路，接著再用外角快速球解決松井秀喜拿下第三個出局數呢？」這種問題對我來說才是有意義的，而我也能詳細的做出回答。會惹怒我的就是那種跟我的投球或球隊毫無相關，愚笨且沒有意義的問題。任何以「聊一聊……」開頭的問題，就像是用叉子在餐盤上刮來刮去，我恨透這種感覺了。我看得出來有些記者過來找我，只是因為他們可以說自己問過我問題罷了，我也恨透這種人了。這種案例在波士頓、紐約和多明尼加的媒體都發生過。我希望問我問題的人是有點見識、言之有理的人，而非某些只想聽我說話的人，我沒時間跟他們鬧。

媒體的力量非常強大。假使他們決定要幫誰抬轎，就可以讓那個人看起來像個國王。但假使他們想擺你一道，就算你是天使也無妨，他們會幫你安上惡魔的角跟尾巴。我無法掌控他們的行為，我只能努力試著真誠以對，盡量讓他們適可而止。

我很清楚自己拒絕因為一時興起或習慣跟那些媒體起舞的行為，讓他們燃起了創造我女伶特質的慾望。我在個人與職業生活之間建立起了一座堡壘，拒絕讓外人窺視我的家人以及我私底下的生活。這樣做得讓我付出相當大的心力，因為媒體會不斷嘗試要脫去我外表那層名人的殼。無法做到時，他們就會不斷操心自己還能看到與聽到什麼。

我希望一般民眾能因為我在棒球場上的表現而受到鼓舞。這是我成為名人的原因：憑藉著我作為一名運動員時的表現。沒有比賽時我仍然是一名普通人。這些想法打從我跟紅襪隊簽約，金錢跟名聲找上我之後，我就一直不斷重複與強調著：「我只是一個普通人，一個普通的小個子。」

很少人能夠真正理解我的意思，這是我為何想要寫這本書的理由之一。當我還是球員時，我極力保護自己的私人生活，因此我了解為何很少人能夠用看待普通人的眼光對我。他們只看到我投出很多場完封、時常捲入衝突之中，或是對那些窮追不捨的問題回以挑釁的答案。

離開球場時，我總是試著讓生活簡單化、盡量陪伴支持我的家人，盡可能回到我的家鄉拉芬卡。

在某些時間點上我會被某些人佔便宜，但最終我會把他們揪出來，然後將他們從我的核心生活中剔除。真心誠意待我的人留下，虛情假意者離開。

就算我變得富有與有名，我也不會變成一名隱士，不過在蒙特婁比在波士頓容易扮成路人，在波士頓時，有時候我只是要去路上散散步，卻還是得做點偽裝才能出門。

但是我並不覺得孤單。對我來說，這樣做很簡單。成為名人有少數有益之處，但也很容易招惹麻煩。當然，當你有點名氣了，你就不能不注意到會有漂亮女生突然跳出來，為了商業與社交理由花掉你一點時間。我通常會篩選看哪些人是真心誠意，哪些人不是，不過一旦我變成知名人物，多宅在家對我來說事情會比較簡單。只要我出門，通常會跟我的家人或是從小就認識的熟人同行。我不會跟陌生人外出廝混。能讓我允許他進入我的拉芬卡或其他地方的家裡來聽音樂、共享美食，或是一起嬉鬧到凌晨兩三點的人不是太多。當我不在球場時，我的姐姐們總是習慣煮東西給我吃，而我身邊也會圍繞著母親、父親、兄弟與堂兄弟們。

我不希望讓私人生活變成職業生涯的一部分。我家人給我的支持對我至關重要，我也會因此更堅強，一直堅持到沒人會對我家人指指點點的那天。我沒有什麼不可告人之事，再者，我找不到我的私人生活有任何有趣之處。任何人都可以上網搜尋到一些些關於我的孩子、妻子或前女友的資料，但也就只有這些資訊了。

我得保護家人的另一個理由，是因為我總是憂心他們的安全，怕他們會被綁架。我從進入小聯盟開始就時常想像母親被綁架並拷問的景象，這並不是無的放矢。

當我贏得第一座賽揚獎之後，跟紅襪隊簽下我人生第一張大合約時，我變成家鄉的指標性人物，但我同時也被告知說，此刻我的家人確實身處危險之中，我需要保護他們。當我聽到這個消息後，這個消息便一直在我心中揮之不去。綁架事件在委內瑞拉與墨西哥仍然是的大問題，儘管在多明尼加這類危險發生的機率較低，但時至今日仍然不斷的在發生。這就是我的拉芬卡那鐵捲門旁為何要設置持槍警衛的原因，以及為何當我跟家人在國內旅遊時，總是槍不離身的原因。這是稀鬆平常的事。你在多明尼加的大街上隨便走走看看，都可以發現五十幾把槍。我們會隨時攜帶武器好保護家人。

將我的家人暴露在那些好奇寶寶眼界之內的危險性，大過於讓他們自在行動的益處。我不希望任何人綁架我的小孩。沒有一個小孩，特別是我的小孩，有理由因為我的緣故受到危害或需要負起責任。我希望我的小孩擁有普通人的生活。他們可以成為棒球選手，也可以成為醫師或者律師，或是他們想要做的任何職業皆可。

那個時候，我剛紅襪隊簽下了一筆大合約，我得理出如何處理這一大筆錢的方法。處理名聲的事情，是比上場投球還要更大的挑戰，二〇〇三年時我便身陷於與媒體的戰鬥最激烈的時刻。

每種運動的超級巨星都會得到特殊的待遇，而每個超級巨星通常也會有某些觸碰到其他人的逆鱗的舉動。

「佩卓很常對某些事情發脾氣，不過這就是他為何是他的原因——他就像個賽車的駕駛者，毫無畏懼且無比炫麗。」前ESPN記者彼得・甘蒙斯（Peter Gammons）說道。「綜觀棒球的歷史：泰德・威廉斯、諾蘭・萊恩、貝瑞・邦茲。他們在當時都是出名的難搞，不過他們全都散發出那種想要成為偉大球員的渴望。」

所有人都多多少少會有些需求，並對他們的需要做出一些特殊的妥協。很少有唱詩班的少年歌者，在他們從事的運動上達到頂尖水準。最重要的是你的表現。任何人都可以因為有好表現而「免除」了他們某些會被檢視的行為。假使曼尼・拉米瑞茲每年都能敲出三十五發全壘打，並拿下一百二十分打點，大家是不是就可以容忍他某些行為呢？像是德瑞克・洛夫、布朗森・阿若尤這些隊友，他們都知道自己沒辦法擁有自己的重訓與訓練計畫，後來我擁有這個特殊待遇的事情爆了出來，而我也「免除」了被檢視的待遇。他們不會將這件事記錄下來，這就是棒球的運作模式，我不認為這種事在未來會有改變的跡象。有些總教練可以比其他人更駕輕就熟的處理各種個性拗執的球員——葛雷迪．利托便相當精於此道，不過最好還是一視同仁啦。

二〇〇三年時有一次我跟紅襪隊的老闆約翰．亨利兩人一起待在球員休息區。他看著我是怎麼因為廣播裡那些粗人對我的批判而火冒三丈。

「你是世界上最棒的投手，在偉大的棒球錦標賽中、在這座最具魔力的球場，每次在主場先發門票都銷售一空……這個情況不會永遠持續下去。」約翰說。「你不能被媒體影響你在這裡投球時所獲得的感受。」

第二十五章 誰是你老爸？

多年來，我一直拜託紅襪隊幫我一個小忙，麻煩你們了！

到了二〇〇四年，紅襪隊終於辦成了。

他們找來了柯特・席林。

當時有人在私底下流傳說席林這次其實是筆買一送一的交易，為了讓席林放棄不得被交易的條款，並同意與紅襪隊簽下延長合約，附帶條件就是讓蒂托・佛蘭科納（Tito Francona）擔任我們新的總教練。事實上並非如此，不過所有人都知道同時加入紅襪隊的這兩位，過去曾經共事過一段日子。

我對蒂托所知甚少，而我上次跟席林接觸，是在一九九六年那次大亂鬥時，我被壓在麥可・威廉斯下方，而他正試著把我給勒死的時候。後來我們都經歷過許多大風大浪，因此那些事情都過去了。

我認為他加入我們投手輪值的想法是一件大事——我很高興球隊做了這筆交易。我們的投手輪值除了德瑞克・洛夫、布朗森・阿若尤與威克菲爾外，又多了另一名戰力，還是品質很高的戰力。

我認為這就是目前球隊需要的球員。我們的攻擊能力已經夠強了，不需要再補打擊了，但是投手深度應該想辦法繼續加強。當我們在一月時簽下凱斯．佛克作為我們的救援投手後，我認為這個合約至關重要。我們的牛棚，特別是去年使用了無固定角色出賽方式的實驗後整個崩盤，需要一名貨真價實的救援投手，而佛克去年在運動家隊時曾經拿下四十三次救援成功。

媒體雖然還是緊咬著二〇〇三年球季那糟糕的結局不放，不過我們齊聚在邁爾斯堡進行春訓時，球員休息室裡的大家都已經從當時的悲傷與遺憾走出來了。蒂托跟大家進行第一次會議時，我使用了另一種多明尼加式的行禮法，力求讓蒂托有賓至如歸的感受。我站上椅子──當然是一絲不掛，然後說：「嘿，蒂托！」

「小佩，你在搞屁啊！」

我先擺動小佩卓，然後說：「歡迎加入紅襪隊！」

大家都笑得嘴不合攏。我們一整年都這樣笑得樂開懷。二〇〇四年時，我們是一支彼此關係相當緊密的球隊。即使葛雷迪離開了，整個「再接再厲」的精神還是繼續持續了一整年。蒂托非常了解他手上的球員，而且對於讓大家各行其是相當在行。除了我和席林外，我們隊上還有好幾名經驗豐富的優秀球員：強尼．戴蒙、凱文．米拉、曼尼、比爾．穆勒、威克菲爾以及諾瑪。我們都相信二〇〇三年球季那令人傷心的結局，無法反映我們這支球隊真正的實力。原本的球隊再加上席林與佛克，大家都覺得會跟原來一樣好，甚至有可能更棒。

二〇〇四年球季的五名先發投手為──席林、洛夫、阿若尤、威克菲爾和我，這一整季我們都沒錯過任何一次輪值，這是跟每一千年才能看到一次的彗星同樣稀有的現象。專業上，我們五個人相當親密。我們會觀察其他人牛棚練投的狀況，對我們觀察到每個人的投球機制提些小建議，並穿插一些有關如何解決打者的想法。

跟大部分人想的可能不太一樣，不過我和席林當隊友時彼此相處融洽。個性上，我們兩人幾乎沒有任何共通點，我們也從來沒變成好朋友過，不過這在大聯盟還蠻常見的。我從未待過一支隊上二十五個人通通都是好朋友的球隊。當我獨自一人或是跟曼尼、大衛、負責安排行程的傑克・麥考米克（Jack McCormick）或球員休息室的工作人員普吉・傑克森（Pookie Jackson）廝混時，他都和威克菲爾、傑森、提姆林和米拉貝里混在一塊——這沒什麼。我跟大家都很熟，這是我在紅襪隊的第七個年頭了，這裡就像我家，我沒有要找新朋友，我是要找尋讓我們進入世界大賽的方法。

「我和佩卓沒什麼共同的話題，」席林說。「我們從未共進晚餐，我們就是個性不一樣而已，我們也不在同一個小團體之中。我很明顯是新來的人，而我們也沒有一起幹嘛。反正我們沒有共進晚餐的理由，就是我們沒有共進晚餐，不是因為我們不想。我們就是不同圈子的人罷了。」

「直到後來我才發現這件事，不過我們的互動非常少。」

席林的個性相當外向，對各種不同的主題都有許多意見，不過我沒花太多時間聽或閱讀他在媒體上說的話。我只關心他做為投手的表現，而我看到他認真的在精進自己的技藝，不過我很快就得知我們在賽前準備與上場投球的習慣全然不同。

正當我遵循我自己的程序時，席林也正在進行他自己的程序：大量的腳踏車訓練、大量的深層按摩與伸展。他和威克菲爾不像阿若尤、洛夫和我一樣習慣做跑步訓練。我不知道他會不會去重訓室，不過我從沒花太多精神注意他究竟在幹嘛就是了。當我們手上沒有手套跟球時，其實我們不太常看到對方。

我們有時候會一起傳接球，我喜歡他跟我一樣認真看待這件事：彼此確認對方的投球機制、擺弄投球動作和感受球的動向還蠻有趣的。

我還注意到一件事，無論我在做什麼，席林會一直把目光放在我身上。

二〇〇四年時他嘗試要投卡特球，他問了很多我怎麼投球的事，特別是如何在投內角球時使用這種球路。他在筆記本裡記下了許多潦草的筆記，他每天都在裡面記錄許多怎麼把球投好的訣竅。這本日記，正好說明了我們兩人做事風格差異最大之處。我們越是討論投球的事，我就越快發現到自己可能無法從他身上學到太多關於如何對付打者的訣竅。我以為他應該會知道更多關於球種與投球的事，且對於如何對付打者有更多想法，但我的印象是他仰賴大量他過去投球的資料——他所有的答案都在他的筆記本裡頭。

我知道，這樣做對他很有用，不過我無法產生共鳴。假使我處於困頓掙扎或投了一場糟糕的比賽，就算我在筆記本上寫了很多下次比賽應該怎麼做的筆記，但我要怎麼減輕當下的傷害呢？可能我從沒真正了解怎麼使用那本筆記本吧。我從沒問過他，無論是觀看比賽的錄影、實際投球並將球投進捕手的手套裡時，席林隨時隨地都在檢視他的筆記。我也會看一點錄影，但目的是為了要判讀對手打者的狀況，我會把所有東西記錄在我的腦中並在實際投球時調整，在傑森的協助下，根據打者站在打擊區時的反應，一球一球的微調。

傑森能確實的看出我跟他的不同之處。

「看起來他們兩人之間似乎有種競爭性的平衡——兩種不同投球風格、兩名菁英級大投手，而且他們真的會以對手的勝利與投球表現作為燃料運作著。」傑森說。「佩卓在二〇〇四年時投的比較辛苦，而席林到這裡後則是拿出了統治級的表現，他就是以這樣的表現先發出賽並投了一整季。佩卓在某些時間點遇到了一些亂流，跟他一兩年前的表現不在同一個層次上，不過我認為他們兩人還是處在平起平坐的地位，而且他們高度尊敬彼此，以及對方為球隊做出的貢獻。」

我記得例行賽時我跟席林只發生過一次爭執，但那只是件小事。我們在洋基體育場，而且我們覺得洋基隊在客隊球員休息室裝了竊聽器——我記得道格．米拉貝里從天花板層板裡拉出了一條麥克風電線。系列賽才剛要開始，因此先發投手們走出體育場，到球隊巴士裡開賽前會議。席林說了一些對上松井秀喜與艾利克斯．羅德里奎茲時我們要如何提高勝率的想法，但我不同意他的說法：「不，我們對上他們時得投的更貼身一些，最好把他們逼得往後退一些。」我們兩人互不退讓，但我們還是繼續討論下去。無論如何，我們會用自己的方法做事。

我喜歡席林投球的樣子。他快速球的放球點非常棒，動作始終如一，而且他投球的手臂角度極為完美，在正前方出手。他的快速球非常直，就像一支箭，因此他需要快速指叉球，若投的出來，那就沒問題了。不過若是投的太高，就會被打出去。

二〇〇四年以前，席林從來沒有跟我一樣使用鉤住投手板的站姿。春訓剛開始時有一天他看我投球時，他問我為何腳是一半在投手板上一半在外面。我告訴他這樣做能帶給我槓桿與穩定的作用，這是山迪・科法斯、戴夫・華勒斯和道奇隊教我的，他說：「我得試試這招。」

同一天他就開始這樣做了，而他的快速球馬上就比原本快了兩三英里。對於一名三十七歲的投手來說，能像席林這樣找出額外提昇球速方法，是一個重要的提昇。科法斯春訓時來我們的訓練基地拜訪時，他也在這件事情上稍稍指導了一下席林。唯一的狀況就是大概過了一個星期後，席林他投球時，轉動右腳離開投手板後傷到了腳踝。

診斷結果是他因為擠壓到關節而發展成為骨頭挫傷。若他繼續這樣投球，就會有化膿性骨髓炎或骨頭壞死的症狀。席林還是繼續這樣投，幾個星期後他被診斷出化膿性骨髓炎並需要進行他的第一次注射。然而，他還是不願放棄鉤住投手板的動作，以致於二〇〇四年他每次先發時，為了能正常投球，都要在腳踝注射痲佳因。

季後賽時，大家都記得他那場「血襪事件」。從事後來看，或許他應該巴著我要我就自己的卡特球給予他更多建議，而不是試圖要複製我鉤住投手板的動作。以他的體型和年紀來說，這是一個很大的改變，但這也是運動員總是為了獲得更強大的能力而不斷追尋更多額外優勢的最佳例證。

我那年春訓狀況不是特別好。我找不出原因，但我就是覺得自己沒那麼犀利，也沒法用全部心力控制我試圖灌注所有才能在其中的卡特球。我無法保持動作一致也常常未能投出預期的效果。這對先發投手來說是個大問題。我在春訓時的防禦率是六點七五，也為我個人在二〇〇四年的表現正式定調。

我在巴爾的摩先發主投開幕戰，表現堪稱平庸：投到第二局時失掉三分，有兩分是自責分，接下來就沒再失分，投完六局拿下五次三振後退場。我們以七比二輸掉比賽，而賽後因為我過早離開球場而釀出了大禍。

我沒有一直留在那裡回答媒體的提問，這是肯定的，不過這天我不記得有提早離開。我很快就沖完澡然後走進親屬休息室，我在那裡陪伴我的家人。我那天稍早從巴爾的摩的內港買了一袋螃蟹，我們正要享用螃蟹大餐。無論我有沒有做錯，我知道蒂托蠻氣這件事的，因為他接任總教練的第一場比賽就替我揹了黑鍋，說他沒有跟我說明不能提早離開的規則。說實話，我真的不記得是不是真的提早離開了，但我知道後來我有為了這件事向蒂托道歉。他並不領情，但大體上來說這件事並沒有造成什麼後遺症。

我們不常聊天，不過幫蒂托打球時我覺得很開心。就跟葛雷迪一樣，蒂托很清楚要讓我的訓練員克里斯・科瑞提作為我們的中間人，克里斯和我總是形影不離，一起找出要讓我在每次先發出場前做好準備的方法。

蒂托最惡名昭彰的就是每次比賽前，嘴裡總是嚼著一大塊的口香糖或是煙草。他在整整九局或是，唉，那天理不容的延長賽時，會不斷將亮棕色的汁液吐在地上。打完一場比賽後，大家的鞋子上都會沾到蒂托吐出的汁液，這是我成為大聯盟投手後，看過最噁心的景象。但我們整群人都很開心，先發全都保持健康，球隊的化學效應相當棒，這有很大一部分要感謝蒂托很快就融入他的新職位，表現的就像是天生的紅襪人一般。

說到我在二〇〇四年的成績，那年的我不是非常穩定。我的控球與壓制力已不復當年。保送次數增加，被全壘打數陡升了幾乎四倍，從二〇〇三年的七支，增加到二〇〇四年的二十六支。防禦率三點九〇是生涯完整球季最高的一次，而在兩百一十七局的投球中送出了兩百二十七次三振，則是一九九六年以來最低比率。

有時候我的快速球只能投到八十五、八十六英里，這曾讓西奧．艾普斯坦非常擔憂。當我出賽並投出這樣的低速時，西奧會要芬威球場負責記錄測速槍的人把數字提升到八十九英里，假使我能投到那個速度，他就把數字調成九十英里出頭。西奧也會在別的投手出場時這樣做，不想讓其他球隊認為：**嘿，我們抓到他了！他今天只能投到八十幾英里而已**，再者，他不希望讓我尷尬或讓我太早就開始用力催球把速度要回來。

對於我二〇〇四年的球速，我一點都不會感到尷尬。我現在就是需要這樣投。我在一九九九年時學到了如何在沒有快速球的情況下投球，更何況二〇〇四年時我的身體相當健康。

但我是在心神不寧的情況下進入這一年的。

費南多在春訓時曾就為了讓我不要成為自由球員而要簽訂的新合約，與紅襪隊進行過幾次討論，不過都因為紅襪隊不斷叨唸著要為我的肩膀，與其他只讓我感到悲觀的無意義事情的保險政策而沒有下文。我不想在例行賽期間討論延長合約的事情，但我同意延長一個月的協商期。但這個月的等待毫無價值，到了四月底我便宣告協商終止。

「我對保持著高度期待的新英格蘭球迷感到十分難過，但此時此刻我能真心的說，我打算繼續待在波士頓，但現在他們得跟聯盟的其他球隊競爭了。」我這樣告訴《波士頓先驅報》。「這不算是件（會讓我分心的）事，因為我不會允許自己分心。這件事到此暫時告一段落，而我就是繼續打球，就跟我平常一樣。」

「再繼續下去我也只是浪費時間，把一件事情梗在心裡而已。所以我現在要甩開這件（讓我分心的）事，專注在棒球上，就是這樣。」

「這是我的肺腑之言。波士頓的球迷們，我知道你們不明白事情的經過，不過我是真心誠意的——我把能給的機會、能給的折扣都給他們，好讓我確定自己能待在波士頓，但他們從沒想過要占我便宜。甚至連給我個報價都不肯。」

我不是處於這種狀態之中的人。德瑞克・洛夫、傑森・瓦瑞泰與諾瑪・賈西亞帕拉的合約都走到了最後一年。我們從未一起坐下討論這件事，不過我們都很清楚棒球的黑暗面，也就是商業面，會像蠕蟲般鑽進你的腦袋裡，若你放任它自行其是，就會讓你往死胡同鑽。我試著盡可能的把心思拉回我的比賽之中。

我宣布成為自由球員的第一場先發完全被擊垮了——在德州出賽時，只投四局就掉了六分，同時我的防禦率狂升至四點〇〇。球季剩下的時間我都在想辦法穩定下來。有一段時間我能展現出一閃而過的宰制力，或至少能稍微準確的臨摹出過去的自己，像是我這個球季唯一投出的一次完投，是八月對上魔鬼魚的完封勝，或是少數幾場只丟一、兩分的比賽，不過大多數的出賽我都得丟掉四、五分，甚至是七、八分。

我們在二〇〇四年時是專打下半季的球隊。隨著球季的演進，球隊的化學效應也開始激盪出燦爛的火花。七月底當傑森因為艾利克斯・羅德里奎茲挨了一記觸身球而用手套推了他一記後，芬威球場迎來了自去年十月卡林・賈西亞日後又一次的洋基紅襪大鬥毆，也讓我們的士氣為之一振。這場鬥毆跟我完全無關，不過看到傑森這麼生氣都讓我們覺得十分驚訝，而這也幫助我們了解到洋基隊會出什麼招，而我們是有能力將他們擊倒的。

一個星期後，諾瑪被交易出去。

我將這個交易看得很重。

我跟紅襪隊簽約時，就知道他們是否能鎖定諾瑪，是我會不會同意簽下長約的關鍵。到了二〇〇四年，只剩下諾瑪，還有傑森、尼克森、洛夫以及威克菲爾是進我紅襪隊第一年時就在的人。我知道他目前的狀態在球隊與球迷的眼中都有些差勁，而我總是希望能做更多事情來弭平這些缺點。諾瑪無論在場上或是在球員休息室與隊友一起時都表現的非常出色，我一直認為他是非賣品。不過二〇〇四年是由新老闆與新任總教練主導一切。若他們有先問我，我會告訴他們，就連思考要交易他這件事，都太瘋狂了。他們從沒徵詢過我的意見，不過有時候，一切都是最好的安排。

交易諾瑪的消息在媒體那邊掀起了一陣風暴，不過回報是我們得到了快腿戴夫・羅伯茲（Dave Roberts）以及防守優異的游擊手與一壘手奧蘭多・卡布瑞拉（Orlando Cabrera）以及道格・明凱維茲（Doug Mientkiewicz）。明星賽之後，我們的異軍突起，以六成五八的勝率拿下了五十勝二十六敗。

洋基隊仍然陰魂不散，特別是我輪到我出場比賽的時候。我有四次先發是對上洋基隊，其中三次是在洋基體育場。球迷尖酸刻薄的程度有比去年十月稍微降低了一些，不過只要我把頭伸出球員休息區，球迷總是能認出我並開始對我使出嘲諷。那一季洋基體育場不斷有人喊著「一九一八」。我在四月首次先發上場時，便讓全場安靜下來了，當時我投了七局無失分，只被敲出四支安打。第二次先發有些許回檔，投了七局被敲出四支安打丟掉三分，無關勝負。

這場比賽我也用棒球讓蓋瑞・薛菲爾（Gary Sheffield）知道，洋基隊的打線不需要再多一個伯尼・威廉斯。第一局時，薛菲爾在我已經開始投球動作時叫了一次暫停。在最後一刻叫暫停是伯尼用來讓我分心的十九個小伎倆之一，而且我一直都很討厭他這樣做。當薛菲爾與裁判終於同意我可以繼續投球後，我投了一個正中紅心：球直直擊中薛菲爾的背號。他往一壘走時，還不忘對我哀哀叫。他這樣做完全不會不會讓我就此不說或不作為，也不會讓我透露出我兩隻靈敏的耳朵聽出的弦外之音，他知道我在幹嘛，棒球歸棒球。

這一季我確信自己的投球方式被洋基隊破解了，而他們是仰賴特定位置的人打的暗號。我看到伯尼・威廉斯和三壘指導員威利・藍道夫（Willie Randolph）直接盯著我看，接著我看到伯尼望向威利，他正指著我的手指。我懂了！於是我改變自己的投球姿勢。當我用固定式投法時，我改變了手臂的動作讓我在皮帶位置上暫停一下，我希望這個新增的猶豫動作能擾亂他們的想法。當你面對某支球隊太多次後，他們會越來越熟悉你的一舉一動，而二〇〇四年時我還在尋找打敗洋基隊的方法。

德瑞克・洛夫看到我面對洋基隊時突然做出的改變感到相當驚訝。

「這是我第一次看他在場上為了某個狀況做出改變。」洛夫說。「他的表現就像是，『這些傢伙要把我打垮啦，我得做些改變。我的投球姿勢被識破了嗎？』而這是我第一次說出：『哇，沒事啦。假使你的投球姿勢真的被識破了，那他們早在十二年前就已經看出來了。』因此，這是他第一次真的屈服於，『好吧，那些傢伙真的逮著我了。』的想法。」

球季末我仍然處於掙扎的狀態。九月時，我又一次得在球季結束前接連對上洋基隊兩次。我被打得慘兮兮，第一場在洋基體育場掉了八分，接著是在芬威球場，那一次蒂托讓我投到第八局才把我換下場，我被敲出九支安打失掉五分。

在芬威球場對上洋基隊那場比賽結束後，我自然會因為自己的表現在感到沮喪，不僅如此，我還被洋基紅襪世仇的議題給整個打垮了。我已筋疲力盡。我試圖在投手丘上做出調整，但我厭倦了、厭煩了、惱怒了、暴躁了。媒體究竟想要我說什麼？我要怎樣用新的方式探討世仇的事情呢？我有可能吐露出讓麥克風與攝影機背後這些人滿意的話嗎？

芬威球場這一季的採訪室一直都相當擁擠，跟球員休息室外頭一樣悶熱。洋基隊的媒體成員人數跟紅襪隊的差不多，而當我踏進採訪室時，攝影機的電源燈也啪的一聲打開了，我可以聽到後方記者為了搶位置互相推擠的吵鬧聲，有些人大喊說他們沒辦法看到我或聽到我的聲音。

採訪室終於安靜下來了，而我也給了媒體他們想要的東西。開誠布公的說出實話。

「我還能說什麼？我就是脫帽敬禮，然後叫洋基隊一聲老爸啊。此時此刻，我找不出能打垮他們的辦法。」

對，我說出來了。這就是佩卓洋基語錄的另一個條目，我認為大家對這條語錄有些過譽了。就我個人而言，我認為之前說過的「把貝比魯斯叫起來」以及「淘氣喬治」比較棒。就算是源自於「老爸」的「芒果樹」語錄都好多了。「老爸」的出處就只是從多明尼加冬季聯賽那邊傳來的一個古老格言罷了。假使你不能解決那個傢伙，那他就是你老爸：他擁有你。這就是我的意思，不過大家都將它視為「我已經瘋了」或者更糟，視為我承認自己已經失去原有的身手了。

「這讓我感到非常驚訝，不是這般無比殘酷的真誠，而是讓某些人入侵，解除了你那層不可戰勝的防衛與屏障，讓你的弱點變得眾人皆知。」西奧說。「這太讓我驚訝與害怕了——媽的，我們正嘗試要打垮洋基隊啊！這件事讓我感覺不太好。」

相信我，我不會將對上洋基隊這兩次敗仗視為我得高掛球鞋的信號。我宣布這是又一個得折磨我整個職業生涯的文化以及語言學代溝最佳範例。媒體得到他們想要的東西了，一些從佩卓的嘴巴說出來，可以用來當成素材的消息。我完全想不到文思泉湧且充滿創造力的洋基球迷，會將這句話轉換為「誰是你老爸？」或者是我那「老爸」語錄會變成我最熱門的引述。

事實上，我認為對於這類事情的發生，有一種與平常不同的多明尼加風格表達方式：當生命給了你檸檬，你就將它們打成芒果汁。二〇〇四年，儘管洋基隊球迷忙著問我我的老爸是誰，但紅襪隊終於給出了能讓他們全都閉嘴的答案。

第二十六章 世界第一等

二〇〇四年時，洋基隊不是我唯一的老爸。

我上半球季三點六七的防禦率已經不太漂亮了，但下半球季防禦率竟是升到了四點一七。我最後四次先發，包括對上洋基隊的那兩場比賽，我拿到了〇勝四敗，防禦率七點七一的成績。打者都踩在我那平凡無奇、不穩定的身體上跨過去，對我繳出打擊率三成〇六、OPS〇點九五四的數據。

我們的輪值、牛棚與進攻能力都強到足以彌補我今年慘澹的表現。大家試著要讓我說出，我應該是季後賽頭號先發這句話，但我說不出口。席林今年球季末的表現非常強勢，而且他一整年的成績都優於我。

這些討論誰是王牌投手的雜音開始提醒了我每當羅傑·克萊門斯跟我同場先發時，媒體總是想要將這場比賽塑造為兩人旗鼓相當的較勁，就好像我們兩個要同時跳進拳擊場互毆一般。我不是要與羅傑對決，也不是要與席林對決。我總是希望能夠贏得比賽的勝利，展現給所有人看我有多棒，二〇〇四年季後賽開打時我的想法仍然沒有改變。我知道自己最終的產出不佳，但我也很清楚球隊希望我就算不能表現的比其他先發投手好，至少也要保持跟他們差不多的水準。我也知道，這可能是我與波士頓的七年合約到期後，待在這裡的最後一年。我不想就這樣結束，絕對不想，但我也不想以這樣低劣表現結束這一年。

我的輪值排位、我的合約狀態——我心裡當然會牽掛著這些事情，我又不是死人。但這些事無法點燃我內心的火焰，真正的燃料是我得站在棒球世界的頂點，並以拿下世界冠軍作為這一季的結尾。丹・杜奎特曾經承諾我，他會將紅襪隊打造成一支強隊。他建立了基礎，而西奧繼續接手。此刻我正踩在臺階上，準備踏進勝利之門，我已擁有所有不在路上被絆倒的動機。我開始安靜不受打擾的為季後賽備戰，不用跟過去那些日子一般煩惱記者招待會的事了。

對上天使隊的第一戰由席林為我們拿下了勝利，我則是讓球隊取得了第二戰的勝利：投了七局，被敲出六支安打丟掉三分。

「今天我是第一名，」賽後我告訴媒體。「對我來說這是最要緊的事。我不相信這裡的專家說的話。我就來到這裡盡我的職責。我盡自己的職責，拿到應得的報酬，球隊決定怎麼用我，我就怎麼做。我會確實的閉上嘴，放棄無謂的自尊心，因為我希望此地的所謂專家們繼續他們的垃圾話，而我會通通吞下去，因為對我而言，無論何時只要他們把球交給我，我就是特殊的存在，我就是第一名。無論我得等待多少日子，對我來說，我很榮幸能看到席林取得勝利。他投的比我好，我承認。我也十分敬重他的表現，所以你們垃圾話說夠了吧。我們相處愉快。我從沒因為那一場比賽是由他主投而感到生氣。一直以來他不只是對上這支球隊時表現優異，我們對上任何球隊時他的表現都很棒。我們處得相當融洽。請不要試圖破壞我們的感情，捏造一些垃圾新聞、垃圾話——或是捏造一些並非事實的消息。」

我認為自己很清楚的表達了球隊第一的想法。對我而言，這是進入一個很棒的季後賽的開端，無論在投手丘上或是在佩卓語錄上皆是如此，而語錄對媒體來說似乎又更重要一些。我變得更用心鑽研如何讓隊友更開心，這也是為何我認為他們應該見見我的新朋友尼爾森·德·拉·羅莎（Nelson de la Rosa）的原因之一。

我是那年夏天在普羅旺斯認識尼爾森的，當時我跟我的堂哥正在那裡度假。尼爾森來自多明尼加，他在老家是相當知名的演員，而且也曾踏上好萊塢大螢幕。直到今日，電影迷還是會崇敬的稱讚尼爾森與馬龍白蘭杜在《攔截人魔島》（The Island of Dr. Moreau）中，兩人之間彷彿充滿電流激盪般的對手戲，特別是有一幕尼爾森站在白蘭杜椅子的扶手上，溫柔的擦拭白蘭杜塗滿粉末的頭。然後尼爾森還在一九八八年義大利暴力經典電影《鼠人》中，展現了他職業級的演出，在片中他扮演了劇名角色鼠人，並將一名丰姿綽約的時尚模特兒給嚇壞了。

在尼爾森那豐富生動的眼神與靈巧敏捷的肢體動作背後，無疑的，他的演藝生涯是由他那特殊的身材形塑而成的，已是成人的尼爾森站起來只有二十九吋高。再加上他有顆與眾不同的杏仁頭以及乾瘦的臉，會這樣過早老化與起皺紋是因為他患有特殊的侏儒症。

尼爾森從來沒在美國觀賞過棒球賽。球季末，我給了他幾張門票，他看起來高興的不能自已。

九月時，我帶他到我們的球員休息室。凱文·米拉是第一個見到他的人，我覺得他的眼睛快要從臉上跳出來了。不過他隨即把尼爾森像是拿著一顆足球般將他帶到蒂托的辦公室。米拉讓他站在蒂托的辦公桌上，而尼爾森就直直站著，一動也不動。蒂托不知道自己看到了什麼。他把頭轉過來然後看著尼爾森，做出了這東西很有趣，類似「**這是什麼鬼**？」的表情。接著他開始窺探尼爾森的背部，看看有沒有發條旋扭。然後尼爾森突然動了起來並舉起雙手。蒂托尖叫大喊著：「去你的！」──就像尼爾森剛用冰錐刺了他一般。

「這聽起來很糟糕，不過我不覺得他是真人。我以為他是發條娃娃，他的皮膚有種蠟色，」蒂托說。「我差點忍不住要把他踢開了，我只記得自己想著，**去你的，要是我真的踢下去怎麼辦**？」

德瑞克．洛夫也對自己被尼爾森嚇到的回憶印象深刻。

「我不是對他不敬，但我就是忍不住一直盯著他看，」大鳥說道。「我不知道那是什麼。我的意思是，我知道那是什麼，但你就是會想說，此刻世界發生了什麼事了？你正看到一個小嬰兒走來走去，但他又有著成年人的頭。」

尼爾森很習慣被人盯著看。他已經三十六歲了，對於以世界上最矮的人而聞名的他來說，他已經能做到對於這類事情心如止水了。他的人生從來就與正常或輕鬆無緣，不過他對自己所擁有的一切感到自適。我們的球員休息室能夠接納各種類型的人，而且有幾次他跑來休息室我們就取得勝利後，他就變成了我們的幸運符。有時候隊友們會把他當成足球似的拋來拋去，他也會穿些奇裝異服，手上拿著一支小球棒來到球員休息區，開始對著保冷箱揮棒。

這支「傻瓜隊」的球員都愛死他了。

我們在芬威球場贏得分區系列賽第三場的勝利後，我們開慶祝大會時尼爾森站在最中央。當我的隊友在他身上狂灑香檳和啤酒後，我把他舉了起來。他自己吸了幾口，這個量就足以讓他微醺了。他倒在他一般體型的兄弟身上，他兄弟一整晚都抱著他，就像抱著一個熟睡的嬰兒一般。

席林在分區系列賽對上天使隊時，腳踝的傷勢更嚴重了，而球隊為了讓在他美聯冠軍系列賽對上洋基隊的第一戰能順利上場，做了一切能夠穩定傷勢的努力，但通通無效。那天晚上他只撐了三局，被拿下六分，麥可．穆西納則是守住了比賽，洋基隊在系列賽一開始就取得了一比〇領先。他們不只擊垮了席林，而且這個傷勢明顯看起來就像是，我們例行賽的王牌投手接下來可能都無法上場了。

假使第二戰他們可以通過我這一關，洋基隊獲勝的機會看起來相當大。

今年的仇恨值跟往年不在同一個層次。這次沒有死亡威脅，不過洋基隊目前以一比〇領先，加上他們的球迷因為我幾個星期前的「老爸」語錄，發現了我的弱點。

「誰是你老爸」的呼喊從克里斯．科瑞提跟我走進左外野開始熱身與拉長球時就沒有停過。到了我結束牛棚熱身，得要回到球員休息區時，有更多球迷入座，呼喊聲也從球場屋樑傳了下來。克里斯和我看著彼此，而我閃過一個微笑，那個微笑小到只有克里斯能夠看到。

確實，成為所有能量與噪音的焦點是有一些些超現實，不過當我站上投手丘開始進行一局下半的比賽，那些呼喊聲像是海灘上的波浪不斷潑濺在我身上時，對於這些呼喊背後的信息頓時覺得豁朗，接著便專注在我的工作上。

這次先發狀況不佳。投完前十一球就丟了一分：保送基特、他盜上二壘；艾利克斯觸身球上壘（不是，我不是故意的）；薛菲爾一分打點一壘安打。

更多的喊叫。

投完接下來的十六球後，我拿下了三個出局數，分別是兩次三振與一次內野滾地球出局。我們以一比〇落後，而且光是第一局我就用了二十六球，這並非是個前途光明的開局。

後面四局，我只送出了兩次保送與兩支一壘安打，不過洋基隊的先發投手瓊·李伯（Jon Lieber）當天拿出了A級表現，我們連一分都沒能拿下來。

到了第六局，我被約翰·歐勒魯（John Olerud）敲出了一支兩分打點全壘打，也把我打下場了。我以一百一十三球作收，比去年葛雷迪硬是把我留在場上時還少投了十球。第八局，我們從李伯手上拿下了一分，但最終還是以三比一敗北。

是的，賽後還是會有人問一到兩個關於這場比賽的問題，但因為我拿下了敗投，我知道大家一定會想知道，我是不是仍然覺得洋基隊是我老爸。

我一直以來都習慣在媒體面前長話短說，我應該可以只說句：「我很幸福。」就好，而非聊些關於我那棵芒果樹，因為這就是事實。無論贏球或輸球，我已經賺到了足以供我家人使用的金錢，也一直過著正派清白的生活。除了讓我承認自已很幸福以外，他們還希望我說什麼呢？答案是沒有。沒有其他問題，也沒有其他答案。

我們帶著〇比二的戰績，不安的回到芬威球場。當我們在第三戰以十九比八被屠殺後，這份焦處又上升到另一個層次。這個比分與一九一八年那次有種令人相當不自在的相似之處，不過去年紅襪隊雖然贏得了第三場比賽，卻也是落到了在洋基體育館被嘲弄的下場。

我們比任何人都清楚自己當下的情況有多麼可怕，不過隊上沒有一個人坐在置物櫃前，以嬰兒般的姿態蜷曲著哭泣。第四戰前我們開始想辦法讓自己放輕鬆。

大家都知道凱文．米拉緊急懇求大家在第四戰開打前集合，一起喝一點點皇冠威士忌。我們已經退無可退了，乾杯！好好的打一場吧。

我也喝了一點點，就是嘴唇稍微沾一下，不過曼尼一邊在用他的秘密調味配方調製飲料，調了些多明尼加催情酒（Mama Juana）。

曼尼的妻子來自巴西，她有個親戚給了曼尼一個玻璃罐，裡頭裝滿了巴西樹木的根、樹皮與嫩枝。製作方法是在玻璃罐裡裝進你自己挑選的酒精飲品，盡可能的浸泡久一點，然後就可以倒出來喝了，據稱那些嫩枝與樹根能幫助男人在做愛時維持所需的精力與力量。因此第三戰開打前，曼尼把純琴酒倒入玻璃罐中，讓它泡一陣子。接著他又加入了特殊的增幅劑：三顆威而剛。他先把威而剛碾碎再灑入罐子，這樣粉末就會溶解於琴酒之中，另外倒入一些紅酒與蜂蜜，最後搖搖罐子讓裡面的東西混合。那時，有幾個人圍在他身旁，想知道他手上的究竟是什麼玩意。艾利斯．布克斯（Ellis Burks）是那一年我們隊上最年長的球員。這是他最後一個球季了，而且他不在季後賽的球員名單上，不過他總是跟球隊一起行動，作為一名最德高望重的老兵，他想做什麼大家大抵上都會隨他去做。

「嘿，曼尼，這是什麼？」艾利斯問道。

「催情酒喔，老兄——這罐東西能讓你硬梆梆。」曼尼說。

「伙計，我不知道你手上的東西是什麼，不過我不在球員名單裡——我要來一口！」

他喝了一口，而我蠻確定他把這玩意喝下去不到兩分鐘，就過來回報說催情酒是真貨了。

「狗屎！這東西真的有效，我的天啊。」

有一大堆球員名單裡的人都圍過來，然後喝了一小小口，非常小口催情酒。催情酒真的有用，蠻不錯的——那年十月我們再也沒輸過。後來剩下的比賽依序是——在芬威球場、洋基體育館，接著是布希體育場（**Busch Stadium**），每場比賽前大家都會傳著喝那罐催情酒。唯一不跟大家一起喝催情酒的就是先發投手。我們需要一名清醒且不含威而剛的先發。

我從成為大家注目焦點的第二戰，來到了後來增加的第五戰，這場我們又一次在延長賽擊出再見安打取勝，這次是大衛在第十四局擊出了一分打點一壘安打。感謝上帝再次讓大衛敲出再見安打。這次是我有史以來季後賽先發投得最糟的一次：六局、五次保送、被敲出七支安打，丟掉四分。我以紅襪隊球員的身分在芬威球場投出的最後一球，被松井秀喜打成了右外野平飛安打。變成了滿壘的局面。

第六戰席林勇敢的完成了他「血襪事件」的先發出賽，而第七戰我上場投了一局短暫、臨時且不成功的中繼，但這場我們把洋基隊擋住了。我們離開球員休息室時全身淋滿了香檳和啤酒，身上散發出濃烈的雪茄味，就像去年馬林魚隊在世界大賽時的模樣。

我會相當樂於支付場地清潔費與洗衣費的。

在芬威球場對上紅雀隊的第一戰，我們贏得了這場拉鋸戰，接著席林在第二戰恢復他強大的投球實力。紅襪隊在第二戰比賽期間，就先把我送去聖路易，因此我得到大量的休息時間，讓我能好整以暇的為由我先發的第三戰備戰，這場比賽在我三十三歲生日隔天舉行。

我很感激球隊給我額外的休息時間。這一季我已經投了兩百三十七局，而且這季還沒結束。這數字已經是我職業生涯單季投球局數第二高的紀錄了。世界大賽第三戰，我又多投了七局，達成我單季最高的兩百四十四局，比一九九七年我在博覽會隊時還要多了二又三分之二局，那時我才二十五歲。我這個老頭不需要別人耳提面命，就知道自己最好先去密蘇里州休息一下，不過我並沒有如此疲憊。我知道在我們贏得前兩戰後，若是在聖路易輸掉第三戰，這會是一個氣勢的轉移，我得預防這件事發生。我不需要從外部或內部資源尋找更多動機來激勵自己。這是我生涯首次在世界大賽先發出場。我不會浪費這個機會。

曼尼一開始就幫了我一把。

首先，他在第一局從傑夫．舒潘（Jeff Suppan）手中敲出了一支陽春全壘打。而我在第一局下半的表現有點掉漆，因為兩次保送與一支內野安打讓場上處於滿壘的局面。金．艾德蒙斯（Jim Edmonds）打出一支跑到曼尼左外野防區的飛球，而我過去的老隊友賴瑞．渥克覺得他來得及從三壘衝回本壘追平比分。曼尼的臂力比大家給予他的評價要來的更強，他直接回傳給傑森，完成一次結束這個半局的雙殺守備。

我續投了五局，只有一次陷入危機。第三局時，我被舒潘敲出了一支一壘安打，然後是艾德佳·倫特利亞（Edgar Renteria）敲出了二壘安打，接著舒潘（他在一九九七年於鳳凰城舉辦的擴張選秀會中，從紅襪隊被選至響尾蛇隊，紅襪隊也是在那個時候將我交易過來的）幫了我一個忙。下一名打者敲出了二壘方向的滾地球，舒潘打定主意要從三壘衝回本壘，隨後他又改變心意。鎮守一壘的大衛看出他的躊躇，便將球傳給三壘手比爾·穆勒將他觸殺出局，完成雙殺守備。

我以紅襪隊球員身分投出的最後九十八顆球，在七局的投球中，沒丟掉任何分數，只被敲出三支安打。

第四戰活像個笑話。

第一局首名打者強尼·戴蒙一上場就敲出一支全壘打，托特·尼克森在第三局敲出一支兩分打點二壘安打，而且洛夫眩目的投球數據跟我上一場的表現如出一轍：七局未失分，只被敲出三支安打。

剩下最後一個出局數時，艾德佳·倫特利亞擊出了一支跑到佛克身旁，軟弱的彈跳球。儘管佛克第二次才接起來，但這顆球實在太好處理了。他看著手上的球時，表情就像是說：**就這樣嗎？**他將球拋給了道格·明凱維茲，後面我只記得場上一次閃出數百萬次閃光。

噗！

現在我可以去死啦、我可以離開啦、要我做什麼都可以！

我等著要加入圍在一起歡呼的隊友。首先，我雙膝跪地，開始感謝上帝對於我這些年在紅襪隊時給予我的幫助。我付出代價並達成自己的目標了。大衛也先停下來感謝上帝，接著我們就往人群衝過去，我的雙手高高的往天上舉，臉朝天空，臉上洋溢著最傻與最滿足的笑容。「感謝你、感謝你、感謝你、感謝你。」當我跑向隊友時，不斷對著上天這樣說。從休息室到隊友身邊的距離是如此的短，然而時間卻長到足以讓我記得向誰道謝，且體驗到這份遠超過一個星期前我在洋基體育館時所感受到的狂喜。直到我跳進人堆前，我整個人毫無知覺，圍在這裡的棒球選手變得不斷瘋狂尖叫，並興奮的彼此熊抱，抱到肺都快裂開了。

回到球員休息室後我先躲在塑膠布下面，因為在噴灑香檳前，我得再多感謝上帝——這是我給自己的規定。我也得打電話給卡洛萊娜。當時我們暫時分開一陣子，但我覺得她應該在這裡。我覺得她應該會為我感到開心。我告訴她：「這裡發生的所有事情都太棒了。就是這樣。這裡只少了一個東西，就是妳。」

我掛上電話，接著事情就變得越來越瘋狂了。

我抓了一面多明尼加國旗，圍在自己身上並用另一個比較小面的國旗當做包頭巾。我瘋了一陣且全身濕透後，我告訴某個採訪我的記者，我拿到了我的冠軍，不過一九九四年的博覽會隊也應該拿到一座冠軍。這是我心中所想的——我很難只把心思放在當下。我會回首過往，回到我多明尼加的根以及我棒球上的根，特別是博覽會隊，我是在那裡成長，成為一名投手的。

球員休息室裡到處都在擁抱、狂飲與到處噴灑飲料，我不太記得當時倒底發生什麼事了。席林、大衛與我應該是在為迪士尼世界度假區拍一支十秒鐘的廣告。他們希望我們說：「我們要去迪士尼！」不過我就是等不及攝影機開始拍攝。我開始唱起：「我們要去迪士尼世界，我們要去迪士尼世界！」席林和大衛加入我的節拍，這就是他們最後使用的影片。

返回波士頓時，沒人能真的睡著幾分鐘。我們在清晨進入芬威球場時，紅襪隊的球迷在那裡向我們致意。

從那時起，遊行正式開始，我不敢相信會有停下來的時候。

鴨鴨船遊行是我們這群「傻瓜」應得的最高待遇。民眾在芬威球場附近的街道旁夾道歡迎，而我記得那些五彩紙片、樹上那些綠色、黃色與棕色的裝飾，那些紅襪隊的支持著穿著紅色、白色與海軍藍的衣服，形成一片人海。大家不斷對我們全部人員高聲喊著：「感謝你們、感謝你們！」有個人告訴我：「我會把這件夾克拿去我父親的墳前祭拜他。」另一個人說：「非常感謝你，現在我爹可以安息了。」我原本就很清楚紅襪隊的球迷是多麼投入，不過這天我才領悟到這份愛與熱情比我想像的還要更為深刻。當我們行進到查爾斯河時，有更多民眾聚集在岸邊與橋上。當我們從橋下經過時，有個人從橋上丟個一顆球過來，砸到了我的前額，但我一點感覺都沒有。

我們正活在夢中。

我們贏得了世界大賽冠軍。

對我來說，唯一未解的問題，是極為個人的。

在我第三戰面對紅雀隊賽後，我曾被問到這個問題。投完第七局，我走下球場後，我的情緒開始打結。我們正接近贏得世界大賽的邊緣，不過有一陣感傷蔓延我全身，就像一片雲越過太陽。

為何我會在自己甚至無法確定，這是不是我在紅襪隊的最後一場比賽的情況下來到這裡呢？我心想。

為他們投球時，我一直是個好投手，一名可靠且穩定的選手，而我領悟到會這樣想是因為我還沒跟他們簽下新的合約，要走到那一步可能會比我想像的還要艱困許多。

賽後提問，他們問到這會不會是我在紅襪隊的最後一場比賽時，我說話的聲音聽起來像是在自白。

「我希望還有回到這支球隊的機會，但假使沒機會，我也很明白在商言商的道理。我只希望其他人能夠了解，明白我不是那個想要離開的人。我只是做我該做的。他們是有機會讓我穿回這身制服的——假使他們沒能把我簽回來，可能是因為他們沒有很努力嘗試這樣做吧。」

第六部

2004之後

第二十七章　拿起電腦，然後塞進……

我的雞正安靜的在休息、外頭的摩托車也停止呼嘯，梅倫格舞的音樂漸漸平息。拉芬卡那片深沉、黑色的天空，萬里無雲，獨獨掛著一輪新月，背景則由上千顆不斷閃爍的星星點綴著，看起來無比熱鬧。

費南多打來的電話，將我從沈睡中喚醒。

二〇〇四年十二月十三日星期一，接近凌晨兩點。

決定的時刻。

紅襪隊需要我的答覆。

我需要建議。

雷蒙是我想尋求協助時，最靠近我的人，不過那天晚上他不在拉芬卡。除此之外，他從沒面對過如同我現在必須面對的抉擇。

跟新東家大都會隊簽下四年合約，或是跟老東家紅襪隊簽下三年合約。

我穿著拖鞋與短褲，緩慢的走在小徑上，樹木與灌木叢漆黑的輪廓，為夜晚的星空型塑出一個參差不齊的框架。

費南多為我設好了選項。

「佩卓，我們正陷入兩難。我們從大都會隊那邊拿到了四年保證約，但他們希望我們今天就有答案。我會馬上打電話給紅襪隊，讓他們知道我們正考慮要去別支球隊。」

我再次抬頭望向天上的星星，並在腦中重新播放遊行後那段時間發生的事情，當時我正在為我的未來進行為期六個星期的緊湊會議。

「費南多，我需要一分鐘做決定。」

我把手機從耳朵上放下。夜晚的星空中沒有我要的答案。

此時我陷入了與我在聖路易投完最後一場球回到球員休息區時，相同的感傷。我無法想像離開紅襪隊的樣子，特別是在我們贏得世界冠軍之後。我不應該捨棄這份喜樂，應該要跟大家共享並再次經歷這份感受才是。我才剛在波士頓買了新房子，這裡有太多我認識的人以及親密好友，我得為了要在一個更大的城市展開新的人生而離開他們。成為大都會人，我會是當地的明星，不過我不會是唯一的明星。而且在紐約會有很多讓我轉移注意力的事情。就跟我總是會被波士頓那些不斷將我放在鎂光燈下檢視的媒體給惹怒一樣，我知道有一部分的我很享受這樣的注目，或至少也能駕輕就熟的處理這類事情。

當我想像一個新的家時，我也想像的到離開波士頓那種傷心的感受，不過這不像是會終身遺憾的那種感傷。與紅襪隊這段協商過程並不容易，過程充滿了勉強與不情願。協商進行的相當緩慢。

太過緩慢了。

「小費，你知道嗎？紅襪隊有很長的時間可以做些努力，而他們卻等到最後一分鐘才想挽回。告訴他們我們要去別的地方吧。去吧。告訴大都會隊我們接受他們的條件。」

我沒有回去睡覺。我帶了一套漂亮西裝，然後再次在凌晨五點時從拉芬卡出發前往機場。我得搭上在這個時間前往紐約的飛機，親自去簽這份合約，大家還要擺好姿勢照張照片。我即將成為紐約客了——大都會紐約客。

一個月前，二〇〇四年十一月時，西奧說他需要資料來佐證他的說法，他拿出筆記型電腦，並提出他的圖表、表格、趨勢圖、未來的走向、機率以及數字，所有資料加總後成為一個箭頭，這是我的資料，然後箭頭指向一個方向——向下。

窮困潦倒，一無所有，看起來就像是這種感覺。

我不需要再看或聽更多資料了。

「你知道嗎？」我告訴西奧。「為何你不把這台電腦拿起來，然後塞進你的屁眼裡，你這個小屁孩，我要走人了。去跟我的經紀人談，你有十五天的時間搞定這件事，不然我就去跟別的球隊談。」

我要求大頭們跟我開會，我也得到了這個會議。西奧、賴瑞．盧奇諾、約翰．亨利、費南多和我全都坐在約翰位於佛羅里達博卡拉頓的別墅之中，坐在客廳裡那豪華的絨毛沙發上。

多麼漂亮的裝潢啊：奢華的地板、最漂亮的家具，所有東西都那麼到位。費南多和我到此聽聽看紅襪隊想要開給我什麼條件。

一如往常，西奧講話非常清楚與直接，不過這次我察覺到他有點焦慮不安。我們之間從未出過問題，他也總是告訴我說，回想起一九九五年那天晚上，他手持測速槍坐在聖地牙哥市的傑克墨菲體育場（Jack Murphy Stadium）本壘板後方，而我投到第十局依然保持無安打比賽的那一刻起，他就變成了我的頭號球迷。

西奧對於遣詞用句極為小心。他的態度相當恭敬，不過傳達出來的訊息卻不是我想聽到的。二〇〇五年我就三十三歲了，西奧的電腦秀出了當一名三十三歲的投手沒有使用類固醇時，他們的表現會呈現什麼趨勢。他們知道我想要一張三年保證約，不過圖表只秀出我現在的數據，以及他們對我之後表現的預期。

圖表漏掉了我一直以來的表現。

他告訴我，我的手臂角度已經掉下來了。我知道這件事，但我並沒有受傷。他們也提到了席林和我的差異。我知道自己二〇〇四年球季的表現不比席林，不過當我們討論到錢的時候，這件事情對我來說沒什麼說服力。席林比我大了五歲，而他平均每年能賺到一千兩百五十萬。紅襪隊一開始提出的一年合約跟後來的兩年合約報價，都是一年一千一百萬。

我不會接受自己拿的比更老且成就比我還低的席林還要少，這種打壞投手市場行情的價碼。我不可能接受。而當西奧持續揭露他對我職業生涯未來展望的看法時，我變得有點傲慢了起來。

「西奧，你知道是什麼驅使一個人將自己的職業生涯陷入危險之中，就像我在一九九九年季後賽時負傷上陣所做一的一樣嗎？你知道是什麼驅使一個人去跟另外一個比他高大許多的人鬥毆，並在疼痛中投球嗎？你的電腦會告訴你這些事情嗎？你的電腦有辦法投球嗎？」

西奧對我拒絕他的提案並不感到驚訝。

他對我所知甚深，而他也預示到這個場面的到來。

「我認為佩卓的個性擁有驚人的深度——我對於他在設法成為如同他過去表現出來的那種勇士般的態度上，有如此聰明且敏銳的態度與積極性，給予高度的評價。」西奧說。「他不僅僅是欺騙自己要成為一種——站在投手丘上時總是毫無畏懼的人，這對於一名個性敏感的球員來說是非常困難的，在我看來，我認為這些就是他的本質。明顯的，這導致我們很難在合約協商上取得共識：『不，你再也不是原來的你了，我們得考量你的傷勢、考量風險，我們也得考量要如何組建剩下的球員名單。』當然，這之中一定會有衝突，而且這會與他那勇士般的自傲相悖。但我不期待還有任何方法可以化解這個問題。」

我只是希望西奧能好好評估我做為一個人與一名棒球選手的價值。

提出我在棒球場上所做的貢獻，不要依靠電腦給出的數字。

但他還是一直把話題帶回他電腦上的數字，這就是為何我跟他說叫他回家洗洗睡了的原因。

同一時間，約翰・亨利也在努力驅使我們把這件事情談定。

他找了一些鄰居小孩剛好路過，有一個小孩手上拿著一張標語海報，上面寫著：**請留在襪子隊**

吧，佩卓。還有一名五歲的小孩喊著：「老天，拜託了，留下來吧，佩卓！」

「我們都希望他能留下來，但希望是短期的合約。」約翰說。「賴瑞是最堅信每次與佩卓協商時，我們都得盡一切力量來留下他的人。到頭來，佩卓在我們心中，成了大聯盟最佳投手。不同年代的球員很難互相比較，不過他曾被視為右撇子的山迪．科法斯。佩卓是目前大聯盟最佳投手之一。你能想像得到的本領他都有。他是如此才華洋溢——無論何時發聲，都能明顯讓你看到他的傑出之處。」

我不知道西奧一直反對我出席這場會議。他也因為同樣的理由避免在薪資仲裁會議上跟球員面對面協商。他不想當那個得直接對球員說出對方的缺點，並解釋為何球隊不斷抗拒給予球員想要的薪水的人。

他很了解我，而他知道我可能會開始針對他個人，事情也真的這樣發生了。

「實際上，佩卓臉上帶著笑容，對我們說：『回家吃自己吧！我是佩卓．馬丁尼茲。』而且他說的對。」西奧說。「我無法責怪他。這就是為何談判總是觸礁、為何我們從來都沒辦法提出一個能讓他開心的合約，這也是他可能會離開這裡去別的地方的原因。」

西奧沒辦法用他的電腦向我證明任何事情，但我當時也搞不懂，為何他與他的棒球營運團隊會完全不想為了讓我歸隊，而提出任何超過兩年的合約內容呢？他們篤信那些圖表，而且看到最後三季我的對手OPS是如何攀升（○點五五七、○點五八六、○點七○○）的，被打擊率（一成九一、二成一五、二成三八）以及WHIP（○點九二三、一點○三九、一點一七一）也升高了。

我的防禦率與被全壘打數升的更快，而我的平均每九局三振次數則直直往下掉。假使我跟別隊簽約，紅襪隊還可以在二〇〇五年選秀會上拿到額外的補充選秀權（後來這支選秀變成了克雷・布克霍爾茲〔Clay Buchholz〕），球隊的人已經把事情想得很透徹了。

他們想要從選秀那邊討到些好處，一昧的看壞我未來的前景，看好那些年輕有天賦的選手，他們沒看到我跟別人簽約後會帶來的負面影響。

他們沒有可行的配套方案，似乎也不覺得這對他們會造成什麼阻礙。

「基於我對佩卓的敬佩之情，底線就是在他職業生涯中那個時間點，對紅襪隊來說比較好的作法就是留下那些錢，花到別的地方去，並拿回幾個選秀權，而非跟佩卓簽約，讓他得到他期望的合約。」西奧說。「我們認為他還能維持一到兩年的健康，最後就是再多投一年到一年半。我試圖要圓滑、尊敬並承認他過去所做的以及他那傑出的履歷，並用他應當得到的待遇對待他，像是大量的金錢。但我們不能就這樣輕易的把時間跟錢砸在他身上，除非我們能確認在他職業生涯此一階段，真的能投出符合我們預期的成績。」

對於這次的會議，西奧說：「這次進行的不太順利。整個協商肯定是要破局了。」

我第一次與其他球隊會面，是在感恩節當天。大都會隊的總教練奧馬・米納亞（Omar Minaya）跟我在聖多明哥共進晚餐。奧馬跟我的交情要回溯到我還待在棕櫚營的那段日子，當時他為遊騎兵隊工作，曾經在那裡看過我投球。我加入博覽會隊時，有一次在蒙特婁他跟我說過話，那時他受命前來偵查博覽會隊的狀況。我們對彼此都推崇有加：兩個多明尼加人都在大聯盟穩定的提昇當中。

我在當下就看得出來奧馬說大都會隊對我有興趣是認真的。其一，他推掉了在假日跟家人共渡晚餐的機會，來跟我吃晚餐；其二，他安排了一系列大都會隊重建與重新打造品牌的計畫，他們還設立了自己的電視網SNY，而且需要一些明星球員，並圍繞他們打造一支全新的球隊。他提出了一些相當具有說服力的方案，而我也馬上就感覺到大都會隊對我的興趣是真心誠意的。

我可以從他提出的問題看出，他想知道我是否是要利用這次會面來抬高紅襪隊對我的開價。因為他已經知道我是哪種人了，他可以看得出來我對於大都會未來計畫的種種提問都是出自真心的。在我從約翰・亨利家那次會議中離席後，對於去別支球隊就抱持著開放的態度。儘管我知道自己還是想回到紅襪隊，但也知道這不是一件容易的事。

小費一直告訴奧馬，「不用那麼直接了斷的認為佩卓終究會回到紅襪隊。」奧馬看得出來我不是百分之百滿意紅襪隊，他也察覺到我正在找尋新的挑戰。他知道我喜歡紐約，而且回到國家聯盟對我也有些吸引力。

奧馬回去後跟大都會隊的老闆佛瑞德（Fred）與傑夫・威爾潘（Jeff Wilpon）父子報告，他們提給我一個結結實實的三年合約。奧馬通知費南多說，我已經成為他們最優先考慮的球員，而大都會隊希望跟費南多在安納罕舉辦的冬季會議上會面。

我的冬季露營車之旅，下一站到了佛羅里達州坦帕市的傳奇球場（Legends Field），這裡是洋基隊與淘氣喬治的家。

對於與喬治會面，我覺得相當擔憂。

你不能在替紅襪隊打了七個球季，然後身為史上兩次強度極高、極端具競爭性的季後賽系列戰的中心人物後，又突然決定要替另一邊打球。我也不認為可以輕鬆的進入另一邊，這也是為何喬治得親自與我會面，測試我對這件事有多認真。

小費和另一個經紀人帕・魯尼（Pat Rooney）和我一起走進喬治辦公室旁的套房。喬治就坐在桌子的一端，旁邊坐著洋基隊的賴瑞・盧奇諾──藍迪・雷文（Randy Levine），以及喬治在坦帕的左右手，比利・康納（Billy Connors）與馬克・紐曼（Mark Newman）。

喬治開始說話了。

「佩卓，我得告訴你，孩子，你是我見過最具求勝心的運動員。你的表現好的令人無法置信，在球場上留下了一大堆記錄。而且我的天啊，我越是看你比賽，就越敬佩你，但也越痛恨看到你站在投手丘上，你讓我頭痛太多次了。」他說。

當我聽到他說我讓他很頭痛時，我露出笑容。我很感謝他。我認為這次會面進行的相當順利。

接著他提及我在二〇〇三年的「淘氣喬治」評論，這讓我大吃一驚，他也覺得我砸基特與索利安諾的舉動，是一種不尊重自身專業的行為。

「你知道的，我曾對你做了些評論，你也給了我讓我難以忘懷的回答。我沒有忘記，而我也從來沒辦法提出能夠回覆你的答案。」

我不確定該說什麼比較好。他的態度非常好。

「我真的很感謝你的到來，我也真的很想看看我們能否一起做些什麼，看看我們有沒有辦法讓你變成洋基人。」

我點點頭。

「你想替洋基隊打球嗎？」

我說，「老闆，假使我沒有工作，而你給我一份工作做，我將會接受，而且我會當你的員工。」

「好的，錢不會是搞定這件事情的問題，因為價格是對的。你理應拿到這些錢。我有一些投手數據比你差，錢卻比你要求的還要多上許多。薪水不會是擋在你跟洋基隊之間的屏障。只有一件事可能會是阻礙。」說到這裡，喬治停了一拍。「你得把那頂他媽的捲髮剃掉，以及所有那些狗屎從你身上拿掉，因為我不會容許那些狗屎出現在我的球隊裡頭。」

我只能笑了。

「老闆，沒問題。」

「好，很棒、很棒，我的天啊，這真是太棒了。我很希望你能夠成為洋基人。」

喬治還有最後一張牌要打。

正在那時，除了穿著便服的德瑞克．基特，還有誰會剛好經過這個敞開著大門的套房呢？

他把頭伸了進來。

「嘿，佩卓，最近好嗎？」

「阿基，最近好嗎？」

「我們要把你找過來啊？老闆，簽他啦！」

喬治笑而不答，而基特轉過頭來看著我。

「我會很喜歡跟你一起打球的，佩卓。」

阿基離開，我們的會面也宣告結束。

當我們會面完離開後，我對我的經紀人承認喬治確實令我印象深刻。當我走進那個房間前，其實我對他幾乎沒有任何敬佩之意，不過開始跟他說話後，我看到且聽到他是多麼堅定的試圖獲得勝利，並盡其所能的搜羅最好的球員加入球隊。他滿懷熱情，這份熱情更像是一個球迷而非老闆。我喜歡這種感覺，很喜歡，而這也讓我為自己曾說過的「淘氣喬治」評論感到遺憾。這話對他太不敬了。他是一個全心投入棒球的偉大人物，而我也很榮幸能在幾年後，當他的家庭成員來到多明尼加共和國時跟他們會面。

這次會面後，小費完全沒從喬治那裡收到正式的三年合約報價。他們的總經理布萊恩．凱許曼（Brian Cashman）當時不在現場。後來我聽說凱許曼不想讓我跟他們隊上幾個球員之間的仇恨阻擋他簽下我的腳步。不過當他看到紅襪隊對於重新把我簽下來不怎麼積極，後來又看到我的健康檢查報告，於是他說服喬治停止追求我的打算。

與洋基隊會面後，我感覺勢頭開始建立起來了。我們沒有跟紅襪隊排定新的討論時間，不過計劃表上仍然排定了紅雀隊與天使隊的拜訪行程。

費南多飛到聖多明哥來把我接到我們的里爾五五噴射機上時，我跟費南多收到消息，約翰．亨利與賴瑞．盧奇諾也正前往多明尼加。他們帶著世界大賽的獎杯且希望能在紅襪隊的訓練基地展示它，問說：小費和我是否願意與他們會面？

他們事前沒有告知，且既然我們就要飛走了，我們問說我們是否可以就約在聖多明哥主機場外頭。兩位老闆覺得這樣很好，很快的他們那輛巨型獵鷹噴射機便開始滑行，停在我們那輛大小適中的噴射機旁。

賴瑞與約翰帶著開懷的笑容從他們的噴射機上走下來，手上拿著明亮且閃閃發光的獎杯。我們跟一些機場的工作人員一起照了幾張相，他們對於初次見到的世界冠軍獎杯都發出驚艷的讚嘆。

鋪了瀝青的地面非常炎熱，而且相當吵雜。私人噴射機停機場就在主跑道旁的區域，巨無霸噴射機們正在距離我們幾百呎遠的地方不斷起降。我實在記不得約翰、賴瑞和小費是否全身汗流夾背。這是多明尼加白天典型的氣候，約華氏九十幾度到一百度出頭。站在瀝青地上時，還要再加上二十度左右。

約翰說：「大夥，這樣吧，到我的飛機上說話，裡面有空調。」

但我不喜歡空調。我總是希望能待在戶外。

「不了，」我說，「我們就坐在這裡談吧。」

工人架了一座帳棚，我們四個人分別坐在四張躺椅上，約翰和賴瑞隨即開門見山慷慨激昂的訴說，我對這支球隊的未來帶有多大的意義。

「你是將獎杯帶回波士頓的大功臣」而且「我們只想好好感謝你」還有「我們真的希望你在紅

襪隊結束職業生涯」與各式各樣的恭維話。

我很有禮貌的聽他們說話。

「我們該怎麼做才能讓這件事成真呢？」賴瑞問我。

「你知道的賴瑞，這不是什麼祕密。我想要三年的保證約。」

「是的、是的，我們知道你的想法。那你有沒有其他類似這個條件的報價呢？」

我們會面前，費南多先告訴我，我們還沒拿到四年合約的報價，但等到冬季會議結束就會有了。費南多跟我說，會有人給我一個四年的合約。

「賴瑞，我們已經跟其他球隊會面過了，而我們將會拿到一份四年合約的報價。」費南多說。

「你們真的覺得你能得到四年的合約嗎？」

我往前傾，把太陽眼鏡往下滑向鼻尖，直接看著賴瑞的眼睛。

「賴瑞，我向你保證，我會拿到四年約。」

「唉呦，不要胡扯了。」

這時，約翰開始說話，並重複他當時在博卡拉頓時說的：「拜託了！大夥，定了吧，把這件事定下來吧。」

「要把事情定下來的話，」我說。「告訴小屁孩，」我是指西奧，「我要拿到四年合約，而且我想要從紅襪隊那邊拿到一年一千四百萬的薪水。不能比席林少，要比他多。」我說。

話說完後，我很驚訝賴瑞與約翰不能，也不想改變他們最後的報價。

「好的，我們會朝這個方向努力，別擔心，把這件事搞定吧。」

「對啊，拜託了，大家把事情搞定吧。沒問題的，佩卓，沒問題！」約翰說。

費南多和我啟程了，但我們很確定有讓他們知道我們要去跟其他球隊會面。

我們各走各的路。

我跟紅雀隊的唐尼．拉魯沙（Tony LaRussa）談，他讓我留下與喬治同樣深刻的印象。唐尼知道我們在尋求的數字為何，而他用西班牙文開門見山的告訴我，紅雀隊很難在財務上滿足我。

「我們紅雀隊簽下一名球員時，絕對不會是提出最高額薪資報價的球隊，但我們將會給你一個每年都能為冠軍奮鬥的機會，我們會給你奮戰的機會與絕佳的打球氣氛，」唐尼說，「我們知道你尋求的是什麼，以及你會拿到什麼樣的報價，但我們不會跟進報價，佩卓。我們能給的最多就是一份三年的合約。假使你從別處拿到四年，總價五千多萬的合約，這是我們總價三千七百萬的合約遠遠比不上的。拒絕那筆大錢過來投靠我們是個愚蠢的行為。為了你自己好，接受那份報價吧。假使你還是想來吃個晚餐，我們仍然樂意奉陪。」

我自動變成了唐尼．拉魯沙的迷了。他非常真誠且直接，而且他跟我說話時就像個普通的人類，就好像他是我的朋友一般。

到了安納罕的冬季會議時，與球隊間的對話來到了緊要關頭。

小費不斷的在紅襪隊與大都會隊的套房之間來回奔走了好一陣子，這時媒體也不斷流傳著各種錯誤的消息。當時大都會隊知道我對於紅襪隊的態度並不開心，因此他們決定進行四年合約的報價。奧馬聯絡威爾潘父子，他們點頭同意加到四年，於是奧馬通知小費。

「我們從所有權人那邊取得了進展，我們現在可以給你第四年的合約，不過只在一個條件下成立——若我們提出四年合約，我們希望確保你們一定會接受。我們不希望你們利用這份報價去跟紅襪隊談判。」

小費同意他的條件。他通知人在拉芬卡的我，接著他讓西奧知道他拿到了四年的報價。當他打給西奧時，西奧說：「聽著，現在我們要將合約延長到第三年，我們保證會有第三年。」「西奧，太遲了。他們提出四年合約。我但願你早點提出三年合約的報價。」

賴瑞．盧奇諾對於促成三年保證約出了很大的力氣。當西奧告訴小費紅襪隊準備好三年保證約時，西奧認為我應該會接受。

「我記得自己接受了這個條件，接著他們卻讓我們驚呆了。」西奧說。「我們以為他們會接受這個條件。隔天早上他們卻讓我們嚇了一跳，小費說：『嘿，我們很感謝你們將合約延長至三年，但佩卓真心覺得一切都結束了，他會跟大都會隊簽約。』我說：『當真？』『是的，他感覺大都會隊更想得到他，而他也即將這樣做。』」

「這有一點對我們說『操你的』的意味在，也許這是我們應得的。假使我們想要提出三年合約，那就應該早點提出。別等他忙了整個冬天才提出來。但我認為這也反映了我們內部混雜了許多不同感覺這件事實。我們內部在這件事情上分裂成兩個不同的陣營。不可否認的，我們相當關切他的健康問題，而我真心對於提出超過兩年的合約抱持著保留的態度。」

我通過了體檢。波士頓和ESPN那邊傳出幾篇相當有趣的報導，暗示我拒絕接受MRI檢測而且沒能通過體檢，不過報導與事實不符——有人刻意散布中傷我的情報。記者招待會上，紐約的媒體從我的回歸中找到許多樂子，喬治・金工作的《紐約郵報》，雇用了一個小小人來取笑去年在紅襪隊現身的尼爾森。

真可愛。

我放眼未來。

「這是一支需要幫助的球隊。我能提供某部分的協助。」我對媒體說，「波士頓八十六年沒贏過冠軍了，那感覺就像是永遠贏不了了。我很驕傲能成為其中一員，而我希望能在這裡達成相同的目標，並拿下一座冠軍。」

我結束了這次的訪問，並穿著新的黑色球衣夾克以及黑色棒球帽站在台上讓大家拍照。我簽完合約就直接飛回家，享受好一陣子拉芬卡那充滿星星的夜空與晴朗的白天，直到得去聖露西港報到，準備迎接二〇〇五年球季的時間到來為止。

第二十八章　老狗的新把戲

投出第一球前，我瞥了一眼蓋，眼中閃著淚光。

「要投多少球，蓋？」

「佩卓，三十三球。十六年來都是三十三球。無論你什麼時候問我，仍然是三十三球。」

我的白人老爹蓋・康提，假裝自己被我激怒了。蓋是我的新任牛棚教練，他和我的新投手教練瑞克・皮特森（Rick Petersen），在我為大都會隊開幕賽，也是我加入大都會隊的首次先發出場熱身時，站在我旁邊觀察我的狀況，這一天是二〇〇五年四月四日，比賽在辛辛那提的大美國球場（Great American Ball Park）舉行。

三十三球——這是我熱身時投出的總球數，是一九九〇年時，蓋在蒙大拿的大瀑布隊傳授給我的，這也是我整個職業生涯四百八十場先發出賽前，每次都保持著的習慣。

先是揮臂式，再轉換到固定式，交錯投出各種球路，投到手套那側，接著是手臂那側，再回去，感受一下哪種球投得最好，那種球路出手時最輕鬆且自然，最後再用揮臂式投最後五球。

三十三球。我從十八歲在蒙大拿時就這樣做，到了三十三歲仍然這樣做。

十五個球季後，我在這細瘦的軀體上加了幾磅肌肉，這樣做也讓我在大聯盟生存且揚名立萬的時間，比道奇隊腦中想像過的我生涯最佳情境還要久的多。在多年來跨越許多障礙並經歷了數場錢鬥後，我靠著拿到世界冠軍爬到了我職業生涯的顛峰。我很早就證明了自己是個身經百戰的老手。我離開波士頓時情緒高昂，但已耗盡心神。儘管二〇〇五年球季已經開始，我感覺自己的精神接近十八歲時，那個為了證明自己屬於這個圈子裡最頂尖的選手而準備開始戰鬥的樣子。

那天我就像是過去的佩卓。投完第三十三球後，我走出右外野牛棚大門，緩慢的大步經過外野，穿過內野，直接站上投手丘，抬頭望向紅人隊的球員休息區，看看有誰正盯著我看。

蓋看到了我的舉動。

「那些傢伙有大麻煩了。」他對瑞克說。

我相當輕視紅人隊。一九九七年，我跟著博覽會隊前來比賽時，他們的總教練雷．奈特（Ray Knight）向裁判抱怨我的比賽服上面有太多會讓打者分心的東西了，太多破洞、**太髒了**。他們要我換一件衣服，接著他們就看著我對他們投出一場一安打完封勝。那天之後，我完全不想再跟紅人隊有任何瓜葛，只想狠狠的擊敗他們。紅人隊和費城人隊是國家聯盟的球隊中我最痛恨的兩支球隊——費城人隊是因為麥可．威廉斯那次事件的緣故。

這是我回到國家聯盟的第一場比賽，也是自從我離開博覽會隊後，第一次回到辛辛那提。是證明我能夠再次掌控全局的時候了。

我需要幾秒鐘讓自己穩一下，我在第一局因為不想讓任何人打出檢查我袖子的主意，讓對方敲出了三分打點全壘打，但接下來五局有四局都讓他們三上三下。我投出十二次三振，送出三支安打、兩次保送，丟掉三分，在六比三領先時退場。

我們順利的朝目標前進——直到第九局為止。

在兩分領先的狀況下，救援投手布拉登·盧伯（Braden Looper）面對三名打者，被敲出三支安打：一壘安打、全壘打、全壘打。

比賽結束。盧伯救援失敗，是他這一季八次救援失敗的第一次。其中有三次是發生在我主投的場次。羅伯托·賀南德茲這一季兩次在我先發的場次上場救援，兩次都救援失敗，兩場比賽都是我下場後比分就被追平，因此這兩場我都是無關勝負。綜合以上因素，我認為自己應該跟他們索討這五場勝投，這樣一來就可以把我這一季的勝場數提升至又一個二十勝的球季，不過這是今年大都會隊典型的表現。

這一季開幕客場之旅，我們一直到第六，也是最後一場比賽才取得勝利，那場比賽我結結實實的與勇士隊以及約翰·史摩茲纏鬥了九局。一勝五敗的客場之旅對於大家寄予卡洛斯·貝爾川（Carlos Beltran）和我——這兩個奧馬今年為了替球隊注入一劑強心針而盤進來的新隊員的高度期待，不啻為是一個完全相反的信息。

我得到了加入一支新球隊需要經歷的震撼教育，但我不覺得自己像是陌生人。過去我在道奇隊進行延長春訓時，就對大都會隊的設施相當熟悉，加上我又與蓋重逢了。

在我經歷過離開大瀑布隊後的一切事情後，看到蓋重回我的身邊，讓我同時感受到一陣鄉愁與感激之情。有一天我走進教練會議的場地，遞給他一個禮物袋，他沒有馬上打開，後來卡洛萊娜來探望他時說：「你沒看看是什麼禮物嗎？」蓋才想起來他忘記這件事了。他打開袋子，看到裡面是一個手錶盒。他拆開時，以為是一支勞力士，不過裡面放著一把二〇〇五年迪納里運動休旅車（Denali SUV）的鑰匙。他和珍妮現在還保有那輛車。

大都會隊找來了一位新的總教練威利．蘭道夫（Willie Randolph），這是他人生第一次在任何一個層級擔任總教練。威利過去一直待在洋基隊，一開始是球員，接著是在一九九三年到二〇〇四年間擔任三壘指導員，後來又擔任喬．托瑞的板凳教練。考慮到這些年來洋基隊和我發生過不少次口角，再考慮到我上場時，威利總是站在離我不遠的三壘指導員區，這幾年來我們交換過幾次互看不順眼的表情也是相當正常的。

我只記得有一次我們曾經聊過幾句。那天我砸了幾個洋基隊的球員，威利就對我咆嘯說：「我們要讓你屁股開花！」而我回說：「好啊，怎麼不試試看？」相當標準的互嗆，沒什麼特別的地方。

我跟大都會簽約後，一月時我們曾一起進行冬季露營車之旅，前往華爾街參加紐約證券交易所（New York Stock Exchange）開市，過程中我們相處愉快。後來當他二月在聖露西港時，我們第一次投手與捕手會議上宣布說，以後不能蓄鬍時，我感到有點驚訝。我覺得若是早一個月宣布這個消息會是比較合適的時間，我忍不住脫口而出，不過比較是用開玩笑的口吻說道：「威利，為什麼呢？我們又不是洋基隊，我們是大都會隊。」

「因為我設下了這些規定，大家就是要照著做。」他說。而我說好。我不覺得這有什麼大不了的，所以我就把自己那短短的鬍鬚剃了個精光，不過還是繼續留著長髮。

考量到這只是第一次會議，我不認為威利（其實我都叫他威洛）會把我的提問往壞的方向思考，但反正我們後來處的很不錯就是了。他常常喊著：「怎麼啦、怎麼啦小佩。」而我也總是對他喊著「威洛！」。當我們遇到得決定我是否要出賽這類事情時，他也懂得信賴我的抉擇。

他或許有些敏感，這可能是最後他還是丟掉了這份工作的其中一個原因吧。他不像喬・托瑞那麼成熟穩健，加上他執教時球隊正處於一段艱困的時期。而且管理部門與教練團隊從沒有給予威利任何他應該擁有的協助與支持。若他們有這樣做的話，威利和大都會隊就可以再合作更久一點。

春訓時相當放鬆，大家情緒都非常高昂。跟我們的老闆佛瑞德・威爾潘一起在布魯克林區長大的山迪・科法斯不時會過來拜訪，他總是非常和善的跟我們打成一片。他會觀察我投球，並不時稱讚我。他從未提出建言，只是不停的看著我投球。

我的感覺很棒。我和克里斯・科瑞提度過了一個很棒的冬天，比起重量訓練與投球，我們更專注在柔軟度上。過去這些年來，我在紅襪隊投了非常多局，因此我們努力讓我強壯的肩膀喘息一下，並盡可能的讓它放鬆並增加柔軟度。

跟大都會隊簽完約後，他們曾要求我轉換訓練課程：離開克里斯，使用他們的課程。大體上，我從二〇〇一年在紅襪隊受傷後，就一直採用同樣的例行程序，而且這個程序對我有效。我的傷勢不算什麼，每個投手都曾經受過類似的傷。我不想冒任何受傷的風險，我告訴大都會隊：「不，謝了。」這件事演變成為一連串的爭執。我記得我們的訓練員雷・拉米瑞茲（Ray Ramirez）希望在我的訓練課程上有更多的發言權，但我就是繼續照自己的步調行事。

西奧在我待在紅襪隊後面幾年時，不斷告訴我說已經降低許多的手臂位置，在二〇〇五年時變得比較高了。這讓我們的總經理助理金．杜奎特立刻開起了西奧的玩笑，說假使他早知道我在二〇〇五年的狀況會是這樣，他就會更快提出三年保證約了。

紅襪隊邀請我參加他們二〇〇五年的開幕賽，那時他們會領取去年的世界冠軍戒指。我考慮過要去，不過時間跟大都會隊的開幕賽撞期。我認為自己身為這支球隊最新加入的明星球員，若是跳過我們主場開幕賽，去參加舊東家的開幕賽，儘管這是大家能夠想像到最棒的理由，但對我來說還是毫無道理可言。

球季中，紅襪隊主要股東湯姆．威納（Tom Werner）到我們的球員休息室拜訪，將我的戒指獻給我。

嶄新的大都會隊一開始有些慢熱，但球隊很快就凝聚在一起。我不是一定需要扮小丑，但我很輕易就能扮演好這個角色。我跟克里夫．佛洛伊德是第三次當隊友了，他跟大衛．歐提茲一樣大隻，這意味著他理應得到「木瓜頭」這樣的綽號。克里夫註解道，我那盡可能不穿衣服的喜好，在蒙特婁達到了顛峰，到了皇后區又達到了第二次高峰。

有一天我裸體在球員休息室裡頭閒晃，做著自己的事，那時我注意到有兩名記者似乎在爭論什麼，兩人認真的模樣似乎超過了意見不合的程度——他們正在爭論怎麼樣才能充分利用萬豪酒店（Marriott）的累積點數，而且看起來兩人很快就要打起來了。我馬上跑到我的置物櫃，抓了一對超大號的拳擊手套，這是我從某次謝亞球場（Shea Stadium）的宣傳活動上偷偷摸來的，接著我馬上衝回去找那兩個記者。我遞給他們一人一隻手套。

「嘿，你們兩個，拿著、拿著，你們就在這裡開打吧。戴上你們的手套，我會當你們的裁判，不過我會是一名裸體裁判，所有你們絕對不會想要互相擒抱的，因為我會貼緊你們，然後將你們分開。」

我的裸體對聯合國祕書長安南止戰的崇高理想獻上了最高的敬意，兩名記者都放下了他們手上的拳擊手套。

有時候我會只穿高筒襪，或是穿著高筒襪加上頭上戴著巨大的草帽。我會把所有別人丟在一旁的東西穿在身上。我們最惹人喜愛的媒體關係總監傑·霍洛維茲（Jay Horowitz），他那邊有幾件給大都會隊使用的，用鮮螢橘色布料製作的超大西裝。我穿上那套西裝時看起來真的超帥的，若是沒有每天都讓我的隊友也穿上它，那就太不公平了。

六月初某場比賽，我在投球時，謝亞球場的自動灑水系統就在路易·岡薩雷茲敲出界外球時突然自行啟動。**咻咻咻咻咻**。一開始，我一心只想著要跟裁判要顆新球。我走向裁判一邊舉起手套，低下頭讓水噴在我的臉上。直到那時裁判才終於把球丟給我，我也發現此刻大概不太可能繼續投球了吧。我們因為噴水器延遲了比賽。這是只有待在大都會隊時才有的獨到幽默之處。他們擁有這種狂野，有時甚至是亂七八糟的一面，這就是其中一個例證。假使因噴水器而延賽這種事發生在洋基體育場，球迷一定會開始罵人了。我自己是很享受這件事。水和雨對我來說永遠都是一種降福。這就是我當下的感受。

另一條威洛規則就是大家都不能遲到，這條規則蠻常見的，就算不是普世皆準的原則，在棒球界也是屢見不鮮。我在紅襪隊時也有這條規則。我經常遲到，但那是因為我會先在家裡做些準備，不過至少我會記得通知球隊，通常會啦。在大都會隊時，我很快就接到通知說，我每次都得事先報備。沒問題，我在距離懷特普萊恩斯機場（White Plains airport）不遠處有一間漂亮的房子，附帶一個大花園，而且我每次都會確保自己至少提前兩個小時到達皇后區。我會打給傑，跟他說：「傑，我要出門嘍。」然後掛上電話。這樣他就知道，若是突然發生了什麼事，就不是我能控制的了。

球季中第一次在洋基體育館跟洋基隊比賽時，這天我用了一個新的司機，我們不只是徹底迷路，還陷入體育館附近因為貨車翻覆而導致的瘋狂大塞車之中。大都會隊最後派出警察押道護送我們離開。原本應該只要半小時車程的路，最後匍匐前進了三個小時才到，而我到達體育場時距離開始投出第一球只剩下一個小時。

我沒時間放鬆心情了，這次是自從二〇〇四年美聯冠軍系列賽第七戰後首次回到洋基體育館，我表現的不錯：投了八局，丟掉兩分，拿下勝投。有人流傳說比賽開打前，觀眾不斷喊著「誰是你老爸？」。若真有這件事，那應該是我沒有注意到吧。

二〇〇五年我投球的場次正好由兩名捕手一人負責一半的場次：十六場先發由麥可．皮耶薩蹲捕；另外十六場是由雷蒙．卡斯特羅（Ramon Castro）蹲捕。

我比較喜歡讓卡斯特羅幫我蹲捕。他知道怎麼接我的球，而且他的防守非常好，腦袋較靈活而且對於配球的順序跟我很合得來。像我跟湯姆．葛拉文這樣的資深投手，都希望捕手配球的想法跟我們合拍。當葛拉文也明白的說出要跟卡斯特羅搭配後，我覺得這件事對威洛來說就變得有些棘手了，威洛想確保皮耶薩能盡量多上場比賽，這樣我們才能將他的攻擊力留在場上。皮耶薩並沒有這麼糟，他只是一個跑者也抓不到罷了。

這一季，我的朋友奈菲．裴瑞茲（Neifi Perez）轉到了小熊隊，有一天他放下心防，告訴我整個聯盟都在傳的一件事：「佩卓，mi compadre（我的朋友），我很對不起你，不過當皮耶薩（為了接外角球）往外側移動時，我們可以（從打者的眼角）看到他。」皮耶薩太大隻，也太寬了。假使打者看得到他，打者便能預料到投手會投外角球。這對打者來說是很大的幫助。除非我投出相當完美的一球，不然若是打者可以消除一半可能的進壘位置，我便只有挨打的份。

葛拉文跟我很像，我們都喜歡分析比賽。我們會一起坐在板凳席，儘管我可能會比葛拉文更常大笑或不斷碎碎念，但我會很仔細的觀察比賽。我會看到場上所有發生的事。

「阿湯，你有沒有看到？我不會再對他投那種球了，這時候我可能會投變速球。」

「我也是，佩卓。」

兩隻老狗，一起分析棒球賽。我靠著傾聽與觀察阿湯學到了很多。二〇〇九年我在費城人隊時，也從另一隻老狗傑米．莫耶（Jamie Moyer）身上學到很多。他們兩人能夠投出令人為之驚艷的變速球。

二〇〇五年時，我沒有辜負自己的合約。三十一場先發出賽，投了兩百一十七局，繳出領先全聯盟的〇點九四九WHIP以及第四低的二點八二防禦率。我在紐約過的很開心，不過隨著球季的進行，球隊越來越難掩蓋住兩個益發嚴重的主題：我的健康與球隊的健康。

五月底時我在邁阿密出賽，比賽進行到一半時裁判告訴我，我的袖子不符合規定，因為我在手肘附近開了洞。又是袖子的問題。攻守交換時我衝到客隊的球員休息室時，我直接踩著釘鞋爬樓梯，然後——咻！頭下腳上跌了一大跤，很大的一跤，我的右邊臀部直接摔在地上。我回到場上投完比賽，不過我的臀部變得非常僵硬，而且再也沒有好轉。我需要注射可體松（cortisone），而且這個傷勢造成了連鎖反應，影響到所有投手得持續保持一致的纖細動能連結。從臀部開始，接著是右腳的種子骨也開始僵硬。種子骨是一種位於大拇指下方的浮動骨，當我投出每一球，使出全身力量踩在地上時，那個地方會直接跟釘鞋接觸。每場比賽前我都得把大拇指和腳裹起來，想說這樣可以有點幫助，不過比賽結束後整隻拇指都會不斷流血而且指甲整個都變黑了。

九月中，我在謝亞球場對上勇士隊投出一場完封勝後，我們還差三場勝利才達到五成勝率，而賽程只剩下兩週，我們已經落後了十一場半。我還是可以拿出表現，不過我的大拇指狀況很差。我們是不用妄想季後賽的事了，而我也懷疑自己到底要怎麼樣才能治好大拇指，以及要治療多久才會好。

威利要我停機。

「你不用再上場了，你的球季已經結束了，我們出局了。」他對我說。

然而，權利人沒有收到這個消息。馬林魚隊的唐崔利．威利斯（Dontrelle Willis）二〇〇五年球季的表現極為亮眼，而我表定下場先發的比賽，正好是輪到他在謝亞球場出賽。唐崔利對決佩卓，又是一場重量級拳擊賽，門票早已售罄。

問題是，我得停機了。我得停止場邊練投、停止跑步，開始修養身體。

我覺得自己應該停機這件事終於傳到管理部門了。老闆佛瑞德的兒子傑夫．威爾潘跑到球員休息室來找我。

「佩卓，猜猜發生什麼事了？星期四你要出賽呢。」

「什麼？威利告訴我，我已經停機了。你有跟他討論過嗎？」

「嗯，但我是這裡的老闆，而且我們有把錢付給你，所以我們要你做什麼你就得做。」他說。

「好吧，我現在就在解約書上簽名，然後把我合約裡剩下的錢還給你。我受傷了，球季又快結束了，但我就要成為自由球員了，你想要這樣做嗎？」

「只要我還是這裡的老闆，你就得照我說的去做。」

我還是覺得很不高興，但我並不笨。

「沒問題，你是老闆——你想要我上場投球，我就去投。」

不意外，這就是我跟傑夫漸行漸遠的開端。威利收到消息時，他氣炸了，但我們又能做什麼呢？

我上場了。我投了五局，只投了七十五球，被敲出六支安打，丟掉兩分。我們輸了。

這場原本沒有必要上場的先發，只是徒增了我找出治好大拇指問題的時間。球季一結束，我就分別去找三名腳趾專科醫師，找出治療的方法。第一個嚇到我了，他說假使我繼續注射可體松，就會有截肢的危險。另一個則把重點放在要怎麼幫我找到一雙比較好的鞋子，這是我的首選。他用一台電腦分析我的腳部輪廓，有間鞋子公司設計了一種鞋墊可以將壓力從種子骨分散到別處，讓我可以正常的蹬足。

這就是我們的計畫，使用電腦設計過的鞋墊，不過製作時間比較長，春訓時還沒辦法使用，而且也來不及讓我能在第一屆世界棒球經典賽上使用。我得告訴多明尼加共和國國家隊，只要我身體健康，我當然很樂意為他們出場比賽。春訓開始時，我的拇指還沒有好，連快好了都稱不上，我得退出經典賽。要我退出這項比賽簡直就像殺了我一樣，不過參加的話也是跟殺了我沒兩樣，多明尼加媒體聲稱我背棄了要代表自己國家出賽的承諾。我只是還沒準備好罷了。最後ＮＩＫＥ終於寄來了碳纖維鞋墊，我應該可以投球了，不過傷還是沒好。整個二〇〇六年我仍然深受拇指傷勢所苦，當我無法把力氣放在拇指上時，球速就不見了。我的表現看起來還過得去，前六次先發拿下五勝〇敗，防禦率二點七二，但接著各種疼痛便開始在我身體各處游移。拇指的疼痛消失後，小腿就開始發作，先是右腳，再來是左腳，然後臀部的狀況也開始走下坡了。

我在六月下旬時回到了芬威球場。我有預感自己會受到熱烈歡迎，而且我很高興能看到所有熟悉的面孔。先發前一天，現場的媒體亂成一團，我看看周圍，沒看到廣播記者強尼・米勒。

「強尼呢？」我問道。

有人跟我說他待在家，生病了。

我看著丹·山奈西。

「你為什麼沒有生病啊？」

隔天我上場投球時，全場球迷都站起來感謝我，為我鼓掌久久不停，不過那一天我身體狀況極差。投了三局，就被敲出七支安打，掉了六分，隨即就被換下場了。

我因為臀部的傷勢進入了傷兵名單，但這傷勢也很容易就會影響到腳趾或是小腿。

克里斯和我花了一個月的時間休息與復健，我在七月二十八日回到球場，但成績不太漂亮：七次先發出場，防禦率是七點八四，被打擊率是三成七六。儘管我一直想擺脫這樣的數據，不過，不誇張地說，我的身體，已經來到了一個分歧點了。

當我在三局下半對提姆·哈德森投到了兩好一壞後，我不只感覺到自己的肩膀後方在抽痛，還感知到當我出手後，我的肩膀會相當不穩定的往前傾。哈德森的一分打點二壘安打，是我這局丟掉的第六分。

威利走出球員休息區。

「威利。」

「佩卓，你不能再投了，你狀況不好。」

「現在我知道自己不能再投了。」

「我要把你換下場了。」

我們走回球員休息區後，我跟威利說：「威洛，猜猜發生什麼事了？我覺得我把肩膀搞壞了。」

「喔，老兄，不是吧，佩卓？」

我對於肩膀壞掉的猜想是正確的。我的旋轉肌被我肩膀某一塊骨頭牽引而撕裂了。唯一能治好的方法，就是走進手術房，刮掉那塊骨頭，再把韌帶重新固定在一起。

這份痛楚非常強烈，特別是手術後幾天。手臂整個腫了起來，我完全無法控制它；我得保持手臂吊起來的狀態。當我們在季後賽將道奇清盤時，我正在動手術，接著我得看著紅雀隊在國家聯盟冠軍系列賽第七戰僥倖將我們打敗。

因為我們之前都贏得了勝利，所以我一直保持沈默，不過我心中充滿了憤怒。我忍不住但還是想著，為何二〇〇五年我身體健康時，我們球隊沒有這麼棒的表現。可是當我的健康狀況下滑時，我會在二〇〇五年球季末被慫恿去投那場毫無意義的比賽，最後縮短了我為二〇〇六年備戰的復原時間，導致我得去醫院，讓醫生執行三個小時的肩關節內窺鏡手術來修復我的肩膀。

在我三十五歲生日前兩個星期，我接受了人生第一次在我投球的手臂上動的手術。我職業生涯的死期就在我面前凝視著我，而且是以不愉快的方式終結。

這實在是太艱困了。

但我發現，更艱困的，是料理我父親的死亡。

二〇〇六年被診斷出腦瘤後，保利諾．馬丁尼茲（Paolino Martinez）的健康狀況開始直線下降，此時正是我完成手術正在復原的時期。

在我持續痊癒中的那段時間，我開始明白我們之間的命運是如何緊密的交織連結。

第二十九章 消逝於黑暗之中

我父親緩慢、曠日持久的死亡就像是協助飛機起降的塔台，指引我讓我的職業生涯輕柔的降到谷底。

我整個職業生涯站上投手丘時總是隨身攜帶的狂怒，開始燃燒殆盡了。父親越需要我，我就越不需要棒球，到了最後，離開我生命中的熱情這個決定，變得簡單到幾乎不用思考了。

我只能想像當我身體健康的迎接二〇〇七年球季時，我要在個人與專業之間做到面面俱到，這會是多麼困難的事。情緒上，這樣會有許多討厭的瑣事需要處理，但實際上，我看不出來還會發生什麼比現在更糟的狀況了。

從二〇〇六年十月開始的肩膀手術復健，簡直將我掏空了。手術後兩個星期，我從最溫和的肩膀旋轉與移動練習開始復健的療程。我們得要非常小心。一開始要夠慢，這樣一來骨頭才有時間接合在一起，但是又不能太慢，不然肩膀會比長時間固定的狀態還要更加僵硬。我的天啊，每次我移動肩膀時，我發誓那種感覺就像是有人站在我身後，接著用一把刀子插進我肩膀後再轉一圈。我得進行八個月的復健才能回到投手丘，這意味著回歸的時間已經是二〇〇七年明星賽之後的事情了。

一月前後，克里斯和我在聖露西港開始進行訓練。在我能拿起棒球前，日復一日每天七個小時的漫長訓練開始看到效果了。我可以慢慢提高肌肉鍛鍊的強度，不過肩膀那份疼痛跟我以前經歷過的各種痛苦全然不同。

克里斯和我會做一種賭場式的練習，即從五十二張牌之中拿起一張卡片，然後再按照相應的指示動作。有一天我拿到第五十二號牌，方塊十三：方塊伏地挺身。先展開手掌貼在平面上，並將你的五根手指指尖貼在一起，就像是紙牌上方塊的形狀。

我開始練習，不過在某些時刻我的腦中一片空白。等我回過神來，就看到克里斯低頭看著我，說：「發生什麼事了？」我無法控制膀胱並開始嘔吐。

今天到此收工。

這時我才知道這次手術把我整得有多慘。假使復健不見成效，我是不會再動手術了。

當我在進行復健時，父親的身體狀況正快速的惡化。他無法接受化學治療，腦部的腫瘤開始接管他的身體。我帶他到佛羅里達州的韋斯頓（Weston），讓他待在母親的家裡。當時他們就像是兄妹一般，並希望能再找上幾個老朋友一起聚聚。我們，這裡指的是我們幾個小孩，總是不斷嘗試要讓他們重歸舊好。我們的「天生一對」計畫從未真正成功，但我們現在已經夠親密了。

我為他買了一張大沙發，每天中午時分他就會躺在沙發上，開始他那時間很長的午睡。我會在結束肌肉鍛鍊後，從聖露西港開一到一個半小時的車過來找他，坐在沙發上陪伴他，一起睡午覺。

八月初，我的狀況恢復到足以開始在新人聯盟或一A進行一些復健的課程。我的球速不太妙，介於八十到八十五英里之間，不過我可以維持這樣的球速，而且我們都覺得隨著球季進行，球速會慢慢提升。在我接到要我回去佛羅里達的電話前，大都會隊通知我，要我跟著大聯盟球隊一起進行訓練。

父親正在垂死邊緣，我姐姐這樣跟我說。他問我在哪裡。「佩卓呢？我臨終前會沒辦法看到他最後一眼嗎？」我狂奔回去。他陷入昏迷。我趕到他身邊時，他已經接上了維生系統，醫生告訴我他們在等我決定是否要拔管。「要維持他現在的狀態得花很多錢。」他說。

我問醫生，他從昏迷狀態中甦醒的機率有多高？

百分之三。

「沒問題，我們就這樣做。不用擔心錢的事。」

同一天晚上大約凌晨兩點三十分時，他醒來了。姊姊們都站在房間外頭哭泣，這時我坐在父親身旁的椅子上，試圖保持清醒並與猛烈的孤寂感抗衡。我感覺自己完全的麻木，我感受不到棒球、感受不到人生，只希望父親的病情能夠好轉。回首過往，我能看出這些年來的歷練是如何讓我變得成熟。面對得決定自己父親或生或死的這份責任，讓我整個人疲憊不堪，但這也讓我能夠敏銳的意識到事情孰輕孰重。陪伴我的父親與家人，而非棒球，這才是我想待的地方，不做他想。

我也是從這時候開始漸漸讓自己從棒球比賽之中抽身。

從二〇〇七年夏天，一直到二〇〇八年七月二十三日我父親過世為止，我一邊看照他的需要，同時還要與恢復健康奮戰，這讓我耗盡了所有的精力。父親不屈不撓的意志讓他有好轉的跡象，他撐過了最危險的階段，腫瘤也不再對他造成嚴重的影響，他也表現出像是完全康復一樣的假象。他很清楚自己病得有多重。當他從昏迷中甦醒，並恢復一些力氣後，他告訴我們，「拜託讓我離開這裡，讓我回到我的土地、我的家園。我想死在自己的家中、我想死在親人的身旁。」

我們帶他回到馬納瓜亞沃，他就待在她姊姊的家中休養，那裡就在拉芬卡與芒果樹外頭不遠處。回家後，有一陣子他身體幾乎完全康復了：四處走動，去拜訪所有的家族成員，還有一位司機載他前往所有他喜歡的地方。

同時，我也得以回到大聯盟了。二〇〇七年九月三日，我回到辛辛那提開始進行我的球季，表現還過得去。我在五局的投球中，被敲出五支安打，送出三次保送，丟掉兩分。這場我只能撐到七十六球，不過之後便漸入佳境。我有幾場先發投得還不錯：有一次對上費城人隊，我在六局的投球中，投出了九次三振，沒有保送，只丟了一分，後來在我第五次，也是這一季最後一場先發對上了紅雀隊，投了七局只丟掉兩分自責分，三振八次，一次保送。

這些樣本還太少，不足以作為對我的激勵。二〇〇七年我的成績是三勝一敗，防禦率二點五七，在二十八局的投球中，拿下了三十二次三振，送出七次保送。

那年冬天我花在父親身上的時間跟維持重訓課程的時間一樣多，但我發現自己再也找不到任何積極訓練的動機了。我還是持續訓練，但是我的心卻感到十分空洞。我父親的身體總是一陣子好一陣子壞，後來這個天平開始往壞的那邊傾斜了。

二〇〇八年時我正常參加春訓，但沒拿出什麼特別的表現。我在這一季球隊的第二場比賽於邁阿密出賽，不過投到第四局一人出局時，我的左腿筋拉傷了。這次我花了很長一段時間才恢復：整整兩個月。進行復健時，從多明尼加那邊傳來了比我的傷勢更悲慘的消息：父親昏死過去，失去了記憶。

當我父親的狀況像溜溜球般持續轉好又轉壞時，家裡越來越常撥電話給我，內容也越來越急忙與慌亂了。

我接到堂哥打來的電話時，我正要搭上一輛從奧蘭多飛往亞特蘭大的飛機。

「保利諾叔叔過世了——我們這樣是覺得，但不是很確定。他已經是垂死狀態了。」

我不知道該說跟做什麼。我剛把行李放進座位上方的置物櫃中，然後我站起來看著行李，手上還拿著手機。最終有個一直在觀察我的人對我說：「抱歉，我不願打擾你，但無論發生了什麼事，一切盡在神的掌握之中——做你應當做的事吧。」

然後空服員便走向我，並問說：「先生，您要搭乘這輛班機，還是想要下飛機呢？」我非常困惑，不知道該怎麼做才好。我走下了飛機。

我總是將所有事跟奧馬分享，我們聊天時他多次看到我整個人崩潰。他就像是我真正的朋友與兄長，他引領我做出正確的決定。

「小佩，我很瞭解你，我知道你現在不太好，你腦子裡都是你父親——回家吧。我會為你與你的家人祈禱。去看你父親——無論你需要多少時間，放寬心。這邊的事情我們會想辦法解決，別擔心。」

他還沒過世，只是狀況極差。他一整天都拒絕進食與喝水。我坐下來，用手臂環抱他的頭，把他平常喝水時喜歡用的大水壺拿過來，將水壺拿到他嘴唇附近。

「爸爸，是我。你渴了嗎？」他喃喃念著什麼。

「來，我們喝點水啊。」他將水一飲而盡。

他從迷茫中清醒過來一陣子後，跟我說我得回大都會隊報到了。因此我便回去了，我幾乎是一回到隊上，就接到電話說他又被送回醫院了，這次是在加護病房。我腦中什麼也記不得了，我感到頭部一陣暈眩。我仍然繼續出場比賽，不過肩膀又開始痛了。我在七月中進入了傷兵名單，不久之後，有一天比賽開始前，我坐在球員休息區正用手搓著球，那時我們的休息室經理查理，將頭探進球員休息區。

「佩卓，你堂哥想見見你。」

我一走到迴廊望向堂哥，我就知道父親已經過世了。

葬禮成了全國性的新聞，這意味著我一回到家，媒體就會緊緊跟著我。我的私事現在變成了公開的新聞。在我看到父親的遺體之前，媒體就在殯儀館外頭將我攔住。我回答了幾個問題，但這些問題讓我懷疑，這些記者之中難道沒有一個人經歷過失去家人的感受嗎？

你覺得很傷心嗎？現在會想哭嗎？

「是的，我很難過而且正在哭了。我們大家感覺都很差。這是屬於我們家人的時間，而我們想要能獨處一下。假使我們想哭，我們就會哭，不過是在你們沒有圍在旁邊的時候。你能看到這裡所有人都很傷心——他是個好人，所有人都很愛他。你們還需要知道什麼？」

我盡量保持不對人發脾氣，而他們也讓我進去，所以我終於可以跟我的家人相會，並趴在我父親的身上哭泣。

葬禮結束後，我回到球隊出賽了十一場。最後的成績相當糟糕——在六十四又三分之一局的投球中，拿到了防禦率五點一八、五十三次三振以及二十六次保送的成績。這也反映了我的思緒與心的去向。我的職業生涯中第一次，在我踏上投手丘前，我無法將心中雜亂的思緒拋到一旁。我無法專心。我不知道自己想要怎麼投，我也不在意自己有沒有想法。

就上場比賽這件事而言，這一年完全被我浪費掉了。

二〇〇八年，我對於上場投球的熱情忽隱忽現，到了最後，終於完全熄滅了。從二〇〇六年直到二〇〇八年，我試著要好好投球，我也試著要當個好兒子並扛起一個受到創傷的家族，但我無法將心思公平的分給這兩邊。我得假裝像是事情一切順利，因為每個晚上付錢看球的觀眾不知道，也不在意我個人的生活發生了什麼事。這一直是我的課題。我總是將那些希望我公開生活狀況的人，隔絕於我的私人生活之外，而且這份平衡一直都能完美運作。到了二〇〇八年，這份平衡再也回不去了。

有很多棒球選手以及各種運動的運動員，同時還有各個領域的演藝娛樂人員，他們正在與家庭危機奮戰。他們之中大部分的人都帶著一副面具，什麼也沒透露出來。假使他們希望拿出最好的表現並獲得成功，就算沒有來自球場外的壓力，這副面具是必要的存在，因為這副面具能讓他們專心，憑藉他們的技術與天賦，上場作戰。

一路走過來，我輸掉了這場戰爭。我再也不想上場比賽了。我不想贏球，也不想投球了。

第三十章　最後一投

關係最緊密的家人，也是最能從傷痛中恢復過來的人，馬丁尼茲家也很快就從我父親的死之中走出來了。因為他是長期處於病痛之中，可以回到家中，帶著尊嚴並在身邊圍繞著愛他的人的情況下死去，我們對於他的死並不感到震驚，只有感傷。悲傷逐漸平息了。當此事對我的影響漸漸消散後，我的思想也變得清楚明澈，能夠正視我的本心了。

我得先緩一陣子，先衡量我對棒球的熱情，等到二〇〇八年球季後再做決定。

到頭來，我發現自己還沒準備好離開棒球，這個結果連我自己都感到意外。

二〇〇八年球季結束後，我身體保持健康狀態。過去兩個球季我只投了一百三十七局，而且二〇〇八年後期我的投球表現並不理想，不過球季結束時，我的肩膀還是很有力。經過了幾個月的訓練，我的目標是將二〇〇九年的世界棒球經典賽當成我二〇〇九年球季的「試鏡會」。一方面我也極度想要為我家鄉的球隊打球，打從我十二歲時，因為無力負荷前往波多黎各比賽的費用後，這便是我從未做過，但夢想有一天能夠做到的事情之一。一九八四年，雷蒙十六歲時，曾經在洛杉磯奧運代表多明尼加國家隊出賽。二〇〇六年世界棒球經典賽時，我因為受傷而無法出賽，但我有太多同鄉都無法理解與接受這個簡單純粹的事實。我熱切期盼能夠展現給我的同胞看看，我有多想為他們投球，而且我也知道到時候那裡會聚集大量好奇的球探，想看看我還有多少實力。

這個計畫聽來合理，除了一點：我無法保證我們球隊在這次比賽中，不會太早就得打道回府。我們比了三場，輸掉兩場——我們打贏巴拿馬，但對上荷蘭兩次都以一分差輸掉了比賽。我有兩場中繼出賽，投了六局沒失分，拿下了六次三振，沒有保送——這樣的好表現足以吸引球隊讓費南多知道，他們想多看看我投球的狀況。

我希望大都會隊簽下我，但在他們跟奧利佛・裴瑞茲（Oliver Perez）簽下了三年合約後，他們便不想在我身上冒更多險了。他們曾對我提出一份一百萬元的合約，但我尋求的是一紙五百萬的合約。有一次我聽到總教練傑瑞・曼紐（Jerry Manuel）對記者表達他的看法時說，他已經不需要更多投手後，我就知道自己無法回到皇后區了。

我的職業生涯走到了這一步，我已經不想單純為誰打球了。我的身體健康，但挫折感仍然相當高，所以我希望去到一支狀況好、沒有內部問題而且有競爭力的球隊。國家聯盟仍然很有吸引力，正如同繼續待在東岸一般。

我希望紅襪隊會來跟我談或至少來看我在聖多明哥心臟地帶的奇士蓋亞球場進行的試訓，不過他們兩者皆無，馬林魚隊也一樣。其他我有興趣的球隊是小熊隊、洋基隊、印地安人隊和遊騎兵隊。

沒人比埃萊奧多洛・阿里亞斯更了解我，因此我找他來協助我準備試訓會的練投。我一連投了兩天，星期一與星期二，後來我收到消息說洋基隊的球探星期三想看我投球。我沒有打算連投三天，而且這樣有受傷的風險，因此我跟他說不行，你得星期五再過來。我聽說這名球探對於要待這麼久感覺相當苦惱。那次試訓，我最高球速達到時速九十二英里，均速有九十到九十一英里，是相當令人振奮的速度。有超過一百個人在看臺上觀察我，當我結束試訓後，也得到大家起立鼓掌的致意。後來我聽說洋基隊球探手上的測速槍測到我快速球的球速是八十五英里，變速球則是八十四英里。無怪乎洋基隊表示說，在提供我大聯盟合約前，他們有意想要我先去他們的小聯盟，先看看我的表現如何。馬里安諾．李維拉與CC．沙巴西亞都曾打電話給我，跟我說洋基隊需要我，但我聽到他們的小聯盟報價時，我好像說了：「別鬧了。」

我對遊騎兵頗感興趣。我對當時正在跟遊騎兵隊當時的總裁諾蘭．萊恩通電話的球探說，「告訴諾蘭，我將為他、為德州長角牛投球。」我仍然是諾蘭的大球迷之一。我花了很多時間跟遊騎兵隊磋商，但他們從未真正出手。

費城人隊沒有派球探前來奇士蓋亞球場，但他們問說我是否有意前往他們在拉維加省的訓練中心進行一場非公開試訓。因為他們要求我對這次試訓保密，我感覺他們應該是相當認真看待這件事。我面對了他們幾名夏季聯盟的打者，而且表現相當犀利。我的快速球介於九十二到九十五英里之間，我在大都會隊時製作的特殊鞋也能妥善保護我的拇指。

試訓後沒過多久，費城人隊的總經理盧本．阿瑪羅（Ruben Amaro）打電話給我。當盧本還是費城人隊的球員時，我曾跟他交手過幾次（兩打數沒有安打，附帶一次保送），加上他也是一個無關緊要的問題的解答：「我跟麥可．威廉斯發生衝突那場比賽，當我在三局下半砸到葛瑞格．傑佛瑞時，是誰替換他上場的？」

我看得出來魯本試圖要理解讓我想要重回大聯盟的動機。我父親的過世一直都不是祕密，而魯本不斷的問我是否真的有想要再次上場投球的慾望。我解釋了這段時間發生的所有事情，我父親生病的過程、我自己的傷勢，以及除了讓父親身體健康，我別無所求的想法。魯本的父親以前也是大聯盟球員，我知道他對我剛剛所說的話有些感觸。他看得出來我是認真的。他解釋說他為了季中投手的補強曾經找尋過其他目標，但最後都是空手而回。費城人隊這一季球員休息室裡的人全都績效優良且相當專業，他說，而且他想確保我會全心全力為了球隊的目標努力，而非只在意個人榮譽。我們的理念相同，我也簽下了半季五百萬元的合約。

唯一負面的消息就是，我得同意先在小聯盟調整狀況。這個條件無法免除。

七月底時，我到一A球隊報到，為清水灣長尾蛟隊（Clearwater Threshers）投球。之後在二A接著是三A球隊出賽後，我告訴他們我已經準備好上去了。他們不認為我已經做好萬全準備了，不過我也已經充分證明自己不需要再把子彈浪費在小聯盟上了。於是他們希望我去大聯盟報到——快讓我上去啊！

八月十二日，我在瑞格利球場（Wrigley Field）出賽，投球內容好到足以讓我在從去年九月後的首次出賽就拿下了勝投。

對於我的回歸唯一會被視為負面之處，就是我的到來會將老將傑米．莫耶踢出先發輪值，把他趕進牛棚。傑米對於這樣的發展並無不滿。我不認為自己能夠接受與他同樣的待遇。但至少傑米在我兩次先發時因為下雨延後比賽，而我無法回場上續投的情況下，撈到了兩勝。

傑米、柯爾．漢梅爾斯（Cole Hamels）、克里夫．李（Cliff Lee）、喬．布蘭頓（Joe Blanton）、吉米．羅林斯（Jimmy Rollins）、蔡斯．厄特利（Chase Utley）、傑森．沃斯（Jayson Werth）與投手教練瑞奇．杜比（Rich Dubee）——他們對待我的態度，就好像我從一開季就待在這裡了。而且查理．曼紐（Charlie Manuel）也成了我最愛的總教練之一。他非常真誠、非常謙遜。他操著濃厚的南方口音，而且當他說話時，頭會不停在他肩膀上方轉啊轉的。

「喔，小佩，我要將你留下，我喜歡你的所作所為，保持你現在的表現，我們會用上傑米的，別擔心。」——他會這樣對我說，非常直率與真誠。我喜歡為他打球，也喜歡聽他說話。

我的健康狀況不錯，除了有一次我揮臂太用力造成肋骨脫臼以外。那是在九月中發生的事，當時我在對上大都會隊的比賽中投了一百三十球，讓他們整整八局沒能拿下分數，是我這一季先發表現最好的一場。脊骨治療師直接把脫臼的肋骨扳回去，我也順利完成這一季剩下的先發。

跟我搭配的捕手是卡洛斯．盧伊斯（Carlos Ruiz），我們發展出了一種穩固的關係。我一到那裡就跟卡洛斯說，當我們球數領先時，我希望他配外角低球——若他想要的話，他可以擺出張開雙腿的姿勢，不過當我投外角球時，記得要放低到足以不讓打者看到他的位置。有一次他擺出這個姿勢——身體前傾，雙腳張開，讓我在投外角快速球時，有個很好瞄準的低角度目標，後來他好像喊了「哇！」，之後他就在接所有人的球時都擺出這個姿勢。

為費城人隊打球非常舒服，我們也以不錯的名次打入了季後賽。魯本壓在我身上的賭注以及我壓在費城人隊上的賭注雙雙獲得了回報，我也等不及要在二〇〇四年世界大賽後的首次季後賽登場亮相了。

問題在於，我需要等待——十六天。從我上一次在九月三十日時先發，到國家聯盟冠軍系列賽第二戰對上道奇隊中間，在分區系列賽時丹佛有暴風雪侵襲，打亂了我們的投手輪值，我最終也成了那個得到額外休息時間的投手。我知道這是我這種老狗的宿命，我覺得無所謂，不過對於接下來要面對一場大比賽的我來說，這樣實在是休息太多天了。

不過我也沒有真的被放到生鏽。

我將連同曼尼·拉米瑞茲在內的道奇隊打線整整封鎖了七局，只被敲出兩支安打沒有任何保送。我們輸掉了這場比賽，不過我會將這場比賽放在我一九九九年美聯冠軍系列賽對上克萊門斯的那場比賽旁邊，並列我季後賽最佳先發表現。

我們順利挺進世界大賽對上洋基隊，而我受命在第二戰於洋基體育場出賽。

在布朗克斯，沒人忘得了佩卓·馬丁尼茲。儘管我這次是以費城人隊球員得身分回到此地，所有媒體在採訪我時，都想要我談談過去的事情：季默、賈西亞和芒果樹等等。我兩次出賽——第二戰（六局、被打六支安打、失掉三分，拿下八次三振）與第六戰（四局、被打三支安打、丟掉四分）都輸球，兩次都是在洋基體育館出場投球。我當時並不確知會是如此，不過第六戰時，當我投出最後一球——面對比利·嘉德納（Billy Gardner），球數一好一壞時，他敲出了二壘方向的平飛球出局，即是我職業生涯所投出的最後一球。

是的，我的職業生涯是在洋基體育場結束的。

「在某種意義上，因為你們大夥，我可以真心誠意的說，有時候我可能是曾經踏上洋基體育館的球員中，最具影響力的一個。」我對媒體說，「因為某些原因，伴隨著種種的宣傳炒作以及曾經遭遇過的各個球員，可能因為我曾經替紅襪隊打過球，這可能是你們大夥為何每次我來到這裡的時候，都要把這件事情弄的很大的原因，不過你們知道的，我跟這些人的關係很好。結束在紐約的球員生活後，我才領悟到一些事：紐約的球迷事非常慷慨激昂且非常積極好鬥的。」

「我對世界上所有用自己的方式享受作為球迷的樂趣的人，獻上我所有的敬意。有時候他們可能會對你比中指，就像是他們也會詛咒你以及告訴你你穿什麼顏色的內褲一樣。當你是一位球迷時，你可以聽到所有這類話語。不過到了最後，他們就只是想看到球隊勝利的那種最棒的球迷。」

我提醒他們，當他們洞察真正的我是什麼樣的人時，別被我的影響力給混淆了。

別在意卡林．賈西亞究竟是何許人也。

在紐約甚至沒人知道我老爸是誰——那他們又怎麼可能知道我是什麼樣的人呢？

「我記得報紙上是這樣說的：『讓紐約又愛又恨的人來了。』有事嗎？你們可能沒人曾經跟我一起吃過牛排，或是米飯與豆子，這樣要怎麼了解這個人的事情呢？你可能會說這名球員、這個競爭對手，但這個人呢？你們大夥濫用了我的名字。你們大夥說了我太多事情，也寫了我太多事情。」

「我記得成為自由球員後，有一次有人談論說我可能會與喬治會面。你們的一名同儕在報紙上幫我安上了角跟尾巴，紅色的角跟一支尾巴。這是惡魔的特徵。我是一名基督徒。我不喜歡這些東西。我是非常認真的看待這些事情的。」

「這類東西球迷確實很習慣去看而且也確實會影響那些人，讓他們相信你是個壞人，你就像一隻食人魔怪。」

我不知道第六戰會是我最後一場比賽，而且五年後我會扣關名人堂。

我展望未來。

「是的，就像貝比魯斯這樣傳奇的名字，我希望人們提到我的名字時不僅僅只是將我視為一名球員，」我說。「我希望你們大夥領悟到我是一個真正樂於幫助他人、真正樂於為回饋鄉里的人，是一個充滿樂趣的人，以及偉大的競爭對手。這可能會是我留給後人的東西。我不想只留下棒球上的名聲，以及低劣之人的罵名。我很抱歉用了這樣的文字。我希望自己更能以一個將自己的衣服脫下後，可能會將它送給一個躺在路旁的人這樣的人類被記得。我不介意在任何時候這樣做。」

比賽結束後，當洋基隊從客隊球員休息沿著走廊歡慶他們隊史上第二十七座世界冠軍時，我正靜靜的脫下我身上那身費城人隊的球衣。

並朝著我的家前進。

終曲

我是最幸運的前棒球選手之一。

我的耳朵曾有過一兩次耳鳴，還有一些輕微的小毛病，不過我是和緩且順暢的邁入退休生活的。現在每當我在電視機前或是親臨現場觀看比賽時，有些時候我仍然能夠清楚的看出打者的弱點，而我個人還是喜歡走上投手丘，自己完成解決打者的工作。

這次，我的夢醒得比之前都要快。

二〇一〇年時，我以為自己還能從費城人隊那邊拿到半季的合約，不過我跟盧本在邁阿密會面後，什麼也沒有發生。「我們在一個星期內就會把你盤回來」變成了兩個星期，然後是一個月，差不多到了這個時候我才醒覺，這件事並不如我想像的那樣容易。春天過去後，我保持著良好的體態，足以在假使我拿到任何合約，都能以萬全的狀態上場比賽。除了費城人隊外，唯二我想收到通知的球隊是馬林魚隊跟紅襪隊。

我禁得起讓他們挑三揀四。我想去馬林魚隊是因為我在邁阿密有個家，還有許多親密的家庭成員與朋友在那邊。紅襪隊則是不需思索的選項，它仍然是我的球隊，我在那裡也還是有一個家，加上我有許多好朋友都住在那個區域。不過紅襪隊從未跟我聯絡。馬林魚隊曾跟我聯繫。他們一開始聽起來對我有興趣，不過後來他們判斷無法提供給我這個位子，因為他們知道自己這一季沒辦法走的太遠。他們的損失。我還是保持著完美的體態，一個操西班牙語的老狗是可以幫助那些年輕球員成長的。

二〇一〇年明星賽開始又結束，還是沒人跟我聯絡。我三十八歲，不覺得自己已經不行了，卻乏人問津？沒錯，這種感覺相當有趣。相當古怪，令人不快的古怪。我覺得有些提不起勁，不確定要怎麼進行下去了。超過二十年的時間，我一直處於棒球選手的循環之中：回家過冬、春天準備與調整、整個夏天都在投球……然後重複一次。我像是站在紅燈前面，而燈號一直卡在紅燈。我只是空轉，漸漸變得急躁起來，有一天我的兒子以完全純真無邪的態度問我，今年夏天他生日的時候，我會在他身旁陪伴他嗎？他的生日是八月三十日。

「把拔，我生日的時候你可以帶我去迪士尼世界玩嗎？」

這個問題讓我更認真思考就此打住的事。

假使我再給經紀人多一點壓力要他幫我找支球隊，我們可能真找的到，遊騎兵後來曾找過我，不過這意味著從七月底到九月，可能要到十月我都得奉獻給他們。八月三十日時也得耗在比賽上，而我又得在電話上祝小佩卓「生日快樂」了。

我不需要太多時間就能想通這個道理。

玩了幾次飛濺山後，我的二〇一〇年球季就這樣消失了，連同我現役職業球員生涯也一起結束了。

我是個三十八歲的退休人員，很幸運的仍然擁有健康的身體以及靈活且充滿好奇心的心靈，但還不是很清楚下一步該怎麼走，還有下一年以及很多個下一年。我過了一陣子慵懶的日子，可能有幾個星期吧，在我的或是我母親的花園裡閒晃，是我目前唯一的消遣。起初不覺得這樣的生活有什麼好抱怨的。我在博卡奇卡留了一艘船，當我需要從拉芬卡與家人身邊暫離做點小旅行時，你會常常在船上看見我的身影。花一整天釣魚、睡覺跟吃東西會是愉快的一天，我有許多天都過得很愉快。然而過了一陣子後，我覺得自己太過慵懶也太像老人的生活了，也開始覺得坐立不安。當我止不住不斷吵吵鬧鬧時，卡洛萊娜不會跟我紅襪隊的隊友一樣用膠帶將我綁在球員休息區的桿子上，不過她會走近我。我快把她搞瘋了。

也快把自己搞瘋了。

我得做點事讓自己保持忙碌，特別是我和卡洛萊娜會為了我們的基金會「佩卓馬丁尼茲與兄弟基金會」不停奔走。我們的目標是執行，且持續不斷提供多明尼加共和國的馬諾瓜亞沃，以及美國的貧困小孩教育機會。主要計畫稱為「Hay Poder en Aprender」或是「學習帶來力量」。我會對許多不同的團體進行演講，主要對象是小孩，並協助基金會的募款活動。像大衛．歐提茲這幾個朋友，也成立了自己的基金會來推動他們想進行的計畫，我也會幫助他們。

我也開始花更多時間，直接涉入幾個我和我兄弟們著手進行的商業計畫。我的經紀人不斷在幫我找代言的機會以及在媒體上露面，但我盡量將這些工作保持在最低限度。

我也TBS電視台擔任過好幾年的季後賽現場解說員。每個人似乎都認為我以嶄新的姿態將這件工作做的很好。當我第一次參與電視轉播時，才了解到好的轉播牽涉到多少事前的準備工作——正式轉播前我們有許多的會議要開，還要為到時候的分析工作做事前準備，我的表現就像是，**喔孩子，我可是全力投入這個工作啊！**一開始很辛苦，但我開始習慣這個工作量了。我覺得自己可以成為頂尖解說員，甚至可以做的比我需要做的更多，只要遇到需要我提出分析的地方，我不只是反應快，而且考慮得十分透徹。

我越是習慣退休生活，就越清楚我有多想要與過去的日子保持連結，具體的說，就是與投球以及大聯盟保持接觸。我清楚記得自己是如何幫助年輕的德瑞克・洛夫集中注意力，並讓他善用自己體能上的天賦；還有我跟提姆・威克菲爾是如何調校彼此投球機制上的缺陷。當我待在大都會隊時，我跟奧利佛・裴瑞茲、麥可・裴佛瑞（Mike Pelfrey）以及尤翰・山塔納（Johan Santana）一起進行訓練，向他們請益，同時也為他們解惑，因此我們可以集思廣益，無論是哪裡出了問題，都能夠提出解決的辦法。

一旦我接受了自己再也無法回到投手丘的事實，便領悟到自己現在能做得最好的，即是幫助那些還在場上奮戰的球員。

當厄文・山塔納（Ervin Santana）結束表現不穩定的二〇一二年球季，被天使隊實際上是以拋棄的方式交易到皇家隊後，我讓他確實了解到自己的投球動作哪裡出了問題。我在休賽期時協助他訓練，下一季他便為皇家隊投出了他生涯單季最佳表現之一的球季。

在我協助厄文訓練的那個休賽期，我接到了接替西奧・艾普斯坦擔任紅襪隊總經理的班・謝靈頓（Ben Cherington）來電。班問我想不想在二〇一三年協助紅襪隊幾個橫跨整個球季的計畫，主要是一對一訓練他們某幾個年輕投手。我喜歡這個點子。執行這項計畫時我不用天天報到，不是全職教練缺，但要每天早上十一點就抵達球場，我不覺得這條限制對我有效。不過一對一指導投手很對我的味，而且我相信自己真的能夠幫上他們的忙。我對在春天時曾經因為DUI[1]而被逮捕的年輕左投手德瑞克・布里頓（Drake Britton）說明了比賽時心智強度跟體能狀況是同等重要的事，並且我也協助年輕的先發投手像是布蘭登・沃克曼（Brandon Workman）、盧比・迪・拉・羅莎（Rubby de la Rosa）以及艾倫・韋伯斯特（Allen Webster）調整他們的投球動作與機制。春訓時我在麥爾斯堡協助他們訓練，球季進行時也到緬因州的波特蘭市（二A）與羅德島的波塔基特（三A）協助訓練。這幾個年輕戰力都曾在紅襪隊二〇一三年奪得世界冠軍那個球季季中被徵召上大聯盟，我對於自己扮演著提昇他們戰力的角色感到非常滿足。

當我看到自己二十一個職業球季集結而成的話語與智慧，是如何轉譯成對一名年輕或年長的投手職業生涯有正向轉變的知識，我便明白到自己應該做什麼了。這是我個人的報酬以及我留給棒球這項運動最好的寶物。我不想將任何人的成就歸功於自己的教導，但假使我能幫助並影響其他投手，我就會一直做下去。

1　Driving Under Influence，受到影響下駕駛，此指因酒醉或受藥物影響的情況下駕駛。

若我將自己被上天賜予的一切都帶進我的墳墓之中，就是浪費了這份賜福。我希望能在我大去之時到來前，將這一切盡量還回去，並且不只是幫助任何出現在我被分派到的紅襪隊投手名單上的球員，還能幫助任何前來尋求我的建議的人。

這就是我的意圖，也是此刻驅策我前進的動力。

二〇一五年一月，美國棒球記者協會在首次投票便將我選入棒球名人堂。媒體想知道我是否對有百分之八點九的投票人沒把票投給我感到震怒。儘管我心中曾有一陣輕度焦慮，不知道當某些特定的投票人看到我的名字出現在選票上時，心中會浮現什麼想法，我對投票結果相當滿意。興高采烈且滿懷謙遜，確實如此。拿到百分之九十一點一的選票，感覺就好像是拿到了金牌一般。

我是名人堂的一員了。

每得到一張選票都能讓我開心的尖叫。

經過了如同旋風般的記者招待會，再來是先在芬威球場出場接受表揚，加上跟其他今年入選名人堂的同伴「巨怪」蘭迪．強森、約翰．史摩茲與克雷格．比吉歐一起參加紐約的《大衛．賴特曼秀》（The Late Show with David Letterman）。

我抵達機場時，我母親、雷蒙以及我的家人已經在這裡等著我，然後我們開車回家，這支車隊一路上不斷按著尖銳嘈雜的喇叭聲，我就坐在第一輛車的車頂，揮舞著一對多名尼加共和國國旗。我們朝西方前進，穿過聖多明哥的心臟地帶並沿著馬雷貢（Malecon）行駛，這是一條與閃閃發亮的加勒比海平行的大道，你可以看到露營車陣連綿交織，有上千名我家鄉的民眾在路上連成長長的一條線，全都是從各處拔涉過來要為我祝賀的人。

這場遊行以在距離拉芬卡不遠的馬諾瓜亞沃，進行為期兩天的音樂會與嘉年華會畫下句點。這次票選帶給我新一波的罵名，不過當大家看到佩卓出現在媒體、球場或者甚至有一天是在古柏鎮（Cooperstown）時，常常還是只想到他是一位知名的棒球選手。

等到我步入中年之後，我希望讓大家看到佩卓人性化的一面。你總是能夠在拉芬卡清楚看到最真實的佩卓。

坐在我庭院中的椅子上，我能看見小徑對面的花園需要除草。在鏈狀圍籬後方，是成排的紅椒、番茄、四季豆、菠菜、旱芹、蒔蘿、芫荽、柳橙、甜百香果、庫拉索蘆薈以及枇杷，這是我的園丁普拉奧跟我合力種植的。這只是一小塊地，差不多跟投手丘一樣大。

拉芬卡周圍是一大片的樹林，一些是我種下的，其他有些跟原本那顆芒果樹的歷史同樣悠久。其他那些比原本豎立在我棚子外面的芒果樹要大且樹蔭更寬廣的芒果樹們，我將他們居住的領地移至山坡上。我會悠閒的走在那些土地上，確認芒果樹跟我的芭樂、木瓜、麵包樹、蓖麻、絲蘭、刺果番荔枝、大蕉、哈瓜、金黃蘋果、棕櫚、尤加利樹與辣木樹長得一樣好。

我在很靠近自己小屋的地方種了一棵木棉樹（kapas tree）。有一天它的根讓我小屋的地基出現了裂縫，但我很希望它能靠近小屋，因為他的果實能吸引美麗的黃鸝鳥（Haitian birds），牠們有著灰色的羽毛以及米色的胸部加上黑色的條紋。

在多明尼加是沒有冬天的，因此一年到頭很少有樹或花會超過一個星期沒有開花的。所有的植物、花朵與樹木幾乎都在我伸手可及或只需要走幾步路之處。當我漫步在拉芬卡時，一整天我身旁都圍繞著生意盎然、正在行光合作用的綠色植物，有很多是我親手種植的，而且全部都是由我照料，可以叫出它們的名字。無論白天或夜晚任何時刻，每當我的兄弟、姊妹、表兄弟、外甥、侄子、異父兄弟、異父姊妹、姑姑、叔叔以及死黨與鄰居在拉芬卡內外用雙腳、騎著車或是開車前來拜訪並打聲招呼，他們就會發現我站在門廊，在我的樹下，被大自然給包圍著。

這裡仍然是我的總部。這裡跟我第一次簽約後去道奇隊的訓練中心時；當我在效力於道奇隊、博覽會隊、紅襪隊、大都會隊與費城人隊的空檔回家時，以及在我高掛球鞋與手套，邁入人生的下一個階段時，都沒有太大的差異。

在我後面依序被唱名介紹的，有羅傑、諾瑪，以及我的好友，紅襪隊的播報員喬．卡斯蒂歐尼（Joe Castiglione），我們全都在二〇一四年進入了紅襪隊名人堂，大螢幕播放著我過去的精華片段，從我前五年的比賽錄影片段，後來是二〇一一年時退休，當時我的人像畫在華盛頓特區的史密森尼學會國家肖像畫廊揭幕。

我的朋友蘇珊．米勒—黑凡斯（Susan Miller-Havens）是來自麻薩諸塞州劍橋市的藝術家，他在二〇〇〇年時幫我畫了三張人像畫，其中一幅被彼得．甘蒙斯（Peter Gammons）的妻子葛洛莉亞．甘蒙斯（Gloria Gammons）買下，作為禮物送給了彼得。畫中的我戴著藍色的紅襪隊球帽，我的袖子上還繡了多明尼加共和國的國旗，畫立起來約五呎高。我穿著白色球衣，站在投手丘後方，我的右腳微微抬起，止滑粉袋就在我腳邊，我的眼光放在前方那看不見的打者。我的手套夾在我的右手臂內側，而我正用雙手磨擦球。這幅畫作把大部分的燈光焦點都放在我的手與手指上，身體特徵則是我跟蘇珊經過相當詳細的討論過後畫出的。我花了許多時間前往她在劍橋的工作室，聽她解釋她的作品。我們對這幅畫作進行越多討論，我們就更能感受到一股吸引力，以及彼此從指尖溢出的天賦有多麼的強烈，進而互相欣賞。我愛極了這幅畫作，它已被命名為「El Orgullo y la Determinación」（驕傲與決心）。

蘇珊還有另一幅以紅襪隊的卡爾頓·費斯克（Carlton Fisk）為主題的畫作在國家肖像畫廊展示，而當她二〇〇九年重返畫廊拜訪時，她注意到館藏中幾乎沒有拉丁美洲裔畫作的作品。她發現很少拉丁美洲裔畫家的原因之一是有些值得收藏的作品，其畫家並不是美國公民，這是畫廊選品的先決條件。我在二〇〇六年時已歸化為美國籍。這間畫廊認定我的故事與蘇珊的畫作相當合拍，而甘蒙斯也順勢將他們的畫捐給了這間畫廊。

幾乎我家族的所有成員都來參加這個儀式：卡洛萊娜、我母親、赫蘇斯、盧絲—瑪利亞和安德莉亞，兩個表兄弟安吉爾和富蘭克林，還有我那兩個兒子，佩卓和傑利托。我的女兒奈拉因為今天要上課所以我不讓她來。璜·馬瑞科、戴夫·華勒斯、拉夫·艾維拉和費南多·庫薩也在場。正當我走上臺要講幾句話時，才發現自己比預期的還有更多情緒。我望向家人，對於父親的缺席感到心情無比激動。我眼眶漸濕，但幾乎從頭到尾都強忍住淚水。

開始發表感言時，我用力往前靠。

「我無法精確的用文字表達此刻我感受到的喜樂，」我說。「我經歷過數不盡的艱苦比賽——真的、真的非常艱苦的比賽，但從未在任何比賽之中感受到如同此刻的情緒。我不是那種容易緊張或焦慮的人，不過我現在身體微微的在顫抖，這都是因為我認為自己有一種特殊的使命感。」

蘇珊的畫作中藏著一個祕密，一個我不認為會讓已經讀到此處的讀者覺得驚訝的祕密。

她在為投手丘上最後一層濃厚的二氧化紫顏料前，畫了一束九重葛，在多明尼加共和國，大家都稱它為「trinitaria」，就長在路旁。每株中心有一朵白色小花，旁邊則圍繞著如紙片般的花苞，蘇珊在花苞上塗了橘色、紫紅色與紫色，葉子上則塗了暗綠色。

當我站在投手丘上，手上拿著球，用殺手般的冰冷眼神瞪視打者，還有那看不見的獅子心，與打者對決時，我手上的球就如同凶器般摧毀對手。沒人會將我跟花聯想在一起

我那溫和柔軟的一面被我隱藏了起來，就如同蘇珊的花朵一般。

每名大聯盟投手身後都有一個真正的自己，每個人都有一個如何適應這個環境的故事可說，以及對希望的追求。我的故事就是一名年輕小伙子，後來變成男人，他戰勝了心中的惡魔，勇敢作戰，征服質疑他的人，並忽視那些表現的似乎像是跟你很熟的球迷發出的嘲諷與奚落，這個男人從最微末的開始，到安寧喜悅的當下，他都用自己的方式生活著、愛著、哭著，且笑著。

從芒果樹，到世界第一。

一球在手，一花落腳。

致謝

我想要感謝主賜予我這個機會，在這些章節中，分享我在棒球上的人生體驗。感謝我的妻子卡洛萊娜以及我所有的家人成為這個寶貴計畫的一部分。感謝我的經紀人費南多・庫薩還有我的助理凱薩・桑契斯與珍妮佛・包提斯塔。感謝所有信賴我的教練們以及當我在小聯盟與大聯盟時，不斷支持我的朋友與家人。而有個人，我要從內心特別感謝他，感謝這個能夠補捉到並整合我是誰，以及我便成了什麼模樣的精髓，並灌注至這本書中的人，這位作家，以及我的朋友，麥克・希爾佛曼。

感謝你為了讓這本書成真所做的一切。

——佩卓・馬丁尼茲

對下列的所有人獻上最誠摯的謝意，與這些人的訪談讓《神之右手》的內容變得更為充實：莉奧波狄娜・馬丁尼茲、雷蒙・馬丁尼茲、卡洛萊娜・馬丁尼茲、埃萊奧多洛・阿里亞斯、蓋・康提、戴夫・華勒斯、古斯・葛瑞格森、喬・法福拉、凱文・甘迺迪、伯特・胡騰、巴比・庫埃拉、湯米・哈波、已故的唐・季默、雪莉・海夫納、湯米・拉索達、菲力普・阿魯、吉米・威廉斯、葛拉第・利托、泰瑞・佛蘭科納、喬・托瑞、金・李蘭；

弗萊德・克萊爾、丹・杜奎特、凱文・馬龍、比爾・史東曼、金・畢提、西奧・艾普斯坦、奧馬・米納亞、小盧本・阿瑪羅、克勞迪・布荷許、馬克・盧騰伯格、約翰・亨利、賴瑞・盧奇諾、金・杜奎特、布萊恩・凱許曼；

丹・歐帕曼、克里夫・佛洛伊德、達林・弗萊徹、提姆・威克菲爾、柯特・席林、布朗森・阿若尤、德瑞克・洛夫、傑森・瓦瑞泰、大衛・歐提茲、史考特・海特伯格、凱文・米拉、加比・卡普勒、盧・莫隆尼、保羅・歐尼爾、麥特・威廉斯、達納・列凡吉、克里斯・科瑞提、比利・布洛班、瑞奇・葛里芬、喬・卡斯蒂歐尼、彼得・甘蒙斯、丹・山奈西、湯尼・馬沙羅帝、尼爾三世、喬治・金、史提夫・克拉斯納、戴夫・藍儂、亞當・魯賓、李・詹金斯、蘇珊・米勒—黑凡斯、艾迪・多明格斯以及費南多・庫薩。

我很感激跟佩卓・馬丁尼茲合作的這段忠實、信賴、合作與友好的關係。他的殷勤、和藹與直率不只是在寫就這本書的過程之中展現，從他在一九九七年來到波士頓為了一個計畫成立了基金會後，一直持續運作了數十個年頭。打從一開始，這本書的目標就是要捕捉佩卓那充沛的驅動力與驕傲的根源，接著是要讓他的故事與遺留給後人的精神經由他的雙眼與聲音解放出來。我們在多明尼加共和國的馬諾瓜亞沃，拉芬卡旁的芒果樹進行的討論與對話，讓我們得到豐富的寫作材料，無怪佩卓會在此地生根。胡安妮塔的美味料理、總統啤酒，寒冷的天氣，以及特別招待的珊布卡茴香酒加咖啡，Que bueno（非常好）。

沒有卡洛萊娜・馬丁尼茲的信念、支持與協助完成所有與背號四十五號相關的事宜，這個計畫永遠不會有完成的一天。感謝妳所做的一切。

我在霍頓・米夫林・哈考特出版社的編輯蘇珊・卡娜凡，是佩卓的故事與這本書長期以來的信徒。蘇珊是個大刀闊斧也心思細膩的人，而她總能一心一意專注在如何去除雜訊，將最真的故事送到讀者的心，並讓每個故事都能帶給讀者勇氣，這是型塑一個故事最後樣貌的最佳態度。身為第一次成書的作者，我非常感激她，也因為她的引領，陶冶了我的智慧。

我無比感謝波士頓先驅報的漢克・何尼維茲以及馬克・墨菲幫助我理出足夠的時間與空間來完成這本書。

在成書的過程中，有許多人用他們的技術、支持與見識為我們來回奔走，特別感謝南西・李維—柯尼斯基、蘇珊・米勒—黑凡斯、費南多・庫薩、凱薩・桑契斯、約拿・柯里、湯尼・馬沙羅帝、尼克・卡發度、丹・山奈西以及科里・摩爾這些人的付出。

儘管他們可能不知道，不過以下所有人都在協助讓這本書付諸實現上，扮演了重要的角色。首先是提供我寫作場地的湯姆・布雷索與蕾西・透納，北東王國餐廳的所有人，這裡是最棒的寫作引居處。我也要將感激之情獻給廣大的馬丁尼茲家族與他們的朋友圈；也獻給霍頓・米夫林・哈考特出版社的馬里安諾・舒維德、傑瑞・歐康納、艾瑞克・布朗、卻沙隆・皮西歐尼、辛蒂・巴克以及大衛・艾伯；獻給波士頓先驅報的帕・普賽爾與喬・夏卡；獻給相關協力者，尼克・卡里阿斯廚師、艾里恩・卡斯特羅以及馬修・吉爾曼、傑森・馬斯特羅納托、金・杜奎特、丹・伊凡斯、鮑伯．沙勒斯、馬克．托爾比、喬．居利歐提、傑夫．何瑞甘、西恩．麥可亞當、史考特．勞伯、約翰．湯瑪錫、史提夫．巴克里、波士頓先驅報運動線、蓋勒．菲、吉米．戈蘭、高登．伊迪斯、鮑伯．侯賀勒、羅伯．布雷佛、艾利克斯．史皮爾、伊恩．布朗寧、布萊恩．麥克佛爾森、提姆．布瑞頓、比爾．鮑洛、史提夫．克拉斯納、喬．麥當勞、丹．巴巴伊西、伊凡．吉里奇、彼得．亞伯拉罕、安立奎．羅哈斯、狄翁尼西歐．索迪維拉、喬．阿莫里西諾、丹．洛奇、喬．卡斯蒂歐尼、戴夫．歐布萊恩、傑瑞．川皮諾、唐．歐西洛、傑瑞．瑞米、霍華．布萊恩、賽斯．墨金、詹姆斯．西爾奇、羅尼．惠勒、喬．可奇蘭、湯姆．麥可勞林、比爾．甘迺迪、凱文．謝亞、潘．肯、凱文．葛瑞格、瓊．西史塔科夫斯基、艾比．卡梅隆．迪西奇歐，以及Baseball-reference.com。若有遺漏某人，在此獻上最誠摯的歉意。

獻給我的家人與朋友溫暖的擁抱，這裡也分出額外的一份謝意給那些容忍我事前無法透露一點點訊息，而只能暗自推測這本書是否真正存在的人，這本書終於比大腳野人還要真實了。

將所有的愛獻給我的女兒蘿絲．漢娜、茱莉亞．薩吉以及瑞秋．貝拉——是妳們讓我能夠繼續前進並露出笑容。

而最後，我的愛與感激都要獻給蘿拉——有妳的犧牲、支持與耐心陪伴我一起度過這個艱辛的過程，我才能完成這個引人入勝且令人滿意的計畫。Coco。

——麥可．希爾佛曼

佩卓·馬丁尼茲　生涯數據

出生：一九七一年十月二十五日，出生於多明尼加共和國馬諾瓜亞沃省。

簽約日：一九八八年六月十八日，與洛杉磯道奇隊簽約。

世界冠軍：二〇〇四年，波士頓紅襪隊。

賽揚獎：國家聯盟，一九九七年蒙特婁博覽會隊；美國聯盟，一九九九、二〇〇〇年紅襪隊（皆為全票通過）。

入選明星隊：一九九六年、一九九七年、一九九八年、一九九九年、二〇〇〇年、二〇〇二年、二〇〇五年、二〇〇六年。

最有價值球員：一九九九年明星賽。

（聯盟）防禦率王：一九九七年、一九九九年、二〇〇〇年、二〇〇二年、二〇〇三年。

（大聯盟）防禦率王：一九九七年、一九九九年、二〇〇〇年、二〇〇二年、二〇〇三年。

（聯盟）三振王：一九九九年、二〇〇〇年、二〇〇二年。

（聯盟）每局被上壘率（WHIP）王：一九九七年、一九九九年、二〇〇〇年、二〇〇二年、二〇〇三年、二〇〇五年。

到二〇一四年球季累積記錄：史上單季最低每局被上壘率記錄保持者（〇點七三七三，二〇〇〇年）；史上單季每九局三振數（十三點二〇四七，一九九九年）以及調整後防禦率第二名（二九一，二〇〇〇年）。

《運動新聞雜誌》年度最佳小聯盟球員：一九九一年。

世界棒球經典賽：於二〇〇九年以多明尼加共和國投手身分出賽。

年度	年齡	球隊	球隊所屬聯盟	勝投	敗場	勝投率	防禦率	出賽場數	先發次數	完投	完封	投球局數
1992	20	道奇	國聯	0	1	0	2.25	2	1	0	0	8
1993	21	道奇	國聯	10	5	0.667	2.61	65	2	0	0	107
1994	22	博覽會	國聯	11	5	0.688	3.42	24	23	1	1	144.2
1995	23	博覽會	國聯	14	10	0.583	3.51	30	30	2	2	194.2
1996	24	博覽會	國聯	13	10	0.565	3.7	33	33	4	1	216.2
1997	25	博覽會	國聯	17	8	0.68	***1.9***	31	***31***	***13***	4	241.1
1998	26	紅襪	美聯	19	7	0.731	2.89	33	33	3	2	233.2
1999	27	紅襪	美聯	***23***	4	***0.852***	***2.07***	31	29	5	1	213.1
2000	28	紅襪	美聯	18	6	0.75	***1.74***	29	29	7	***4***	217
2001	29	紅襪	美聯	7	3	0.7	2.39	18	18	1	0	116.2
2002	30	紅襪	美聯	20	4	***0.833***	***2.26***	30	30	2	0	199.1
2003	31	紅襪	美聯	14	4	***0.778***	***2.22***	29	29	3	0	186.2
2004	32	紅襪	美聯	16	9	0.64	3.9	33	33	1	1	217
2005	33	大都會	國聯	15	8	0.652	2.82	31	31	4	1	217
2006	34	大都會	國聯	9	8	0.529	4.48	23	23	0	0	132.2
2007	35	大都會	國聯	3	1	0.75	2.57	5	5	0	0	28
2008	36	大都會	國聯	5	6	0.455	5.61	20	20	0	0	109
2009	37	費城人	國聯	5	1	0.833	3.63	9	9	0	0	44.2
共18球季				**219**	**100**	**0.687**	**2.93**	**476**	**409**	**46**	**17**	**2,827.10**

安打	失分	自責分	全壘打	保送	故意四壞	三振	觸身球	暴投	ERA+	WHIP	每九局保送數	每九局三振數	三振／四壞率
6	2	2	0	1	0	8	0	0	163	0.875	1.1	9	8
76	34	31	5	57	4	119	4	3	146	1.243	4.8	10	2.09
115	58	55	11	45	3	142	***11***	6	124	1.106	2.8	8.8	3.16
158	79	76	21	66	1	174	11	5	123	1.151	3.1	8	2.64
189	100	89	19	70	3	222	3	6	117	1.195	2.9	9.2	3.17
158	65	51	16	67	5	305	9	3	**219**	***0.932***	2.5	**11.4**	4.55
188	82	75	26	67	3	251	8	9	163	1.091	2.6	9.7	3.75
160	56	49	9	37	1	**313**	9	6	***243***	***0.923***	1.6	***13.2***	***8.46***
128	44	42	17	32	0	**284**	14	1	***291***	***0.737***	1.3	**11.8**	***8.88***
84	33	31	5	25	0	163	6	4	188	0.934	1.9	12.6	6.52
144	62	50	13	40	1	**239**	15	3	***202***	***0.923***	1.8	**10.8**	**5.98**
147	52	46	7	47	0	206	9	5	***211***	**1.039**	2.3	**9.9**	4.38
193	99	94	26	61	0	227	16	2	124	1.171	2.5	9.4	3.72
159	69	68	19	47	3	208	4	4	146	***0.949***	1.9	8.6	**4.43**
108	72	66	19	39	2	137	10	2	98	1.108	2.6	9.3	3.51
33	11	8	0	7	1	32	2	1	169	1.429	2.3	10.3	4.57
127	70	68	19	44	3	87	6	2	75	1.569	3.6	7.2	1.98
48	18	18	7	8	0	37	4	0	117	1.254	1.6	7.5	4.63
2,221	**1,006**	**919**	**239**	**760**	**30**	**3,154**	**141**	**62**	**154**	**1.054**	**2.4**	**10**	**4.15**

粗體：在單一聯盟領先。粗體斜字：領先全大聯盟。資料來源：Baseball-reference.com

BO0233

神之右手

佩卓·馬丁尼茲自傳

國家圖書館出版品預行編目（CIP）資料

神之右手：佩卓·馬丁尼茲自傳／佩卓·馬丁尼茲、麥克·希爾佛曼著；威治譯. -- 初版. -- 臺北市：商周出版：家庭傳媒城邦分公司發行, 2015.10
面； 公分
譯自：Pedro
ISBN 978-986-272-892-5（平裝）
1. 馬丁尼茲（Martíne, Pedro Jaime）
2. 運動員 3. 傳記
785.28 104019124

原書名／Pedro
作者／佩卓·馬丁尼茲、麥克·希爾佛曼
譯者／威治
責任編輯／簡伯儒
版權／黃淑敏
行銷業務／張倚禎、石一志

總編輯／陳美靜
總經理／彭之琬
發行人／何飛鵬
法律顧問／台英國際商務法律事務所 羅明通律師
出版／商周出版
臺北市104民生東路二段141號9樓
電話：(02) 2500-7008 傳真：(02) 2500-7759
E-mail: bwp.service @ cite.com.tw
發行／英屬蓋曼群島商家庭傳媒股份有限公司 城邦分公司
臺北市104民生東路二段141號2樓
讀者服務專線：0800-020-299 24小時傳真服務：(02) 2517-0999
讀者服務信箱E-mail: cs@cite.com.tw
劃撥帳號：19833503 戶名：英屬蓋曼群島商家庭傳媒股份有限公司城邦分公司
訂購服務／書虫股份有限公司客服專線：(02) 2500-7718；2500-7719
服務時間：週一至週五上午09:30-12:00；下午13:30-17:00
24小時傳真專線：(02) 2500-1990；2500-1991
劃撥帳號：19863813 戶名：書虫股份有限公司
E-mail: service@readingclub.com.tw
香港發行所／城邦（香港）出版集團有限公司
香港灣仔駱克道193號東超商業中心1樓
E-mail: hkcite@biznetvigator.com
電話：(852) 25086231 傳真：(852) 25789337
馬新發行所／城邦（馬新）出版集團
Cite (M) Sdn. Bhd.
41, Jalan Radin Anum, Bandar Baru Sri Petaling, 57000 Kuala Lumpur, Malaysia.
電話：(603) 9057-8822 傳真：(603) 9057-6622 E-mail: cite@cite.com.my

封面構成／蔡南昇、周世旻
印刷／韋懋實業有限公司
總經銷／高見文化行銷股份有限公司 新北市樹林區佳園路二段70-1號
電話：(02) 2668-9005 傳真：(02) 2668-9790 客服專線：0800-055-365

■2015年10月1日 初版1刷

Printed in Taiwan

定價420元
ISBN 978-986-272-892-5